QUESTIONS

ADMINISTRATIVES

ET

FINANCIÈRES.

QUESTIONS

ADMINISTRATIVES

ET

FINANCIÈRES

PAR

ÉMILE DE GIRARDIN

Simplifier.

PARIS

MICHEL LÉVY FRÈRES, LIBRAIRES-ÉDITEURS

de la Bibliothèque littéraire et de la Bibliothèque dramatique,
format in-18 anglais

RUE VIVIENNE, 1.

1849

DES
RÉVOLUTIONS ET DES RÉFORMES

ou

MOYEN DE PRÉVENIR LES UNES

EN ACCOMPLISSANT LES AUTRES.

Le moyen de rendre les révolutions plus rares,
ce serait de rendre les réformes plus faciles.

Duc d'Orléans,   28 juillet 1804.

Lettre à Mgr. l'évêque de Lausdoff.

CORBEIL, imprimerie de CRÈTE.

Septembre 1848.

Le travail qui va suivre et que nous reproduisons sans y vouloir rien changer, a été écrit en 1839 ; depuis cette époque, neuf années se sont écoulées, une nouvelle révolution s'est accomplie. Chose remarquable ! épreuve décisive ! les événements, loin de porter atteinte aux bases de ce travail, les ont affermies. La royauté serait encore debout si elle les eût adoptées, si elle n'eût pas fermé l'oreille à la voix qui ne cessait de lui faire entendre cet avertissement : Accueillez les réformes, ne les repoussez pas ! Les réformes sont aux révolutions ce que sont les ponts aux fleuves : le moyen le plus facile et le plus sûr de les franchir.

DES
RÉVOLUTIONS ET DES RÉFORMES.

Paris est la ville de France où la presse périodique exerce le plus tyranniquement son empire, où l'on est le plus ignorant et le plus indifférent sur tous nos grands intérêts agricoles, industriels, commerciaux, coloniaux, maritimes. Paris se soucie peu que la France récolte du blé pour peu qu'il mange du pain. Paris suppose que toutes les autres villes ont des rues pavées et éclairées, des fontaines, des écoles, des bibliothèques publiques, qu'elles ne manquent enfin d'aucune des choses qu'il possède. Paris s'imagine que tous les départements ont abondamment des routes et des canaux, parce qu'il reçoit exactement de Strasbourg, de Marseille, de Nantes, de Bayonne, de toutes les extrémités du royaume, les produits et les objets nécessaires à son existence et à son luxe, ou plutôt, Paris ne s'enquiert pas de tout ce qui manque encore à la prospérité de la France, de tous les progrès qu'il reste à faire à la civilisation dans la plupart de nos départements ; aussi

Paris, qui ne voit que par les yeux de ses journaux, n'aperçoit-il les questions politiques que par les points où elles touchent au renversement des cabinets et à l'exercice de la prérogative royale.

Le nom de « *Industrialisme abject* » a été dédaigneusement donné par un journalisme ignorant à toute autre politique qui consisterait à rendre l'assiette des impôts moins imparfaite, la circulation des capitaux plus rapide, le transport des marchandises plus économique, à réformer les vices de la législation hypothécaire qui s'opposent aux progrès de l'agriculture, à développer le principe fécond du crédit public, industriel et foncier, à restreindre l'esprit malfaisant d'une fiscalité ignorante, à accélérer les rapports du centre à la circonférence, à multiplier le nombre des écoles communales, à fonder des écoles rurales gratuites, à réparer les églises en ruines, à améliorer le régime pénitentiaire, à s'occuper efficacement du sort des enfants trouvés, à mieux entretenir les routes et les chemins qu'on perce, à compléter notre système de navigation, à porter enfin partout le travail, l'instruction et le bien-être.

« *La politique des intérêts matériels* est, — dit-on, — une politique abrutissante. » Par intérêts moraux et par intérêts matériels que faut-il donc entendre ? Où commencent les premiers, où finissent les seconds ? Est-ce que donner aux ouvriers du travail, ce n'est pas en même temps leur donner les moyens de faire instruire leurs enfants, même de lire, s'ils le veulent, les journaux qui se prétendent les seuls défenseurs éclairés des intérêts démocratiques ?

Est-ce que de bonne foi les intérêts matériels et les intérêts moraux se peuvent isoler ? Est-ce qu'ils ne se lient pas étroitement? Est-ce qu'ils ne sont pas alternativement par rapport à eux-mêmes cause et effet? Il n'y a que l'ignorance qui ait jamais pu établir entre eux une distinction plus fausse encore que subtile.

A Paris, la politique consiste à recueillir quelques suffrages, à se concilier l'opinion de quelques salons et l'appui de quelques journaux, à lutter de petites rancunes, à se venger d'une épigramme par une invective, à se faire des amis douteux et des ennemis mortels, à agiter incessamment des questions stériles; dans les départements, la politique emprunte une forme plus matérielle et moins futile ; les passions d'un autre temps ont fait place aux intérêts du jour; l'impatience de renverser les cabinets n'est pas celle qui agite les esprits ; ce qu'on voudrait, en province, c'est voir imprimer une marche plus rapide à l'expédition des affaires qui souffrent souvent du temps que leur dérobent les ministres pour le donner à des soins et à des détails peu dignes d'eux ; ce qu'on voudrait, c'est que les routes qu'on perce et les canaux qu'on creuse, s'exécutassent avec plus d'ensemble et d'une façon moins saccadée ; trop souvent les formes rigoureuses de notre comptabilité sont des entraves fâcheuses qu'il serait facile de faire disparaître. Ainsi, beaucoup de travaux commencés avec ardeur traînent en longueur et ne s'achèvent qu'avec peine. Ce sont là, dans les départements, de fréquents motifs de plaintes.

A Paris, on se plaît aux changements de cabinet ; les crises ministérielles sont une distraction ; en province, on préfère les ministères qui durent ; à Paris , on aime le faux éclat, les passes-d'armes parlementaires, on veut des ministres brillants ; en province, on veut des bureaux actifs et des ministres laborieux. Les bons ministres pour les départements, ce sont ceux qui ne laissent aucune affaire attardée , aucune réclamation fondée sans réponse ; qui savent également résister aux partis et aux coteries , auprès de qui les brigues ne peuvent rien et pour qui les intérêts généraux sont tout.

A force d'entendre répéter qu'il n'y a de respectable et de digne que les intérêts moraux, Paris l'a cru, au grand préjudice de la province. Paris s'est imaginé qu'il serait indigne de lui de s'occuper de toute politique qui ne consisterait pas à disserter sans fin sur les chartes octroyées et les chartes synallagmatiques, sur la question de savoir si le roi doit régner et gouverner, ou régner seulement, et à batailler sans trêve sur les bases de réformes électorales sans fixité. Les dangers de cette politique étroite les voici : c'est de traquer le gouvernement dans une impasse, c'est de tirer tous les jours à bout portant sur la royauté , c'est au lieu de les réunir de diviser le peu d'hommes d'État qui nous restent, c'est de les contraindre à s'entre-détruire, c'est de rendre enfin chaque année les cabinets plus instables et les combinaisons ministérielles plus difficiles.

Entrez dans un cercle, dans un cabinet de lecture , dans un café, jetez un regard sur tous les journaux que vous y trouverez réunis, et si vous croyez ce que vous lisez, vous resterez convaincu que la Charte est méconnue, que la royauté est en lutte ouverte avec les autres pouvoirs de l'État, que les ministères, quels qu'ils soient, ne se maintiennent en fonctions que par la volonté royale et contre la majorité parlementaire, qu'ils ne sont composés que d'hommes hostiles aux libertés publiques et traîtres aux intérêts de la France.

C'est considérée sous ce point de vue qu'on peut dire que la situation politique du pays est grave. Le nombre des esprits faibles et des journaux violents est si considérable que généralement on finit par croire ce dont on avait commencé par douter. C'est de leur action continue que les journaux tirent leur principale puissance. Il y a beaucoup de gens qui, par la crainte de paraître ministériels, se font révolutionnaires, sans le savoir et sans le vouloir. On ne croit pas qu'il soit possible de louer ou d'appuyer un ministère sans en recevoir de l'argent, ou sans lui demander une place. L'homme d'État qu'on prônait la veille de son avénement au ministère, et qu'on défendra le lendemain de sa chute, on l'attaque dès qu'il devient l'un des dépositaires du pouvoir. La France est la nation qui possède les meilleures institutions sociales, mais qui a les plus mauvaises mœurs politiques. En fait de ministérialisme, sa fausse pudeur ressemble fort à celle des malheureuses filles qui commettent un crime pour cacher une faute. On reconnaît que l'instabilité ministérielle, lorsqu'elle tombe dans l'excès, devient un grave danger politique, et on travaille sans relâche à renverser les cabinets qui se succèdent !

A quoi cela tient-il donc?

Cela tient à ce qu'on n'est pas dans le vrai ; cela tient à ce que beaucoup de lecteurs irréfléchis se laissent égarer par les journaux passionnés qu'ils lisent ;

cela tient à ce qu'on voit la politique là où elle n'est pas, et à ce qu'on ne la voit pas là où elle est; cela tient à l'importance exagérée qu'on donne à la discussion et au peu de cas qu'on fait de l'administration; cela tient enfin à la facilité de s'empreindre des généralités politiques et à la difficulté de se pénétrer des principes abstraits de la science économique.

Le dédain pour l'art d'administrer est poussé chez nous à un tel point, que prétendre au mérite de bon administrateur, c'est faire acte d'abnégation et renoncer au titre d'homme d'État pour lui préférer celui de commis. Il y a contre les bons administrateurs la même prévention défavorable que celle qui existe contre les hommes d'esprit qui ont une belle écriture, comme si Turgot n'eût pas pu être le premier de ses expéditionnaires!

Aussi, pense-t-on qu'un ministère n'a plus rien à faire dès qu'il a duré assez de temps pour n'avoir plus rien à dire qui ne soit déjà su.

Cependant, on ne peut pas éternellement discuter ce qui a été convenu et résolu déjà mille fois, mais on peut agir sans fin. Le champ de la discussion a des limites, celui de l'administration n'en a pas. Ce qu'on a dit est dit, mais il n'en est pas ainsi des routes, des canaux et des monuments; après qu'on les a terminés il les faut entretenir, et l'entretien n'est pas une chose qui ne dure qu'un jour. En administration, plus on a fait et plus il reste à faire. Depuis vingt ans, en France, on a disserté beaucoup, mais administré peu; pour s'en convaincre, il n'y a qu'à parcourir les départements et qu'à compter les volumes du *Moniteur* remplis par nos débats parlementaires. Depuis vingt ans, combien d'utiles progrès économiques l'art d'administrer aurait faits, combien d'importants problèmes sociaux l'art de gouverner aurait résolus, si, au lieu de gaspiller en discours et en audiences inutiles un temps précieux, nos hommes d'État avaient agi avec la suite d'idées, la persévérance d'efforts, l'économie de moyens, l'esprit d'analyse, de méthode et d'invention qui a caractérisé les hommes utiles à qui l'industrie moderne est redevable de ses conquêtes et de ses perfectionnements ; car, pour répandre partout l'aisance et niveler le bien-être sans porter atteinte à la propriété, que faut-il ? — Créer des moyens de travail en rapport exact avec le nombre des familles qui n'ont d'autre capital que leur force, leur dextérité ou leur intelligence. Le travail exerce une action analogue à celle du carré multiplié par lui-même : pour un seul produit qu'il crée, il se forme des masses de consommateurs, et plus la consommation est active et générale, plus la production perfectionne ses moyens de travail et les rend économiques. Le bien-être général auquel aspirent maintenant tous les peuples plus ou moins impatiemment n'est pas une utopie impraticable, mais ce n'est point par des spoliations violentes qu'on peut l'assurer ; c'est par le parfait accord établi entre le travail, la production et la consommation ; c'est par la multiplication la plus infinie des objets d'échange.

Pour résoudre le problème de civilisation posé par les peuples aux gouvernements modernes, à savoir : que tout homme intelligent, moral et laborieux, avec huit heures par jour d'un travail rationnel, puisse : —

nourrir substantiellement, — loger sainement, — vêtir convenablement sa famille, — en assurer l'avenir et le présent, — profiter d'un loisir de six heures pour s'instruire utilement et élever avec soin ses enfants; pour résoudre ce grand problème social du nécessaire et du bien-être assuré à tous, il suffirait de pouvoir mathématiquement déterminer le prix vrai, c'est-à-dire le prix de revient le plus bas de la production la plus perfectionnée, calculé sur l'échelle de la consommation la plus vaste.

Que dans un État toutes les forces et les intelligences soient habilement stimulées, utilement employées, et cette valeur réelle établira d'elle-même son niveau. Que toutes les dépenses exagérées, inutiles, soient réduites, supprimées. Il le faut afin de pouvoir féconder, par un large fonds d'épargnes, toutes les branches productives de revenus publics, encourager tous les talents utiles, récompenser dignement tous les services rendus, alléger le plus onéreux des impôts peut-être, celui que prélève le mauvais état des chemins et des routes sur les produits de l'agriculture et de l'industrie; il le faut afin de pouvoir ouvrir des issues nouvelles au travail, cette source vive d'où jaillissent le bien-être et la moralité des peuples ; il le faut afin de pouvoir réduire ou abolir tout impôt excessif ou vexatoire, et accroître, en raison même de ces réductions, la richesse publique; car la première garantie que donne un gouvernement de sa moralité, c'est son économie; s'il n'est judicieusement économe, il ne saurait être grand, juste, prévoyant, ni généreux. Tout gouvernement dont les seuls frais d'administration absorbent de l'impôt plus qu'il ne peut ou ne doit donner, n'a jamais d'argent pour vivifier le pays, commanditer le génie, stimuler le patriotisme par la reconnaissance nationale ; fâcheusement placé dans la dépendance des hommes qu'il a corrompus, des abus qu'il a créés, plus il demande d'argent aux contribuables, et plus il faut qu'il en donne pour le prélever ; alors, on peut dire qu'il ne perçoit plus l'impôt, mais qu'il l'achète.

Les réformes politiques qui se formulent par des lois plus ou moins légèrement votées ou décrétées sont faciles à opérer : mais les réformes économiques sont moins faciles à accomplir, car elles ont pour obstacles tous les abus qu'elles menacent. Le moyen le plus sûr, cependant, de prévenir les réformes subversives et prématurées, c'est d'opérer opportunément les réformes utiles et nécessaires ; et le moyen de rendre celles-ci plus rapides et plus fécondes, ce serait de stimuler l'émulation parmi tous les esprits réformateurs de leur nature, en établissant en principe que chaque auteur d'une amélioration administrative, financière ou fiscale, reconnue telle, profitera d'une partie de ses avantages concurremment avec le gouvernement.

Alors on ne tarderait pas à voir beaucoup d'esprits ingénieux et d'imaginations ardentes changer de direction d'idées, quitter l'ornière profonde des théories anarchiques et des critiques subversives, pour se frayer la route neuve, large et sans fin des réformes utiles et des améliorations praticables, et s'appliquer avec persévérance à l'étude approfondie de la science sociale et politique, administrative et financière, afin d'en appliquer les principes justes à la simplification de l'appareil gouvernemental et au perfectionnement de ses rouages.

Ce n'est pas en répétant sans cesse d'une machine imparfaite qu'elle est mauvaise, qu'un manufacturier parvient à la rendre meilleure, mais c'est en s'occupant efficacement des moyens de la perfectionner ou de l'approprier à ses besoins.

C'est cet exemple que devraient suivre ceux dont le talent excelle à mettre à découvert tous les matins, dans un journal, les vices de nos institutions et l'imperfection de nos lois.

Nous disons tous assez communément et répétons tous fort légèrement que ceux qui nous gouvernent sont ignorants et incapables; cela est souvent vrai, mais ce qui n'est pas un mal moins grand, c'est que personne ne songe à se montrer supérieur en savoir et en esprit à ceux dont il est si facile de faire une critique sévère. En France, on pense trop à s'élever par les places et trop peu par les idées; les émetteurs d'idées y sont aussi rares que les solliciteurs d'emplois y sont nombreux; aussi le dénigrement n'a-t-il qu'un domaine infiniment borné, et qu'une maigre pâture, toujours la même ! On y craint de faire toute proposition un peu hardie; la crainte de passer pour innovateur est générale et invétérée; elle frappe les meilleurs esprits de stupeur et de stérilité. L'ambition n'a pas de proportions larges ; elle ne conçoit rien de plus élevé que de s'emparer des emplois lucratifs; elle aime à se parer de titres et de rubans; elle affectionne le travail des bureaux ; elle se complaît à donner des signatures; elle s'agite beaucoup, fait peu, ne réfléchit pas et n'imagine rien ; elle enlève enfin aux méditations le temps précieux qui leur appartient pour le prodiguer aux détails. Aussi ne doit-on pas s'étonner que, de nos jours, tant d'hommes aient traversé tant de ministères sans y laisser de traces mémorables de leur passage.

Nous n'avons de révolutionnaires que d'une seule sorte ; j'en voudrais de deux. Ceux qui existent, et que je connais, appliquent toutes les ressources de leur imagination à trouver les moyens d'entraver, d'affaiblir, de déconsidérer, de renverser enfin le gouvernement établi ; ceux qui manquent, et au nombre desquels j'aimerais à me compter, loin de rechercher les places, même les plus élevées, n'en voudraient aucune ; ce qu'ils voudraient, c'est consolider le gouvernement existant, le rendre le plus savant et le plus simple, le plus ferme et le plus doux, le plus juste et le plus fort qui soit, en lui faisant subir tous les retranchements et toutes les additions qui seraient la conséquence d'idées long temps mûries.

L'appareil gouvernemental que nous avons est imparfait, il fonctionne péniblement, ses rouages manquent de précision, mais le système est bon et pourrait devenir excellent s'il était perfectionné ; tel qu'il est, il ressemble fort aux mouvements de montres qu'on fait à Genève, lesquels n'acquièrent de valeur qu'après qu'ils ont été repassés par une main habile. Par cette comparaison, je le sais, je m'expose au reproche de ne vouloir qu'un gouvernement mécanique, de n'être qu'un esprit étroit exclusivement occupé par les détails matériels et les intérêts positifs ; ce reproche que j'ai encouru depuis longtemps n'a rien qui m'intimide. Dans une montre, ce que j'admire d'abord, c'est la théorie de ses mouvements ; ce que j'examine ensuite, c'est la précision de ses rouages.

Ainsi dans un gouvernement, dont j'ai admis le principe, je ne m'occupe que d'en rendre la marche plus simple, plus régulière, plus parfaite.

Les questions de savoir, si le pouvoir absolu serait préférable en France à la forme constitutionnelle, ou la présidence élective à la royauté héréditaire, si le principe aristocratique n'est pas à la fois plus conservateur et plus progressif que le principe démocratique, si le roi doit régner et ne pas gouverner, si deux chambres législatives valent moins qu'une seule, me paraissent maintenant vaines, vides et épuisées.

En Angleterre, la forme représentative a donné à la royauté pour étai l'aristocratie. En France, c'est le principe monarchique et l'élément démocratique qu'elle a étroitement unis. Dans chacun des deux pays, elle s'est servie des matériaux différents qu'elle a trouvés. En Angleterre, le respect qu'on a pour les traditions politiques est égal à l'empressement avec lequel sont accueillies les innovations industrielles. En France, c'est le contraire, on est timide en industrie et téméraire en politique ; ce sont là des différences de caractères dont il importe de tenir compte lorsqu'on étudie les deux pays, afin de faire servir l'exemple de l'un à l'expérience de l'autre.

Une nouvelle classification des attributions ministérielles serait, dans l'ordre des améliorations que je conçois, le premier acte de la réforme administrative que devrait accomplir l'homme d'État appelé par la confiance du roi à former un cabinet homogène et solidement assis sur un ensemble d'idées digne enfin de porter ce nom de système dont on a tant abusé; car, de nos jours, quels ministres ont montré, par le parfait accord de leurs actes et la supériorité de leurs vues, qu'ils eussent un système? — Aucun.

Résister au désordre, n'est pas un système; de la part de simples citoyens, c'est un acte de raison et de courage; de la part de ministres, c'est le premier de leurs devoirs. Intimider à outrance, n'est pas un système, mais le contraire d'un système, car c'est faire éclater toute son ignorance des causes du mal et des moyens de la guérir. L'intimidation est à l'art de gouverner ce qu'est l'empirisme à l'hygiène; l'intimidation n'a jamais été, n'est pas, ne sera jamais un système. Laisser faire sans direction et laisser passer sans contrôle ne saurait non plus constituer sérieusement un système. Pour voir à l'œuvre ce que c'est qu'un système, il faut que la France attende qu'elle ait produit un homme vraiment supérieur, c'est-à-dire doué d'une imagination puissante, d'une volonté inflexible, d'une activité infatigable, de la passion exclusive du juste et du vrai; qui puise sa force dans le religieux sentiment du devoir, afin de rester également insensible aux injures et aux adulations; qui soit indépendant enfin de toutes les petites considérations auxquelles tous les jours nos ministres font, sans s'en rendre compte, le sacrifice de l'avenir.

Celui-là, s'il sait bien parler, saura mieux encore se taire; pendant que les uns réclameront le rappel des lois des 10 décembre 1830 sur les crieurs publics, 10 avril 1834 sur les associations, et 9 septembre 1835 sur les délits de la presse et les décisions du jury, ou que d'autres protesteront contre ; pendant que ceux-ci appelleront de leurs vœux discordants une réforme électorale, et que ceux-là la repousseront, d'autres soins l'occuperont, il se posera d'autres problèmes à résoudre.

Il se demandera :

S'il y a concordance entre notre enseignement public, notre régime municipal, et notre forme constitu-tionnelle ?

Si notre enseignement public ne devrait pas être divisé en plusieurs degrés, tous marqués par une série de diplômes : le premier d'*aptitude électorale* justifiant qu'on sait lire, écrire, parler et compter ; le dernier, d'*aptitude professionnelle* établissant qu'on a été reçu, après examen, agronome, manufacturier, commerçant, ingénieur, avocat, médecin, ecclésiastique, professeur, militaire, etc., etc. ?

Si tous les contribuables, avant d'exercer les fonc-tions d'électeur et de juré, ne devraient pas être tenus de justifier de ce premier diplôme attestant qu'ils pos-sèdent les connaissances prescrites par le programme de l'instruction nationale (1) ?

Si la France est assez instruite pour fournir à sa consommation de 500,000 conseillers municipaux,

____

(1) DE L'INSTRUCTION PUBLIQUE, 1 vol. in-8°, par M. Émile de Girardin. Page 7, *Nécessité de mettre en harmonie l'instruction publique et la constitution politique des peuples.*—Pages 51, 55, 363, 365, 370, 383, 384 et 400.

de 38,000 maires, de 459 députés et de 8 ministres ?

S'il est raisonnable et possible de maintenir l'organisation communale, telle qu'elle se compose de 38,000 individualités chétives, sans lien, sans force, sans hiérarchie, sans vitalité ?

Si notre agriculture, notre industrie, notre commerce, ne sont pas à la fois victimes d'un morcellement excessif et d'une centralisation exorbitante?

Si une réforme municipale, quelque difficile, quelque périlleuse qu'elle pût être, ne serait pas l'une des trois premières réformes qu'il devrait accomplir, afin de mettre d'accord et de diriger nos trois branches de richesses, qui trop souvent se contrarient et se nuisent ?

Si, avant d'avoir exécuté cette réforme, il est possible de concevoir un plan vaste, solide, praticable, qui, sans atteinte portée au libre arbitre individuel, régisse le travail national, et fonde la prévoyance sociale sur le principe fécond de la mutualité, le seul qui puisse relever la dignité humaine, réaliser la fraternité chrétienne, éteindre la mendicité qu'une charité faible, insouciante, routinière, encourage et ne soulage point?

Si nos douanes qui ne sont qu'une grande balance politique et commerciale, maintiennent en juste équilibre, dans l'un de ses deux plateaux, l'intérêt de nos travailleurs, dans l'autre l'intérêt de nos consommateurs; dans l'un l'intérêt de la France, dans l'autre celui de ses alliés?

Si la même pensée règle nos douanes et régit nos alliances ?

Si nos alliances politiques ont pour garantie de leur sincérité et de leur durée, non la mobilité des sympathies populaires, mais l'identité des intérêts nationaux?

Si, par la profondeur de leurs racines, par l'étendue de leurs rameaux, le commerce et le crédit européens ont établi une solidarité telle, qu'elle lui permette, avec certitude, de faire sur la durée de la paix générale un calcul de probabilités rigoureux?

Si les contingents annuels de notre armée sont les conséquences logiques de l'état de nos relations extérieures et de nos ressources intérieures?

S'il n'est pas de moyens nouveaux de satisfaire la nécessité des armées permanentes et de résoudre ce problème, que l'armée produise à peu près ce qu'elle coûte?

Si nos maisons de détention et de travail doivent continuer d'être une charge du budget et une atteinte grave portée à l'industrie de nos ateliers?

Si nos impôts ne sont pas exagérés, s'ils sont assez variés ; s'ils ne devraient pas, comme les semences confiées à la fertilité de la terre, s'alterner afin de féconder la consommation? S'ils sont tels enfin que la justice les ait exactement répartis, qu'ils ne portent point le peuple à la fraude, qu'ils ne le poussent point à la démoralisation?

Si nos lois fiscales et pénales ne sont pas conçues en sens contraire de la religion, de la morale et de la science économique ; car dans un système tout s'enchaîne, tout se tient?

Si la liberté des cultes, la liberté de l'enseignement et la liberté de la presse, doivent être sans bornes et assimilées à la liberté de l'industrie, comme n'étant

dans la réalité que l'exploitation trinitaire de la crédu-
lité, de l'ignorance et de l'ambition publiques ?

Si la publicité qui éclaire, la science politique qui
découvre, la polémique qui juge tout et n'approfondit
rien, ne sont pas trois choses distinctes ?

Si l'enseignement des journaux continue celui des
écoles ; s'il y a accord entre eux ?

Mais d'abord il se demandera :

S'il y a concordance entre nos codes, notre charte et
nos lois, entre nos besoins, nos mœurs et nos institutions ?

Si la seconde des trois réformes qu'il aura méditées
ne devrait pas être la révision et la refonte générale
dans un même esprit des cent mille lois qu'ont faites
tour à tour la royauté absolue, l'assemblée constituante,
la convention, le directoire, le consulat, l'empire et le
gouvernement constitutionnel ?

Si toutes ces lois, qui ont été mises à la double
épreuve de l'expérience et de la désuétude, ne devraient pas être ramenées aux termes les plus simples, et réduites à un petit nombre, écartant toutes
celles qui seraient une violation des principes immuables de la raison et de la justice éternelles ; faisant à la
jurisprudence et à l'administration deux larges parts :
laissant à la première la responsabilité des interprétations, à la seconde celle des règlements ?

Or, comme une œuvre aussi vaste ne saurait s'entreprendre sans des moyens d'exécution parfaits, il sera
naturellement conduit à reconnaître que le pouvoir
exécutif, tel qu'il est arbitrairement partagé en huit
départements, est condamné, par le fait du morcelle-

ment des attributions ministérielles, à l'impuissance et à l'immobilité ; qu'il n'est point un corps, mais une réunion de membres sans lien suffisant entre eux ; que rien de grand, de complet, de durable ne saurait s'accomplir sans une réforme administrative préalable et radicale.

Il se dira :

Que le premier devoir d'un ministre est de multiplier partout les unités, de les soumettre toutes à une hiérarchie judicieuse, à un contrôle inflexible ;

Qu'il ne doit travailler qu'à gagner et qu'à amasser du temps, car, quoi qu'il fasse, il n'en aura jamais assez ;

Que, sans relâche, il doit former des hommes qui sachent à leur tour en former d'autres ;

Qu'il ne doit lui rester d'autre soin que celui de regarder, d'écouter, d'examiner, de contrôler, de réfléchir et de comprendre ;

Que la conséquence de l'obligation de parler beaucoup, c'est de faire peu et de n'imaginer rien ;

Qu'il doit se garder d'entraver jamais l'initiative individuelle : qu'il la faut au contraire développer de toutes parts, en en réglant partout l'exercice par la responsabilité ;

Qu'enfin, il doit faire le contraire de ce qui a présentement lieu ; qu'il doit attirer toutes les supériorités et repousser toutes les médiocrités, rejeter loin de lui les détails et se réserver les grandes pensées.

Réduire le nombre des ministres, étendre leurs attributions et restreindre leur responsabilité en simplifiant le travail de leurs bureaux où la division et l'unité manquent, où la confusion et la rivalité règnent, où tout arrive, d'où rien ne s'expédie, où tout est accaparement et non centralisation, serait donc la première des réformes que devrait opérer l'homme d'État qui se proposerait l'exécution des choses grandes dont la France a le vague instinct qui la tourmente. C'est aussi l'ordre qui a été adopté dans ces études politiques, entreprises sans autre mobile que le désir de rendre la tâche de nos ministres plus facile, et leur passage aux affaires plus utile pour leur pays, plus glorieux pour leur mémoire !

CLASSIFICATION NOUVELLE

ATTRIBUTIONS MINISTÉRIELLES.

1839.

Espérons que les attributions ministérielles nettement déterminées n'éprouveront plus, par voie d'ordonnances, ces variations
et ce passage successif d'un ministère à un autre, et que chaque
ministre restera définitivement en possession des attributions qui
lui auront été déférées par la loi. L'administration des intérêts
généraux et particuliers a besoin de cette fixité dans les attributions ministérielles.

ODILON BARROT.

CLASSIFICATION NOUVELLE

DES

ATTRIBUTIONS MINISTÉRIELLES.

En France, le pouvoir exécutif et responsable est présentement réparti entre huit départements ministériels, dont l'ordre est ainsi fixé par le Budget annuel et l'*Almanach royal*.

I. Département de la justice et des cultes ;

II. Département des affaires étrangères ;

III. Département de la guerre ;

IV. Département de la marine et des colonies ;

V. Département de l'intérieur ;

VI. Département des travaux publics, de l'agriculture et du commerce :

VII. Département de l'instruction publique ;

VIII. Département des finances.

La preuve que cette classification est purement arbitraire et non systématique ressort de toutes les variations qu'elle n'a cessé de subir.

Voici d'abord l'ordre chronologique qui a présidé à la création des divers départements ministériels :

Les chanceliers, gardes des sceaux, ministres de la justice, grands-juges, datent de l'an 500.

Les régents, premiers ministres, de l'an 888.

Les ministres des finances, du quatorzième siècle.

Les secrétaires d'État, de l'an 1547.

Les ministres des affaires étrangères, de l'an 1558.

Les ministres de la guerre, de l'an 1588.

Les ministres de la maison du roi, de l'an 1613.

Les ministres de la marine, de l'an 1671.

Les ministres de la police, de l'an 1696.

Les ministres de l'intérieur, de l'an 1791.

Les ministres du trésor, de l'an 1801.

Les ministres des cultes, de l'an 1804.

Les ministres du commerce, de l'an 1811.

Les ministres de l'instruction publique, de l'an 1828.

Les ministres des travaux publics, de l'an 1830.

Ont été réunis après avoir été plusieurs fois séparés :

Le ministère de la justice et celui des cultes.

Le ministère des finances et celui du trésor.

Le ministère du commerce et celui des travaux publics.

Ont été abolis :

Le ministère de la police, en 1818.

Le ministère de la maison du roi, en 1827.

La loi organique qui a fixé le nombre des divers départements ministériels et déterminé leurs attributions est celle des 27 avril-25 mai 1791.

Six départements ministériels seulement existent en vertu de cette loi ;

Savoir :

Celui de la justice ;

Celui de l'intérieur ;

Celui des contributions et des revenus publics ;

Celui de la guerre ;

Celui de la marine ;

Celui des affaires étrangères.

Le département de l'instruction publique et celui des travaux publics, de l'agriculture et du commerce. n'existent donc qu'en vertu d'ordonnances royales.

Ainsi, le nombre des départements ministériels a successivement varié en France.

A diverses époques le conseil du roi s'est composé de ministres avec et sans portefeuilles. La restauration avait institué, par ordonnance du 17 septembre 1815, des ministres d'État qui jouissaient d'un traitement de 20,000 francs que la révolution de 1830 s'est empressée de supprimer par ordonnance du 28 août. Le premier cabinet formé à cette époque, — celui du 11 août 1830, — fut ainsi composé.

MINISTRES AVEC PORTEFEUILLES.

JUSTICE,	Dupont (de l'Eure).
AFFAIRES ÉTRANGÈRES,	Comte Molé.
GUERRE,	Comte Gérard.
MARINE,	Comte Sebastiani.
INTÉRIEUR,	Guizot.
INSTRUCTION PUBLIQUE,	Duc de Broglie.
FINANCES,	Baron Louis.

MINISTRES SANS PORTEFEUILLES.

MM. Jacques Laffitte.

Casimir Périer.

Dupin.

Bignon.

Ces détails sommaires m'ont paru nécessaires à rappeler, afin de bien établir que je ne propose de changer rien qui ne soit de sa nature essentiellement mobile.

En Angleterre, il n'y a point de bill qui règle les rapports collectifs des ministres avec la couronne et le parlement, il n'en existe également pas qui détermine leurs attributions diverses. Le nombre des ministres n'est pas limité. A une époque, sous **M. Pitt**, il n'y en eut que sept, tandis que sous **M.** Peel le nombre s'en est élevé jusqu'à vingt ; ordinairement, les trois ministres de l'intérieur, des affaires étrangères et des colonies, sont seuls qualifiés de secrétaires d'État. La qualité de président du conseil des ministres est insignifiante ; la haute direction des affaires est réservée au premier lord de la trésorerie. Cette dignité est honorifique, ainsi que celle du garde du sceau privé. Le lord chancelier est président de la chambre des pairs.

Le chancelier de l'échiquier est le ministre effectif des finances, il est, en cette qualité, le commissaire du gouvernement pour le budget. Les affaires de ce département sont administrées en commission par les trois lords de la trésorerie, qui contre-signent tous les actes du ministère. Deux receveurs généraux sont chargés, dans chaque comté, de la recette des impôts, l'un pour l'*accise*, l'autre pour les *douanes*.

Les quatre lords de l'amirauté administrent en commission les affaires du vaste département de la marine. Les charges honorifiques de lord grand-amiral et de commandant en chef de l'armée de terre donnent rarement entrée au conseil. Les promotions aux grades supérieurs se font sous l'inspiration de ces grands dignitaires. Le commandant en chef de l'armée, ou pour mieux dire, le secrétaire de la guerre, ministre effectif du département, règle les mouvements des troupes dans l'intérieur du royaume.

Les possessions étrangères de la Grande-Bretagne sont placées sous la direction et la surveillance du ministre des colonies. On les divise en deux classes, à savoir, les *colonies franches* (chartered colonies), et les *colonies de la couronne* (crown colonies), placées sous le régime des ordonnances ministérielles. Une des attributions les plus importantes du ministre est le choix des officiers de tous ordres employés dans le gouvernement et l'administration des colonies.

Le ministre de l'intérieur n'a aucun moyen d'action sur le pays dans les temps ordinaires; mais comme le département de la police est dans ses attributions, son importance croît au milieu des troubles politiques.

Le ministre des affaires étrangères a des pouvoirs plus réels, et qui sont définis par la nature de ses fonctions. Il nomme les ambassadeurs ou en détermine le choix.

Il ne faut point confondre le conseil privé (*privy council*) avec le conseil des ministres (*cabinet*). Celui-là se compose de toutes les notabilités que le roi juge à propos d'élever à cet honneur. En 1829, on y comptait 169 membres, parmi lesquels figuraient les princes du sang, les hauts dignitaires et fonctionnaires de tous ordres, et les grands officiers de la maison du roi. Le roi peut assembler son conseil privé quand il lui plaît, mais ses avis ne font pas autorité, et ses décisions restent sans résultat.

Le conseil effectif, celui des ministres, est désigné

ordinairement sous le nom de *cabinet*. Les membres du conseil privé n'y sont admis qu'autant qu'ils font partie de l'administration. Tous les ministres n'assistent point aux réunions du cabinet.

En France, le nombre des départements ministériels, bien que variable, est le plus ordinairement de huit.

Huit départements ministériels, c'est, selon moi, trop ou trop peu.

C'est trop pour constituer un cabinet homogène et stable, expression d'une grande pensée politique.

C'est trop peu pour que la surveillance des ministres puisse s'étendre à tous les actes de leur responsabilité.

Huit ministres perdent plus de temps à se réunir, à se chercher les uns les autres pour se concerter, que chacun d'eux n'en emploie à diriger les affaires de son département. Dans un gouvernement représentatif, il est rare que l'habitude de la discussion ne dégénère pas rapidement en abus ; tout doit donc tendre à la restreindre et à étendre l'action ; dans un gouvernement absolu, c'est le contraire précisément qu'il est sage de faire ; la spontanéité a besoin qu'on la tempère par la délibération. Un petit nombre de ministres dans les gouvernements représentatifs, et un grand nombre dans les gouvernements absolus, telle me paraît être la vérité ressortant de la nature des choses. La multiplicité des membres d'un cabinet affaiblit l'action, sans que la délibération en profite ; elle nuit à l'unité politique, sans servir à la responsabilité effective ; elle place sur le premier plan les ministres secondaires, et relègue inhabilement sur le dernier les ministres principaux, ce qui a pour résultat fâcheux de dépouiller le gouvernement du prestige qui lui est nécessaire ; elle rend les cabinets plus instables et les combinaisons ministérielles plus difficiles, ce qui peut être un obstacle grave mis à l'exercice de la prérogative royale, et au fonctionnement régulier de l'appareil représentatif. L'instabilité ministérielle, lorsqu'elle devient excessive, est une pente plus rapide encore que l'émeute populaire vers les révolutions et l'anarchie ; car à force d'user et de déconsidérer tous les hommes considérables qu'il possède, un pays finit par ne plus trouver pour ministres et pour fonctionnaires que ceux qui n'ont plus de réputation à ménager ni de considération à perdre.

L'inconvénient, enfin, d'un nombre trop grand de départements ministériels est de rendre impossibles les ministères homogènes, et inévitables les ministères de coalition. Le désavantage de ces derniers, on le sait, c'est de dépenser en frottements des forces considérables, d'user beaucoup d'hommes et de durer peu.

Il est temps d'y songer ; la production ministérielle ne suffit pas à la consommation parlementaire. Depuis 1830, les deux chambres législatives, terme moyen, ont renversé un cabinet par an, et sur les bancs de la majorité on ne trouverait plus aujourd'hui huit hommes éminents liés par un système commun et d'accord sur la part de chacun dans l'exécution.

La nouvelle classification des attributions ministérielles que je conçois se proposerait pour but et aurait pour résultat :

D'instituer de puissantes personnifications politiques ;

D'organiser un contrôle facile, général, souverain, qui ramène et subordonne toutes les branches de l'administration à l'unité de système politique, qui exige peu de temps, et cependant ne laisse ignorer au chef d'un cabinet rien de ce qu'il importe qu'il sache, soit qu'il ait à répondre à des interpellations parlementaires, soit qu'il ait à prononcer sur des intérêts contradictoires;

D'introduire dans le travail ministériel la division méthodique que réclame impérieusement l'expédition économique et rapide des affaires centrales;

De pondérer, en les concentrant dans une seule main, tous les services publics; de ne donner ainsi à aucun une importance absolue et exagérée, mais à chacun une juste importance relative;

De condenser plus fortement l'action et la responsabilité du pouvoir exécutif;

De concilier la stabilité gouvernementale et l'instabilité ministérielle; de faciliter l'exercice de la prérogative royale et le jeu des majorités parlementaires;

De combiner dans une juste mesure le principe de la fixité indispensable à l'exercice de certaines fonctions, et celui de la mobilité imposée à d'autres par la fiction constitutionnelle de l'infaillibilité royale.

Présentement, chaque cabinet qui se forme use trois ou quatre hommes éminents, là où il suffirait d'en employer un seul; l'action d'un président du conseil est d'autant plus restreinte et d'autant moins libre que ses collègues peuvent, à juste titre, se prétendre ses égaux politiques; dans ce cas, il est obligé envers eux à des ménagements qui le contraignent à se renfermer trop étroitement dans ses seules attributions ; il est gêné dans ses mouvements, et souvent même, pour éviter de blesser d'ombrageuses susceptibilités, il lui faut se condamner à un état fâcheux d'inaction, que le public, qui ne juge que les dehors, taxe alors d'impuissance ; dans la supposition contraire où ses collègues ont été choisis dans une région trop peu élevée, le mal est pis encore peut-être, car si ceux-là ne le paralysent pas, ils le déconsidèrent. Rien, en France, ne relie fortement les huit départements entre lesquels la responsabilité ministérielle est disséminée ; ils ne forment faisceau qu'au budget. La présidence du conseil des ministres a toujours été plus nominale qu'effective ; de là, l'absence d'unité politique ; de là le peu de stabilité des cabinets, de là l'omnipotence des bureaux ; de là l'incohérence et la lenteur qui leur sont reprochées ; de là l'impossibilité de réaliser aucune idée générale, aucun vaste plan, aucune large réforme. C'est à regret que je l'avoue, mais sans contredit l'atelier où s'élabore l'action gouvernementale est de beaucoup inférieur à la dernière des fabriques sous le rapport de la division du travail. Le défaut d'attributions ministérielles méthodiquement et invariablement déterminées, donne lieu à de perpétuels envahissements, tiraillements, tâtonnements, frottements, à des doubles emplois et à des contre-ordres fréquents, à de nombreux travaux inachevés, à des essais sans fin et des expériences sans but. Le pouvoir se délègue, mais ne se divise pas. L'autorité et l'égalité s'excluent. Le morcellement du pouvoir en est la ruine. Une grande pensée ne se conçoit pas à huit. Les probabilités d'union et de durée d'un cabinet sont toujours en raison inverse du nombre de membres dont il est composé.

C'est par ces motifs énoncés sommairement que je propose de réduire à trois le nombre des ministres secrétaires d'État;

Savoir:

I

La présidence du conseil, comprenant dans ses attributions:

La présidence, 1° du conseil d'État; 2° des conseils supérieurs de l'agriculture, de l'industrie, du commerce.

Six directions générales:

1. Direction générale des relations extérieures;
2. — de la police;
3. — des télégraphes;
4. — de statistique universelle, composée de trois divisions: — division des archives générales du royaume, — division des plaintes et abus, — division des enquêtes;
5. — des encouragements publics et des récompenses nationales;
6. — de la presse périodique, de la librairie et de l'imprimerie royale.

II

Le département des finances publiques, ou des recettes comprenant dans ses attributions : 1° le recouvrement des revenus de l'État; 2° l'administration des fonds du trésor public.

Douze directions générales :

1. Direction générale des contributions directes ;
2.   —   des forêts ;
3.   —   des contributions indirectes ;
4.   —   de l'enregistrement, du timbre et des domaines ;
5.   —   des douanes ;
6.   —   des tabacs, sels et poudres ;
7.   —   des postes ;
8.   —   des contraventions et amendes.

1. Direction générale de la dette inscrite ;
2.   —   du mouvement des fonds ;
3.   —   de la comptabilité ;
4.   —   du contentieux des finances.

III

Le département des services publics ou des dépenses, comprenant dans ses attributions :

Quinze directions générales :

1. Direction générale des armées de terre ;
2.   —   de la marine ;
3.   —   des gardes nationales.

1. Direction générale des cultes ;
2.   —   de l'instruction publique ;
3.   —   de la justice ;
4.   —   de l'administration départementale et municipale ;
5.   —   des hospices et établissements de prévoyance et de charité, monts-de-piété, caisses d'épargne, etc.;
6.   —   des prisons, maisons de détention, de correction, de refuge et bagnes;
7.   —   de la santé et de la salubrité publiques.

> 1. Direction générale des travaux publics, ponts-et-chaussées, mines ;
> 2. — de l'agriculture ;
> 3. — des manufactures et fabriques ;
> 4. — du commerce ;
> 1. Direction générale des monuments publics et beaux-arts.

Le personnel de chaque département serait dans les attributions des secrétaires généraux.

Après avoir établi la classification qui précède, il me reste à démontrer que, si elle est absolue, du moins elle n'est pas arbitraire ; qu'elle est aussi simple que le symbole de la justice, — une main tenant une balance, — aussi rigoureuse que les *Doit* et *Avoir* d'une comptabilité commerciale.

La volonté qui conçoit, la force financière qui en est l'instrument, l'emploi et la répartition de cette force, ainsi se décompose l'unité administrative.

§ 1ᵉʳ. — PRÉSIDENCE DU CONSEIL.

Attributions.

Contrôler c'est tout diriger, surveiller c'est tout prévoir. Dans l'ordre de mes idées, la PRÉSIDENCE DU CONSEIL et les DEUX DÉPARTEMENTS DES FINANCES ET DES SERVICES PUBLICS sont tels, qu'il ne saurait se commettre aucun écart, aucune négligence, aucun abus grave, à l'insu du chef du cabinet. Tout l'instruit, rien ne l'absorbe.

Il préside le conseil d'État lorsque des lois importantes sont soumises à ses délibérations, et se prépare ainsi à leur discussion parlementaire.

Il préside également lès conseils supérieurs de l'agriculture, de l'industrie et du commerce ; car leurs plaintes, s'ils lui en adressent de fondées, l'aident à contrôler les diverses directions générales qui en auraient fourni le sujet, à rectifier en conséquence, et à perfectionner incessamment tous les services publics. Dès lors plus d'antagonisme entre la société et le pouvoir ; les intérêts de l'une deviennent les devoirs de l'autre. Le président du conseil remplit alors une double fonction, celle de dépositaire responsable du pouvoir royal, et celle de contrôleur souverain de l'intérêt public.

Plus il remplira strictement la seconde de ces fonctions, et plus il sera sûr de garder longtemps la première.

Le travail de la présidence du conseil s'élabore dans les six directions générales qui suivent :

I. RELATIONS EXTÉRIEURES. La première de ces directions générales a composé jusqu'ici le ministère des affaires étrangères. La classification que je propose lui rend son véritable caractère. L'expression de la volonté de la France à l'étranger ne saurait avoir un autre organe que le ministre en qui elle se personnifie à l'intérieur. Le président du conseil, lui seul, embrasse et domine par sa position la généralité politique ; lui seul voit les deux faces de la question sociale.

II. POLICE GÉNÉRALE. La police générale extérieure et intérieure doit, par la même raison, se rattacher à la présidence du conseil ; une pensée vicieuse de morcel-

lement a seule pu la partager, comme elle l'est aujour-
d'hui, entre deux membres du cabinet, le ministre
des affaires étrangères et le ministre de l'intérieur.
Cette scission anarchique est incompatible avec l'unité
de direction et d'action.

III. TÉLÉGRAPHES. L'attribution des télégraphes à chacun des ministères, et leur centralisation au ministère
de l'intérieur, révèle à un même degré l'absence de
l'esprit d'ordre et d'ensemble administratif. Organe
des communications rapides entre le centre et la circonférence, le télégraphe est logiquement un attribut
de la présidence du conseil, qui doit toujours être la
première informée sans intermédiaires et sans retards.

IV. STATISTIQUE UNIVERSELLE. Le moyen de n'avoir
point de statistique, même partielle, c'est d'avoir plusieurs bureaux épars de prétendue statistique générale.
Dans l'organisation que je propose, tous les renseignements aboutiront à la direction centrale qui consti-
tuera une enquête permanente sur toutes les questions
déjà posées ou qui pourraient surgir. L'enquête appartient éminemment au pouvoir administratif ; l'abandon
que certains ministres sont disposés à en faire à la
puissance législative est une nouvelle preuve de cette
défiance de soi-même qui trop souvent atteint l'autorité. Plus éclairée, elle deviendra plus confiante, elle
ne reculera plus devant sa propre responsabilité, et ne
cherchera plus à l'atténuer en se faisant imposer une
opinion. L'institution d'une direction générale de statistique universelle près du ministère dirigeant aura

pour principal avantage de centraliser les documents et de les éclairer les uns par les autres. Un mérite accessoire sera l'économie de temps et d'argent. Les plaintes et les abus auront leur grand-livre ouvert, ils se contrôleront ainsi mutuellement, la lumière jaillira de leurs débats contradictoires. Les archives de chacun des départements ministériels cesseront d'être éparses : réunies avec les archives générales du royaume, soumises à un classement méthodique, elles pourront être facilement compulsées au moyen de répertoires analytiques. Les traditions auront enfin un asile ; elles sont souvent plus utiles aux améliorations qu'on ne le croit. L'avenir est inséparable du passé.

V. ENCOURAGEMENTS PUBLICS ET RÉCOMPENSES NATIONALES. La haute dispensation des récompenses et des encouragements publics est un des grands moyens de gouvernement ; mais en attribuant cette prérogative à huit ministres, au lieu de la réserver à un seul, on affaiblit sa force, on ternit son éclat. Les encouragements n'apparaissent pas décernés par le chef de l'État, sous la responsabilité du chef du cabinet ; il semble qu'ils soient uniquement donnés par des chefs de bureaux ; aussi généralement, les encouragements qui sont accordés possèdent-ils peu de prestige, exercent-ils peu d'influence, et ont-ils plutôt le caractère de faveurs ministérielles que celui de récompenses royales. Cela est plus grave qu'on ne pense au point de vue monarchique de l'autorité. Il s'ensuit encore que l'intrigue s'agite dans les basses régions administratives, et que la reconnaissance ne remonte pas jusqu'au trône où elle devrait s'élever ; la main qui encourage et qui récompense ne saurait jamais se tenir trop haut.

Ne laisser aucun service méconnu, aucun mérite dans l'ombre, prévenir les demandes justes, repousser les sollicitations importunes, écarter les brigues; tel est, en peu de mots, l'art difficile d'encourager. L'influence des peines est purement de répression, mais l'attrait des récompenses possède une grande force d'impulsion. Encourager à propos et avec noblesse, c'est à la fois relever le pouvoir et asseoir l'ordre moral. A ce titre, la puissance rémunératoire doit donc être exclusivement une des prérogatives inséparables de la haute direction politique.

VI. Presse périodique, librairie et imprimerie royale. Les motifs sur lesquels se fonde la nécessité de créer une direction générale portant ce titre, seraient ici trop longs à déduire. J'ai d'ailleurs eu l'occasion d'exposer et de développer mes idées à ce sujet. La presse gouvernementale ou la *publicité* est à fonder, la presse libre ou la *polémique* est à réformer. Ce double but s'atteindra facilement par la concentration, entre les mains du président du conseil, des cinq directions dont l'énumération précède. Tout a été prévu pour que les informations soient promptes et complètes, pour que la vérité porte toujours avec elle son contrôle, l'erreur sa rectification, pour que la publicité enfin devienne ce qu'elle peut, ce qu'elle doit être, l'instrument de gouvernement le plus puissant, l'agent de civilisation le plus actif.

Personnel.

Le personnel de la présidence du conseil, ainsi comprise, se composerait comme il suit :

	Traitements.
Présidence du conseil, ministre secrétaire d'État....	120,000 fr.
Sous-secrétaire d'État.........................	60,000
Secrétaire général............................	30,000
Six directeurs généraux, à 20,000 francs........ .	120,000

§ II. — DÉPARTEMENT DES FINANCES PUBLIQUES.

Attributions.

Les attributions de ce département resteraient ce qu'elles sont, ou à peu près, sauf les améliorations de détails.

Des hommes, dont j'apprécie la haute portée politique et la profonde expérience administrative, pensent qu'il suffirait que la présidence du conseil fût invariablement jointe au département des finances pour introduire dans le travail des autres départements ministériels la division, la méthode et l'unité qui leur manquent. Cette opinion se fonde sur ce fait, qu'en Angleterre la haute direction des affaires est réservée au *premier lord de la Trésorerie ;* mais cette opinion ne se rend peut-être pas un compte assez approfondi des différences essentielles qui existent dans l'administration municipale et financière des deux pays. Le véritable ministre des finances n'est pas le premier lord de la Trésorerie, mais le chancelier de l'Échiquier.

« Le premier lord de la Trésorerie n'a pas d'attributions déterminées en matières de finances. Chef du cabinet et surintendant de la Trésorerie, tenu, par sa position, de donner à la chambre des pairs les explications qui lui seraient demandées, il doit être instruit de la situation du trésor et de l'état du crédit; les mesures proposées n'ont pas lieu sans son assentiment; *mais sa participation aux détails est purement facultative ; il ne s'y livre qu'autant qu'il y est porté par son goût ou par la spécialité de connaissances précédemment acquises* (1). »

Au premier aperçu, il semble qu'il soit impossible d'imaginer une combinaison plus simple que d'investir le ministre secrétaire d'État des finances du titre de président du conseil, et que de lui conférer, en cette double qualité, un contrôle dont l'effet soit de le rendre maître de tous les moyens d'application de ses idées d'organisation générale ou de réformes partielles ; mais en approfondissant cette manière de concevoir l'unité ministérielle on trouve que la responsabilité individuelle étant égale, chaque ministre est nécessairement indépendant de ses collègues dans la limite de ses attributions. Le fait de la solidarité générale n'affaiblit pas le principe de la responsabilité individuelle ; et là où la responsabilité n'a pas de degrés, il ne saurait y avoir de subalternité. Le président d'un cabinet supporte moralement une apparence de responsabilité plus considérable, mais matériellement et en réalité elle n'est pas plus étendue que celle de ses

(1) *Exposé de l'administration générale et locale des finances du Royaume-Uni de la Grande-Bretagne et d'Irlande;* par M. A. Bailly, inspecteur-général des finances, 2 vol. in-8°.

collègues ; comme eux, il ne répond que des actes qui portent son contre-seing. Aussi l'empire d'un président du conseil, s'il n'est le fait d'une incontestable supériorité d'esprit, est-il étroitement borné. Je prévois qu'on me dira que dans le cas où son autorité rencontrerait des résistances, il les pourrait briser en se donnant de nouveaux collègues ; mais à cela je réponds que ce ne seraient plus alors des collègues, mais simplement des commis qu'il aurait, car la responsabilité suppose toujours le libre arbitre. Un cabinet ainsi composé de ministres asservis, quelque éminent et habile qu'en fût le chef, passerait toujours dans l'opinion publique pour un ministère faible, sans consistance et sans considération ; il vaudrait mieux, dans ce cas, qu'il se composât d'un ministre unique. En matière de gouvernement, tout mensonge est un danger. Quiconque accepte des fonctions s'impose le devoir de les remplir et de les défendre contre tout empiétement.

Mais les motifs que je viens de donner, joints à ceux qui se trouvent encore énoncés plus haut, ne sont pas les seuls qui doivent faire rejeter ce mode d'organisation, et lui faire préférer le système que je propose. Il ne se peut imaginer rien de plus simple que deux roues d'engrenage et une force qui les met en mouvement. Là, ni confusion, ni frottement, ni complications. L'union est facile à établir entre trois ministres ayant des attributions parfaitement distinctes ; elle ne saurait se maintenir entre huit ministres avec des attributions morcelées. Le morcellement est à l'unité ce que la mort est à la vie. Dites-moi donc pourquoi l'administration des forêts, celle des douanes, la fabrication des

poudres et des tabacs, etc., appartiennent plutôt au
département des finances qu'à celui des travaux public, de l'agriculture et du commerce? Y a-t-il une
raison vraie pour qu'il en soit ainsi et non autrement?
Une dernière et importante considération est celle-ci :
pour qu'un ministre des finances pût remplir le rôle
de président du conseil, exerçant sur les budgets de
ses collègues un contrôle préalable quant aux chambres législatives, mais définitif quant à eux, non-seulement il faudrait admettre qu'il possédât une haute spécialité politique et financière, mais encore qu'il eût sur
les armées de terre et de mer, sur les relations intérieures, la justice et l'instruction publique, des idées
déjà arrêtées. Un tel homme le trouverait-on parmi
nous ? Cela est au moins douteux. L'avantage du nouveau mode de répartition des attributions ministérielles,
tel que je le propose, est précisément de mettre à
même le président du conseil de s'instruire de tout ce
qu'il ne saurait pas, en concentrant dans ses mains le
contrôle des choses par elles-mêmes, et en écartant
de lui tous les détails qui auraient pour effet d'absorber un temps précieux, réclamé par l'étude et la méditation.

Les douze directions générales dont se compose le
département des finances publiques ne sauraient être
confiées à des hommes trop capables. Il importerait
donc qu'ils eussent fait de l'économie politique et financière une étude approfondie. C'est l'ignorance des
subalternes qui maintient les fâcheuses traditions de la
fiscalité, et qui s'oppose à l'introduction, dans nos finances, des principes économiques dont l'expérience a

fait connaître la bonté. Ailleurs j'aurai l'occasion de développer mes idées sur diverses branches du revenu public, et sur les moyens de l'accroître en allégeant le poids des impôts.

Personnel.

Le personnel du département des finances publiques, ainsi compris, se composerait comme il suit :

	Traitements.
Ministre secrétaire d'État........................	80,000 fr.
Un sous-secrétaire d'État........................	40,000
Un secrétaire général chargé du personnel........	20,000
Douze directeurs généraux, à 20,000 francs........	240,000

§ III. — DÉPARTEMENT DES SERVICES PUBLICS.

Attributions.

C'est ici, je l'ai prévu, que vont s'amonceler toutes les objections contre mon plan de réforme, mais je le présente avec la ferme conviction que rien n'est impossible à la division du travail, soumise à l'unité de direction, à la hiérarchie du commandement et à la permanence du contrôle.

La proposition de réduire les départements de la justice, de la guerre, de la marine, de l'intérieur, des travaux publics, de l'agriculture et du commerce, de l'instruction publique à n'être plus que de grandes directions générales, paraîtra, je m'y suis attendu, étrange, inadmissible, impraticable. J'aurai donc à démontrer le contraire. Les esprits sérieux à qui ce travail est soumis ne le jugeront certainement pas sans en avoir soigneusement examiné les développements et les conséquences. Concentrer dans une même main tous les services publics m'a paru le seul moyen de rompre toutes les traditions vicieuses, de mettre l'union à la place de la rivalité, et de n'accorder à chacun des départements ministériels que la juste importance qu'il doit avoir pour ne pas enfreindre l'unité. Dans l'état actuel des choses, chaque ministre tend à s'exagérer l'importance de son département, et méconnaît ainsi celle des autres ministères. C'est un mal qui ne paraît avoir d'autre remède que celui que je propose ; ce mal aurait moins de gravité si l'administration publique avait été organisée pour une époque de paix, de liberté et d'industrie ; mais il n'en est pas ainsi ; de 1791 à 1815, elle a dû subordonner tout ou à peu près tout aux nécessités impérieuses de la guerre. Aussi comparez la part qu'ont prélevée, depuis trente-neuf ans, sur le budget des recettes de l'État, les seuls départements de la guerre et de la marine, avec celle faite aux trois départements de la justice, de l'intérieur et de l'instruction publique. Cela est douloureux à supputer ! Depuis 1816 seulement, combien de millions a coûté l'entretien d'une force permanente exagérée, qui auraient pu être plus utilement appliqués à sillonner la France de canaux, de routes et de chemins, à répandre dans toutes les classes une instruction convenablement graduée, judicieusement appliquée à chacune d'elles, qui les pénétrât profondément du sentiment du devoir, et les préparât prudemment à l'exercice de droits politiques qui, dans la réalité, sont de véritables fonctions sociales. On sait déjà ce que je pense de l'instruction publique : je crois fermement que c'est le seul frein à l'aide duquel les gouvernements représentatifs, lorsqu'ils sont habiles et exercés, peuvent facilement contenir et diriger les peuples ; que c'est le seul moyen de créer au sein de la démocratie la hiérarchie sans laquelle il est impossible à l'ordre et à la prévoyance de s'établir, de s'affermir dans la société. Je crois que, depuis vingt ans, nous faisons à la possibilité de guerres peu probables des sacrifices trop considérables, et que nous en faisons trop peu pour prévenir ou détourner des révolutions perpétuellement imminentes et désastreuses dans leurs conséquences, alors même qu'elles s'accomplissent sans se souiller d'une seule tache de sang ! Je crois que nous sommes dans une fausse voie, que nous accordons aux armées trop d'importance et trop peu à l'instruction publique et à la presse périodique. Ces deux puissants leviers qui, jusqu'à ce jour, par suite de l'ignorance des moyens de s'en servir, ont été plutôt des obstacles que des instruments de gouvernement, attendent encore l'homme d'État qui saura comprendre tout le parti politique, toute la force motrice qu'il est possible d'en tirer.

Si, depuis vingt-cinq ans, la moitié des fonds qui ont été absorbés, sans nécessité, par le seul budget de la guerre avait reçu cette double destination : premièrement de doter le territoire français d'un système complet de voies de communication ; deuxièmement d'élever dans le respect religieux de nos institutions les générations qui se sont succédé ; aujourd'hui nous serions mûrs pour deux libertés, la liberté commerciale et la liberté politique ! Nous n'aurions plus besoin d'abriter encore notre industrie derrière des tarifs exorbitants ; nous pourrions élargir le cercle électoral. Tout contribuable, âgé de vingt-cinq ans, pour exercer le droit d'électeur, n'aurait plus qu'à justifier du diplôme d'*aptitude électorale*, à lui conféré à sa sortie de l'école primaire. Chaque année le nombre des électeurs s'accroîtrait ainsi dans une progression sensible, mais sans perturbation et sans danger. Le principe de l'égalité civile et politique serait alors amplement et rationnellement satisfait : je dis rationnellement, car ma raison n'a jamais pu considérer comme un suffrage sérieusement exprimé le bulletin d'électeurs et de jurés ne sachant pas écrire un mot, lire un nom ? On voit qu'il s'agit là d'un ordre d'idées tout nouveau qui diffère autant des doctrines proclamées par l'opposition que des principes attaqués par elle. Mais le moyen de faire prévaloir une idée qui ne se renferme pas étroitement dans les limites d'un seul département ministériel, et qui empiète sur un autre ! Cela est impossible. Jamais un ministre ne souffrira que son budget soit réduit pour grossir d'autant celui de son collègue ; il lui semblerait que son importance en serait diminuée, et qu'il aurait trahi les intérêts de son département. Tenter cela ce serait une œuvre vaine plus difficile mille fois que de réaliser ce que je propose. Il en est malheureusement ainsi des révolutions, qui rencontrent moins de résistance que les réformes : un jour suffit pour accomplir les unes, il faut des années pour opérer les autres. Cela est déplorable. Voulez-vous enfin que les peuples cessent d'être révolutionnaires ? — Soyez hardiment réformateurs ; abjurez hautement et à toujours la fatale doctrine qui consiste à séparer des intérêts inséparables, ceux du pouvoir de ceux de la société. Aucune doctrine n'est plus pernicieuse, ne favorise plus ouvertement l'insurrection, n'est plus ennemie de l'autorité, plus subversive de l'ordre. Un ministre qui ne voit en sa personne que le chef de ses bureaux, qui conséquemment fait cause commune avec eux et se croit obligé d'accepter la solidarité de leurs actes, est le premier de ses commis, mais il n'en est pas ce qu'il en devrait toujours être, le contrôleur rigoureux. Un ministre est le tuteur d'une nation, non l'homme d'une administration ; il doit aspirer à personnifier des intérêts, non des abus. Malheureusement c'est le contraire qui a lieu trop souvent.

Le premier sentiment d'un ministre le porte presque toujours à penser que les fonctionnaires qui composent son administration ne peuvent avoir tort et à prendre parti pour eux contre le public. De là ce déplorable antagonisme qui existe entre le pouvoir et la société ; de là ce germe fécond de révolutions incessantes, qui ne sera détruit qu'après qu'un premier ministre, doué d'une volonté opiniâtre, aura, dans l'intérêt même du pouvoir, hautement prescrit qu'avant les commis doivent passer les contribuables, ceux qui payent avant ceux qui sont payés, les maîtres avant les serviteurs, la démocratie avant la bureaucratie, ainsi que cela se pratique, non-seulement aux États-Unis, mais encore en Angleterre. Le jour où il serait de notoriété que nos ministres ont admis en règle générale que tout contribuable qui se plaint d'un agent salarié a la présomption pour lui, d'abord énormément d'abus se réformeraient d'eux-mêmes, ensuite les plaintes seraient très-rares et très-réservées ; car on n'est pas la cause de la destitution injuste d'un employé sans encourir une grave responsabilité morale et sans s'exposer à toutes les sévérités de l'opinion publique, plus ennemie encore de la dénonciation que de l'arbitraire. Alors les contribuables ne confondraient plus deux choses essentiellement distinctes : le pouvoir et l'administration, l'autorité et ses agents, ils s'accoutumeraient à mettre leur confiance dans le souverain et dans ses ministres. S'il est un fait incontestable, c'est que généralement, en France, les fonctionnaires se font de leur importance une idée exagérée ; il n'y aurait pas d'inconvénient à ce qu'elle fût réduite à sa juste valeur ; loin d'en être affaibli, le principe d'autorité en serait au contraire fortifié ; tout abus est nuisible au pouvoir, sans exception de ceux-là mêmes qui lui paraissent profitables ; c'est là une vérité méconnue, que l'expérience aurait dû rendre banale, surtout dans les pays où règne la liberté de la presse. Les ministres sur qui pèse une si lourde responsabilité ne sauraient jamais être trop sévères à l'égard de leurs subordonnés, car la rigidité systématique a cet avantage qu'imprimant une terreur salutaire qui pénètre profondément chacun du sentiment de son devoir, l'occasion de s'exercer lui est rarement donnée. La sévérité la plus excessive est moins redoutable, moins dangereuse que l'alternative de la mollesse et de la rigueur ; cette dernière seule fait des victimes, parce qu'elle ne réprime le relâchement qu'après l'avoir encouragé.

L'intérêt de la société est d'abord de se conserver et de se défendre contre les agressions du dehors ou du dedans; aussi au premier rang des services publics doit-on mettre les trois directions générales ci-après, qui se lient étroitement et qui constituent la FORCE PUBLIQUE :

I. Armées de terre.

II. Marine.

III. Garde nationale.

I. Armées de terre. Réduire aux proportions d'une direction générale un aussi vaste département que celui de la guerre, c'est opérer plus qu'une réforme administrative, c'est accomplir presque une révolution sociale ; cependant c'est tout uniment se montrer conséquent avec le système de la paix, c'est vouloir qu'il porte enfin ses fruits.

Lorsqu'une guerre générale se prolonge, toutes les ressources de l'État lui sont consacrées, tout lui est sacrifié sans hésiter, pour la terminer rapidement par une victoire ; pourquoi la paix aurait-elle des exigences moins impérieuses ; pourquoi les mêmes sacrifices ne seraient-ils pas faits à sa conservation ? n'est-il donc pas aussi important d'étendre la durée d'une paix féconde que de mettre fin à une guerre meurtrière ?

Comme la guerre, la paix est un art qui a ses lois et ses règles, et qui veut des études profondes et des connaissances variées ; comme la guerre, la paix a ses nécessités, ses périls, ses conquêtes ; comme la guerre, enfin, la paix a son génie et sa gloire !

Ses nécessités, ce sont : — de donner du travail aux bras désœuvrés, un aliment aux imaginations ardentes.

Ses périls, ce sont : — l'excès d'une production déréglée, l'insuffisance d'une consommation restreinte par des transports trop coûteux, l'encombrement de certaines professions, l'abus de la concurrence, la nécessité de satisfaire à des besoins chaque jour plus divers et plus étendus, enfin la fermentation des esprits dans le repos.

Ses conquêtes, ce sont : — les tributs qu'elle prélève sur les autres nations, grâce aux découvertes, aux perfectionnements, aux progrès qu'elle fait faire à l'intelligence et à l'industrie de l'homme, à la science du crédit, à la culture du sol, enfin à tous les arts utiles.

Son génie et sa gloire : — ils consistent à répandre parmi le peuple l'instruction et le bien-être, à diminuer sa misère et à adoucir ses fatigues, à dissiper ses préjugés et à réprimer ses mauvais penchants, à ennoblir ses instincts, à le rendre enfin meilleur et plus heureux.

Voilà un quart de siècle écoulé que la paix règne en Europe, qu'a-t-elle produit en France, qu'a-t-elle entrepris de grand, qu'a-t-elle achevé de solide ? où sont ses œuvres ! où sont ses trophées ? Ah ! si l'on eût fait pour la glorifier autant de sacrifices et d'efforts que pour la conquérir, que de grands travaux publics seraient maintenant exécutés, que de grands problèmes sociaux seraient maintenant résolus ou sur le point de l'être !

Mais on a suivi trop servilement cette maxime d'un autre temps :

> Si vous voulez la paix, préparez-vous à la guerre.

En effet, tout ce qui avait été organisé pour la défense ou pour l'agression a été soigneusement entretenu ; on s'est beaucoup occupé du passé, peu de l'avenir ; on n'a pas assez réfléchi que nous vivons dans un temps où des rapports entièrement nouveaux se sont établis de nations à nations et de gouvernements à peuples, où le précepte qui précède doit désormais faire place au suivant :

Si vous voulez la paix, sachez la rendre féconde et glorieuse.

Que tout soit bien constitué pour le maintien de la paix, et tout sera bien préparé pour l'éventualité de la guerre. Moins elle entrera dans nos prévisions, et moins elle aura de probabilité en sa faveur ; moins on fera d'apprêts contre elle, et plus on aura de forces pour la repousser lorsqu'elle éclatera.

Depuis vingt-cinq ans que fait-on ? — On lève annuellement des contingents exorbitants ; on enlève à la culture des champs et à l'industrie des villes des bras qui leur sont nécessaires, pour les dresser péniblement au désœuvrement. Depuis vingt-cinq ans plus de six milliards ont été dépensés, deux millions d'hommes ont été successivement arrachés à leurs familles, à leurs professions ; n'auraient-ils pu être mieux employés ?

Si tant d'argent avait servi à mettre en parfait état nos fortifications, nos arsenaux, nos ports, à faire des canaux et des rails-routes, qui rapprochant pour ne citer qu'un exemple, le minerai du combustible, eussent réduit le prix de la houille et du fer... du fer, dont la paix et la guerre ont également besoin ; si tant d'argent avait servi d'abord à exécuter les voies de communication et de transport indispensables à la prospérité de notre commerce intérieur, ensuite à étendre à l'extérieur les relations de notre industrie, enfin à lui ouvrir partout de nouveaux débouchés, la guerre survenant, la France n'aurait-elle pas été mieux préparée pour la soutenir qu'elle ne l'était en 1830 et qu'elle ne l'est encore ?

Les monarchies n'ont plus qu'un moyen de retarder leur chute, c'est de gouverner au meilleur marché possible. Tout ce qui coûte cher et n'est pas rigoureusement indispensable mérite donc de leur part un très-sérieux examen. Nous vivons en un temps où l'on ne saurait trop s'appliquer à rendre plus simples et plus économiques les rapports nécessaires entre les gouvernements et les gouvernés. Tout contribuable maintenant veut recevoir, au moins, l'équivalent de ce qu'il paye : l'impôt est la première de ses économies ; aussi, lorsqu'il la voit dilapider ou par ignorance ou par prodigalité, le vertige démocratique s'empare-t-il facilement de lui. L'impôt dont on abuse est le plus puissant des leviers révolutionnaires ; or, il n'y a pas en France d'impôt plus lourd que celui que prélève l'entretien de notre armée ; à ce titre donc, il n'en est aucun qui mérite à un plus haut degré l'attention des hommes pour qui la politique est autre chose que l'art de s'emparer des affaires par l'intrigue.

Lorsque les guerres tendent à devenir plus improbables et plus difficiles, ne saurait-on concevoir rien de mieux que ce qui se fait ; ne saurait-on s'y préparer autrement qu'en appelant chaque année quatre-vingt mille hommes à venir se placer sous les drapeaux, où ils restent trop peu de temps pour se former suffisamment à l'état militaire, mais assez pour y perdre l'habitude du travail? S'est-on jamais occupé de rechercher s'il n'existerait pas un autre système d'instruction militaire, plus simple, plus expéditif, plus économique, qui n'exigeât pas qu'on détournât de l'exercice de leur profession deux ou trois millions d'hommes pour avoir un effectif de trois cent mille soldats, ne sachant guère que ce que tout garde national est obligé d'apprendre? Pense-t-on qu'il soit impossible de trouver un autre mode de recrutement qui ne violât pas la liberté individuelle et qui n'eût pas les effets désastreux que j'ai décrits ailleurs? Les armées permanentes ont-elles donc existé en tous pays et en tous temps, qu'il paraisse chimérique de s'enquérir des moyens d'en alléger le lourd fardeau, et étrange d'en révoquer en doute la nécessité absolue? J'ai médité sur ce sujet, et je pense qu'une grande partie des trois cents millions que nous coûte annuellement l'entretien de notre armée ne sert qu'à appauvrir la France, qu'à l'affaiblir et qu'à l'exposer au danger qu'on veut prévenir, car désormais l'esprit de révolution allumera plus de guerres que l'esprit de conquête.

Ces considérations m'amènent à l'examen de la question de savoir si de grandes et utiles réformes pourront jamais réussir à se faire jour dans le département de la guerre, tant que l'administration en restera confiée, telle qu'elle existe, à un officier général ou à un maréchal de France? — Je ne le crois pas, et ma conviction à cet égard se fonde sur des motifs plausibles. Naturellement un militaire ne s'occupera jamais que de l'éventualité de la guerre, et, à moins qu'il ne soit doué d'un rare génie, il ne concevra pas qu'on puisse s'y préparer autrement que par des levées d'hommes ainsi qu'on l'a fait jusqu'à ce jour, ou à peu près. Il ne regardera jamais que comme secondaire ce qui aujourd'hui est devenu principal, je veux dire le crédit public et le commerce qui, par le fait de la durée de la paix, ont établi entre toutes les nations une solidarité difficile à rompre. Chez aucun peuple maintenant, la plus petite guerre ne peut éclater au dehors, sans produire, au dedans, une grande perturbation financière et industrielle ; aussi partout les velléités belliqueuses sont-elles fortement comprimées par la puissance des intérêts matériels, puissance qui tend à s'accroître indéfiniment.

L'innovation que je propose consisterait d'abord à séparer l'administration de la guerre du commandement de l'armée, ce qui aurait des avantages que je crois importants. Son chef, toutes les fois qu'il commencerait à la bien connaître et à exercer sur elle l'autorité que donne la confiance, ne lui serait plus enlevé par de continuels changements de ministère, instabilité qui crée une désorganisation permanente, et dont les effets sont d'autant plus désastreux qu'ils sont moins apparents.

Des lois sont faites sur l'avancement de l'armée, son chef n'aurait qu'à en proposer la stricte application à qui de droit. Toute promotion aurait ainsi une triple sanction : présentation d'un chef compétent, contrôle du ministre responsable, approbation du roi ; les droits légitimes jouiraient de plus de garanties, et ceux qui ne le seraient pas rencontreraient plus d'obstacles.

Un illustre guerrier peut n'être ni un habile administrateur, ni un bon orateur, et cependant exercer une grande autorité militaire.

Le moyen que je propose permettrait à l'État de le mettre convenablement à sa place. — On ne verrait plus alors ce qu'on voit aujourd'hui, la tribune parlementaire être plus meurtrière que le champ de bataille à nos réputations militaires.

Un homme politique dégagé de tout esprit étroit de spécialité, et à la hauteur des exigences et des difficultés de notre temps, pourrait alors être mis à la tête de l'administration de la guerre, qui, ne formant plus qu'une branche du département des services publics, rentrerait ainsi facilement dans ses justes limites et n'absorberait plus que sa part du budget.

Je ne m'appesantirai pas plus longuement sur ce point, ce n'est pas un système que j'expose ici, c'est un germe que je dépose pour être fécondé par de plus habiles.

Ce qui ne paraît pas douteux, c'est que l'administration de la guerre exige de grandes réformes et qu'il ne sera possible de les accomplir qu'à l'homme à qui on laissera le temps de les étudier, de les mûrir, c'est-à-dire qui échappera, à l'aide de la modestie de son titre, à l'instabilité ministérielle. Sous ce rapport un simple directeur général pourra souvent exécuter ce qu'un ministre n'aurait jamais pu entreprendre.

Ce que je viens de dire pour l'administration et le commandement des armées de terre est également applicable au département de la marine. La même division devrait être établie entre le matériel et le personnel, l'administration et le commandement.

L'institution de la garde nationale se rattache étroitement à l'organisation de l'armée de terre ; placer la première dans les attributions du ministre de l'intérieur, et la seconde dans celles du ministre de la guerre, c'est mettre à nu le défaut d'unité, c'est prouver qu'on n'a jamais arrêté sa pensée sur la constitution de la force publique. Aussi l'institution de la garde nationale ne paraît-elle, à beaucoup d'esprits, qu'une superfétation ; ses avantages ne se démontrent pas suffisamment par eux-mêmes, tandis que les inconvénients qu'elle a et les dangers qu'elle peut avoir sont manifestes ; qu'est-ce que cela prouve? sinon qu'on n'a pas su établir encore, entre la garde nationale et l'armée, leurs rapports nécessaires.

Si l'une servait d'école à l'autre, l'utilité de la première s'expliquerait par l'économie qui se pourrait faire sur la seconde ; mais il n'en est pas ainsi ; le rétablissement de la garde nationale n'a diminué ni d'un homme, ni d'un écu l'effectif et la dépense de l'armée. On a ajouté au gaspillage du temps, voilà tout. Ce qui est remarquable c'est que dans ce pays, qu'on dit la patrie de la centralisation, l'unité n'existe nulle part. On y complique tout, on n'y simplifie rien, ce qui devrait s'allier s'exclut ; aussi les doubles emplois y sont-ils innombrables ; il s'ensuit des déperditions de force ou des dépenses d'argent qui sont préjudiciables aux contribuables, sans être profitables au gouvernement. Il serait temps d'en faire l'objet d'un examen sérieux. Nous résumerons par un mot ce qui précède : la force publique est un trident dont il faut se garder de briser les branches. L'armée de terre, la marine et la garde nationale doivent se combiner étroitement, car elles sont l'expression de la même pensée, et les isoler c'est s'exposer à ce que leur action se contrarie.

La force matérielle ainsi ramenée à son unité, le même travail est à faire pour la force morale, qui se trouve partout et nulle part ; elle est disséminée, elle n'a qu'à gagner à être fortement concentrée. Les Cultes, l'Instruction publique, la Justice, l'Administration départementale et municipale, les Hospices et établissements de prévoyance, les Prisons et maisons de détention, ce qui concerne la Santé et la Salubrité publique ; tout cela se lie étroitement, doit se prêter un concours mutuel, et former un tout systématique. Ce sont des rouages qui sont préparés, mais qui ne sont pas encore montés ; il leur manque un principe commun qui les mette en mouvement. La prévoyance sociale ne peut naître que de leur assemblage, et elle est à créer ; la répression judiciaire est la seule force morale qui soit encore constituée tant bien que mal.

A ceux qui se récrieraient contre l'idée de réduire à de simples directions générales le ministère de l'instruction publique et celui de la justice, je répondrai que l'administration des cultes ne forme déjà plus qu'une direction générale, bien que le budget de ses dépenses s'élève à plus de trente-cinq millions, tandis que celui de l'instruction publique n'est que de quinze millions et celui de la justice de vingt millions seulement. Donc, ce qu'on a pu faire sans inconvénients pour la religion, on le pourrait également exécuter pour l'instruction publique et la justice. Ni l'une ni l'autre n'y perdraient de leur importance et de leur grandeur ; plus loin on verra ce qu'elles y gagneraient.

L'administration départementale et communale forme présentement, au département de l'intérieur, une direction qui comprend et confond tout ce qui se rattache 1º à la voirie et à la police, à la comptabilité et au contentieux des communes ; 2º aux hospices, bureaux de bienfaisance, monts-de-piété ; 3º aux prisons, maisons de détention, maisons centrales, de force et de correction ; je propose d'en faire trois directions générales distinctes, en me fondant sur ce principe que plus on centralise l'administration d'un grand pays, plus il est nécessaire d'en diviser judicieusement le travail, sous peine de tomber dans la langueur et l'immobilité. C'est la division des fonctions dans la centralisation qui constitue le mouvement dans l'unité, produit la force et économise le temps. Les affaires relatives au contentieux, à la comptabilité, à la voirie et à la police des communes ne sauraient s'expédier avec trop de célérité. Il ne faut pas perdre de vue que l'administration de 86 préfectures et de 37,000 communes vient aboutir à cette direction. Le chef qui en comprendrait bien toute l'importance spéciale et qui, au lieu de recevoir l'impulsion des extrémités, aurait à cœur de la leur donner, ne manquerait assurément ni de travail ni de responsabilité.

Les mêmes observations s'appliquent non moins justement :

Premièrement, aux établissements de bienfaisance et de prévoyance ;

Deuxièmement, aux établissements de répression et de correction.

Ce sont deux unités distinctes : elles doivent conséquemment former deux directions générales. Ce n'est
qu'en procédant méthodiquement ainsi qu'on parvien-
dra à établir en réalité dans l'administration l'ordre qui
n'y existe qu'en apparence.

Les établissements de bienfaisance et de prévoyance
se tiennent-ils tous entre eux comme les anneaux d'une
chaîne ? sont-ils le développement d'une même pensée ? forment-ils enfin un système ? ou ne sont-ils que
des institutions isolées, incohérentes, incomplètes ? Il y
aurait là, sous le double rapport des principes et des
faits, de graves questions à approfondir, dont l'étude
ne saurait être confiée à un économiste trop éclairé, à
un administrateur trop habile. Il y a assez longtemps
que dure le règne des commis routiniers : il est temps
que vienne celui des hommes spéciaux !

Ce que je viens de dire pour les établissements de
bienfaisance et de prévoyance, je le dis également
pour les établissements de répression et de correction.

Il existe au département du commerce un conseil
supérieur de santé et à la préfecture de police un conseil de salubrité. Je proposerais qu'on créât une direction générale de la santé publique et de la salubrité du
royaume. Partout où l'action du gouvernement doit
être bienfaisante, il est politique de la faire pénétrer.
Tout ce qui se rattache directement aux questions de
population a une importance qui n'a besoin que d'être
indiquée pour être comprise.

Pour saisir les rapports qui lient entre elles les sept
directions générales qui, dans l'ordre de mes idées, re-

présentent la constitution de la force morale, il suffit
de les rappeler ici :

1. Cultes ;
2. Instruction publique ;
3. Justice ;
4. Administration départementale et municipale ;
5. Établissements de bienfaisance et de prévoyance ;
6. Établissements de répression et de correction ;
7. Santé et salubrité publiques.

On voit que, dans ce classement, tout se coordonne,
rien ne se confond. Les attributions sont distinctes,
mais le but est commun ; tous les moyens de moraliser
l'homme, de l'instruire, de protéger le faible, de se-
courir le malheureux, de réprimer le méchant, de punir le coupable, d'amender le condamné, sont systématiquement rassemblés ; tout est calculé pour que la
religion, l'instruction et la justice puissent agir de con-
cert, se prêter un mutuel concours et faire pénétrer
partout leur bienfaisant esprit dans les plus petites
communes, dans les plus pauvres hospices, dans les
plus hideuses prisons !

La réforme du régime pénitentiaire, dont on s'occupe bruyamment depuis plusieurs années, est une
question qui se rattache étroitement à celle du paupérisme ; la prévoyance sociale et la répression judiciaire
sont les deux extrémités d'un même système, les deux
faces d'une même pensée : il est tout aussi absurde de
les vouloir séparer que de prétendre isoler la morale
de la religion !

En concentrant, ainsi que je le propose, dans sept

directions générales toutes les forces morales dont la société dispose, et dont elle tire présentement un si faible parti, et en confiant ces directions à sept hommes éclairés et ardemment animés de l'amour du bien, qui mettraient en commun leurs lumières et leurs observations, je crois qu'il serait possible de réaliser, au profit des classes pauvres, beaucoup d'améliorations que l'ignorance, jusqu'à ce jour, a traitées dédaigneusement d'utopies.

Je crois qu'avec un système de prévoyance et de répression moins imparfait que celui qui nous régit, il est beaucoup de crimes et de délits qu'on pourrait prévenir ; je crois qu'il est possible de faire disparaître la mendicité sans la répercuter et sans recourir contre elle à des rigueurs que l'humanité a toujours fait fléchir ; je crois enfin que la science économique est aujourd'hui assez avancée pour fonder le nouvel ordre moral que réclame impérieusement l'avénement de la démocratie.

Il n'y a qu'à réunir ce qui est épars et qu'à mettre les hommes éminents qui se sont fait connaître par d'utiles travaux et de grandes pensées à la place que leur assigne leur supériorité. Les chefs de bureaux gouvernent la France et ne l'administrent pas, il serait temps qu'ils l'administrassent et qu'ils ne la gouvernassent plus !

Je n'insisterai pas plus longuement ; j'en ai assez dit pour faire comprendre toutes les lumières et toutes les ressources qu'un ministre habile, qui réunirait en comité sous sa présidence les sept directeurs généraux dont je viens de parler, pourrait puiser dans leurs discussions et dans [leurs délibérations. Le même ordre d'idées me conduit naturellement à grouper les quatre directions générales ci-après, dont l'ensemble constitue la force industrielle :

I. Travaux ¡publics (ponts-et-chaussées et mines);
II. Agriculture;
III. Manufactures et fabriques;
IV. Commerce.

Ce classement changerait peu de chose à celui qui existe ; il serait seulement plus méthodique.

Je réunirais dans une seule direction générale tout ce qui, à un titre quelconque, se rapporterait aux bâtiments civils, aux monuments publics et aux beaux-arts. Ce qui existe naturellement n'a pas de raison d'être. La direction des beaux-arts, qui dépend du ministère de l'intérieur, doit être en conflit d'attributions permanent avec la direction des bâtiments civils, qui dépend du ministère des travaux publics. C'est le chaos : j'essaierais de le faire cesser.

La censure des pièces de théâtre, qui forme aujourd'hui l'une des attributions de la direction des beaux-arts, rentrerait dans celles de la direction générale de la presse périodique, de la librairie et de l'imprimerie royale (1). Là devrait, selon moi, se borner l'intervention du gouvernement dans les entreprises théâtrales ; il me paraît peu digne qu'il s'interpose dans les engagements des comédiens, des chanteurs et chanteuses, des danseurs et danseuses ; qu'il soit mêlé aux faillites

(1) Voir Présidence du Conseil, page 52.

réquentes des directeurs. En principe, les entreprises de théâtre, y compris les théâtres royaux, doivent subsister par elles-mêmes ; mais s'il y a lieu à des exceptions, elles doivent concerner uniquement l'administration municipale. A l'appui de l'opinion que j'exprime, il y aurait à faire valoir d'importantes considérations dans l'intérêt même de l'art dramatique, mais ce sont là des développements qui doivent trouver ailleurs leur place.

La direction des beaux-arts et la direction des bâtiments civils formeraient donc une seule direction générale où l'unité régnerait.

Je restituerais à la direction générale de l'instruction publique tous les établissements quelconques d'enseignement, facultés des lettres, de droit, de médecine de théologie, école normale, école polytechnique et autres écoles militaires, école des ponts-et-chaussées, école des mines, école des mineurs, école d'arts et métiers, école forestière, école de navigation, école de beaux-arts, etc., etc, qui sont maintenant éparpillées ; ce n'est qu'en concentrant ainsi dans les mains d'un homme habile tous les moyens d'instruction qu'on le mettrait en état de se rendre compte de ceux qui manquent et de ceux qui sont surabondants. Je voudrais enfin que l'ordre établi fût tellement rigoureux qu'il fût aussi difficile d'ajouter à une direction générale une attribution nouvelle que de lui en retrancher une. Assurément un tel ordre ne saurait être l'œuvre d'un jour, et je n'ai pas la prétention de l'avoir réalisé du premier jet. Je sais trop bien par expérience combien la conception d'un projet, quelque mûrie qu'elle soit, subit, dans la pratique, des modifications inévitables; mais j'ai appris aussi que toute idée juste a pour effet d'imposer la prompte rectification de ce qui blesse son harmonie. Aussi vais-je droit à mon but, sans me préoccuper des détails que je néglige et des objections que je pressens. Il n'est pas une seule conception d'un homme supérieur qui puisse résister à l'examen approfondi d'un homme médiocre, et cela s'explique facilement, car où celui-là n'aperçoit que des difficultés à vaincre, celui-ci ne voit que des obstacles où il échouerait. Les entreprises les plus timides ne sont pas celles qui sont le plus souvent couronnées de succès. La hardiesse des desseins est toute relative. Tel homme peut tout tenter, tel autre ne doit rien hasarder. Il ne faut pas confondre la puissance avec la présomption, ce que font souvent les gens de petite portée et de beaucoup de vanité, qui rapportent tout à eux-mêmes et n'admettent rien au delà du cercle étroit des probabilités dans lequel se meut orgueilleusement leur imagination.

Assisté d'un sous-secrétaire d'État et d'un secrétaire général, débarrassé de tous les détails secondaires de service, n'ayant qu'à présider au travail de quinze directeurs généraux, hommes éminents, se stimulant et se contrôlant entre eux, ne personnifiant pas seulement des traditions administratives, mais encore des idées sociales, politiques, économiques, le ministre secrétaire d'État du département des services publics aurait plus de temps pour penser et plus de liberté pour agir que n'en a aujourd'hui le ministre de l'intérieur dans l'état d'anarchie de ses bureaux, dont les chefs, plongés dans une obscurité qui leur ôte toute envie de se distinguer, sont tout-puissants pour empêcher et impuissants pour faire, car on ne leur laisse pas d'initiative et on ne leur donne pas d'impulsion.

Plus loin j'exposerai quelles sont mes idées concernant les directeurs généraux et les sous-secrétaires d'État.

Personnel.

Le personnel du département des services publics, ainsi compris, se composerait ainsi qu'il suit :

	Traitements.
Ministre secrétaire d'État............................	80,000 fr.
Un sous-secrétaire d'État............................	40,000
Un secrétaire général chargé du personnel.........	20,000
Quinze directeurs généraux, à 20,000 francs.......	300,000

En résumé, l'organisation qui précède a pour effet de concentrer le pouvoir et de diviser le travail entre :

Trois ministres secrétaires d'État.

Trois sous-secrétaires d'État.

Trois secrétaires généraux.

Trente-trois directeurs généraux.

Des Directeurs généraux.

Je ne m'occuperai pas de rechercher dans l'*Almanach royal* quel est le nombre actuel de directeurs généraux et des simples directeurs ; cet examen serait sans objet et sans utilité, car l'arbitraire seul a présidé à ce qui existe ; dans l'état actuel des choses, on ne saurait dire en quoi diffère une direction générale d'une simple direction, et pourquoi, par exemple, l'administration de l'enregistrement et des domaines, et celle des forêts, ont le titre de directions générales, tandis que l'administration des postes et celle des douanes ont le rang de simples directions? Le traitement est le même, les attributions ne sont pas plus étendues ; elles ne sont pas moins importantes, elles n'ont pas un caractère politique ou administratif différent. Cette diversité, ou plutôt ce défaut d'unité ne s'explique que par des considérations personnelles non justifiées et destructives de toute hiérarchie. Ces détails secondaires ont cependant plus d'importance qu'on ne suppose. Dans une bonne organisation, il ne saurait s'introduire de dénomination arbitraire, superflue ; toute dénomination doit exprimer clairement une fonction, toute fonction doit se justifier par son utilité, et se classer d'elle-même par son titre. La responsabilité a des droits légitimes, la vanité n'en a pas, et ce n'est jamais impunément que l'on consacre ses usurpations. Qu'on laisse un colonel créer dans son régiment des grades qui n'existeront pas dans un autre, et par ce seul fait l'unité de l'armée sera détruite, et le commandement rencontrera, en certaines circonstances, des difficultés imprévues et invincibles. Encore une fois, l'unité c'est la simplification, c'est la puissance du levier appliquée à l'évolution des hommes et des idées.

Peu importe donc le nombre actuel des directeurs généraux ; dans l'organisation que je propose, ce nombre s'élèverait à trente-trois, mais je suis loin de le fixer d'une manière absolue ; je ne suis pas entré assez profondément dans les détails de tous les départements ministériels pour avoir une telle prétention ; ce que je pense, c'est que ce nombre devrait plutôt encore être étendu que réduit ; ce que je pense, c'est que toutes les fois qu'il se rencontre un homme spécial en état de constituer une unité administrative, indépendante et complète par elle-même, sans préjudice d'aucune autre, et au profit d'une idée juste, il y a lieu de créer, sans hésiter, une direction générale ; ce que je pense, c'est que ce moyen est le seul de créer, au sein de notre société démocratique, un pouvoir dont l'autorité, partout bienfaisante, soit par tous respectée, dont la vigilance ne laisse s'établir ni durer aucun abus, dont l'activité devance tous les efforts et n'en entrave aucun d'utile. Si l'industrie a déjà résolu tant de problèmes longtemps considérés comme insolubles, si chaque jour encore elle simplifie sa main-d'œuvre, réduit ses déchets, étend ses débouchés, réalise un perfectionnement ou une économie, remporte enfin de nouvelles victoires, fait de nouvelles conquêtes, à quoi doit-elle cette puissance ? Au grand et fécond principe de la division du travail. Si au contraire notre gouvernement a encore résolu si peu de problèmes, s'il est immobile, sans solidité, s'il se défie des principes les plus justes, s'il ne fait aucun progrès, s'il crée plus d'abus qu'il n'en détruit, s'il opère toujours si chèrement, s'il n'apprend à rien simplifier, s'il ne peut pas ce qu'il veut, s'il ne veut pas ce qu'il peut, s'il manque enfin d'initiative, à quoi faut-il attribuer son impuissance ?... A une distribution vicieuse du travail.

Il y a trop de ministres, il n'y a pas assez de directeurs généraux, d'où il suit qu'aucune question n'est approfondie, et qu'en réalité les ministres ne sont que d'imparfaites machines à signer, mises en œuvre par d'obscurs employés, qui n'ont de chances d'avancement qu'à la condition d'étouffer en eux tout sentiment d'émulation, qui provoquerait contre eux la rivalité et le dénigrement, toute idée qui les exposerait au danger de se faire distinguer. Certes, il y a dans les bureaux des diverses administrations ministérielles, des hommes d'un incontestable mérite, qui sont animés des meilleures intentions, qui ont des idées justes et qui seraient en état d'exécuter d'utiles réformes, mais tout est organisé pour les condamner à l'inertie. Aussi est-il juste de reconnaître que le vice est dans l'organisation, plus encore que dans les employés. Au mal que fait depuis longtemps la bureaucratie, il n'y a qu'un remède, c'est de l'affranchir des traditions surannées, c'est de la sortir de l'obscurité où elle étouffe, de l'émanciper en multipliant les directions générales, en les confiant à des hommes spéciaux et éminents, rétribués sans parcimonie, en proportionnant l'initiative à la responsabilité, en ne prenant pas d'ombrage du vrai mérite, en mettant sa gloire, au contraire, à le discerner et à le faire valoir ; l'homme exclusif qui veut tout concevoir et tout exécuter par lui-même n'a qu'une force bornée, tandis que l'homme judicieux qui sait se rattacher tous les gens capables et s'approprier toutes les idées utiles possède une force infinie. C'est là ce qu'on oublie trop communément. La médiocrité et la présomption sont-elles donc inséparables? Je le crois, quand je vois que plus les ministres sont médiocres, et plus ils ont la prétention de tout voir et de tout faire exclusivement ; aussi tout leur échappe-t-il et ne font-ils rien du tout en s'agitant beaucoup ! La moisson est bientôt faite quand on n'a à récolter que ce que soi seul on a semé. Nous avons en France de savants publicistes, d'habiles orateurs, d'éloquents avocats, mais l'expérience des affaires leur manque ; nous avons de laborieux chefs de division, mais ils n'ont pas d'idées générales ; aussi ne se forme-t-il pas d'administrateurs, d'hommes d'État dignes de ce nom ; et comment et où se formeraient-ils ? Est-ce au barreau, est-ce à la tribune parlementaire ? Est-ce dans les bureaux et dans les commissions de la chambre des députés ? Mais il ne suffit pas, pour apprendre les affaires, de les discuter plus ou moins superficiellement, il faut encore, pour les connaître, avoir été aux prises avec leurs difficultés. Tel qui serait arrêté par la plus légère objection s'il avait à prendre une décision qui engageât sa responsabilité, ne doute de rien quand il écrit ou quand il parle. L'art d'expédier les affaires exige une célérité de jugement et une sûreté de tact qui ne s'acquièrent qu'après avoir puisé dans la pratique les secrets de l'abréviation et de la division du travail. Ce que peut l'activité individuelle n'est pas considérable, ce que peut la méthode est immense. Les idées et les affaires suivent les deux directions opposées ; on dirait d'ennemis implacables ; aussi l'absolu est-il l'écueil des idées, et la routine celui des affaires. Je ne crois pas cependant qu'une réconciliation soit impossible ; elle est essentiellement désirable, et s'il est un moyen de l'opérer, ce doit être celui que je propose d'essayer, et qui consiste à réduire simultanément le nombre des

départements ministériels et à accroître celui des directions générales. Il n'y a pas assez de positions secondaires, il y a trop de positions de premier ordre.
Les auxiliaires manquent, les rivaux abondent. Aujourd'hui un seul discours, souvent spécieux, suffit
pour faire arriver brusquement au ministère un député ;
aussi le plus communément n'y fait-il rien et n'y reste-
t-il que le temps d'y apparaître. La tribune parlementaire est ainsi devenue une sorte de cascade ministérielle, mais un tel état de choses est infiniment grave
et ne saurait avoir une longue durée ; il a vite brisé
tous les grands ressorts du pouvoir et réduit en pous-
sière le principe d'autorité.

Au danger de cette rapide et considérable consommation de ministres qui a lieu depuis dix ans, il y a
un double remède : le premier, que j'ai déjà indiqué,
et qui consiste à réduire à trois le nombre des départements ministériels ; le deuxième, dont il me reste à
parler, et qui consisterait à former une pépinière d'administrateurs habiles, parmi lesquels la royauté serait
toujours sûre de recruter des ministres expérimentés.
Le conseil d'État n'est-il pas cette pépinière ? J'oserai
répondre que non, j'oserai même ajouter que le conseil d'État est une mauvaise école pour former de
grands ministres : tribunal et barreau administratifs à
la fois, les affaires ne s'y montrent et ne s'y appren-
nent que par leur côté étroit et glacial. Ici je suis loin
de contester au conseil d'État, à cette belle institution,
son importance et son utilité, seulement je dis qu'il ne
s'y formera jamais que des ministres méticuleux, préoc-
cupés des difficultés de détails, et toujours prêts à leur

sacrifier les principes et les idées. Les difficultés en affaires sont de deux natures, celles qui viennent de la résistance des choses, et celles qui viennent de l'insuffisance ou de la mauvaise foi des hommes. L'étude de celles-ci, dont le conseil d'Etat est surtout appelé à connaître, est généralement plus nuisible que profitable. On n'est pas capable d'entreprendre et d'exécuter de grandes choses, lorsqu'on n'a pas une grande idée de l'humanité ; il est donc dangereux de voir les hommes de trop près, de les examiner tous les jours à la loupe ; les illusions sont une force qu'il faut ménager ; ce sont les ailes du génie ; les lui arracher, c'est lui ôter la puissance de s'élever. Il n'en est pas ainsi des difficultés qui proviennent de la résistance des choses ; celles-là fortifient l'homme qui lutte contre elles, elles le corrigent de la présomption, lui donnent la mesure de sa supériorité, mesure qu'il faut qu'il ait, car elle est à l'esprit ce que la justesse est au coup d'œil.

C'est donc surtout avec les difficultés de l'organisation et de l'administration des choses qu'il faut mettre aux prises les hommes doués de facultés puissantes, de convictions profondes ; c'est le but qu'on atteint en créant autant de directions générales qu'il est possible de former d'unités administratives et en les groupant systématiquement, ainsi que j'ai essayé de le faire.

Je pense que, si l'on n'est vraiment capable qu'autant qu'on excelle en une spécialité, la spécialité a cependant un grave inconvénient , c'est de rétrécir l'esprit et souvent de le fausser à force de le rendre exclusif; alors on s'accoutume à ne plus regarder comme important que ce dont on s'occupe, et à traiter avec dédain tout ce dont on ne s'occupe pas. Le sort des questions les plus élevées ou les plus profondes, lorsqu'on les isole, est de revêtir la forme d'une importance exagérée qui porte autrui à contester leur valeur réelle. L'importance absolue d'une question ne se peut juger exactement que par son importance relative.

Il serait facile aux ministres d'obvier à cet inconvénient de la spécialité ; ils n'auraient pour cela qu'à contracter l'habitude de ne jamais présenter aux chambres législatives aucun projet de loi, de n'arrêter définitivement aucune mesure importante, sans avoir préalablement réuni en *conseil supérieur d'administration publique,* tous ceux des directeurs généraux des trois départements ministériels qui pourraient avoir à émettre sur la matière une idée ou même une objection.

Ces réunions du *conseil supérieur d'administration publique* pourraient avoir lieu plus ou moins fréquemment ; elles seraient générales ou partielles, selon que tous les directeurs généraux ou seulement quelques-uns seraient appelés à y assister ; chaque réunion serait présidée par le ministre qui l'aurait convoquée, ou, en son absence, par le président qu'il aurait nommé.

Les principaux avantages de ces réunions seraient :

Premièrement, de corriger l'esprit de spécialités, étroit et exclusif, en mettant en contact toutes les spécialités ; deuxièmement, de corriger l'esprit de généralités, superficiel et tranchant, en le mettant aux prises avec les spécialités ; troisièmement, de former à l'habitude des discussions élevées et approfondies tous les chefs de chacune des branches de l'administration publique ; ce qui permettrait d'en tirer une force dont j'indiquerai l'emploi dans le passage que je me propose de consacrer à la stratégie parlementaire ; quatrièmement, de faire connaître aux ministres à tous ensemble et à chacun, la force et la faiblesse de leur administration ; cinquièmement et enfin, d'initier promptement et sûrement les ministres à toutes les difficultés des questions par eux mises ainsi en délibération, ce qui leur permettrait d'arrêter leurs convictions sans beaucoup de peine ni de travail, et ce qui mettrait de leur côté toutes les probabilités de la raison et de la vérité. Le jour où il en serait ainsi, le jour où les ministres ne prétendraient plus tout savoir et ne voudraient plus tout faire par eux-mêmes, le jour où ils se retrancheraient derrière quarante ou cinquante hommes éminents, où ils leur diviseraient le travail, où ils s'éclaireraient de leurs lumières, où ils se fortifieraient de leur concours, ce jour-là les ministres deviendraient presque inattaquables, la presse politique perdrait une grande partie de sa puissance, et l'on ne verrait plus si fréquemment des cabinets s'élever et s'écrouler dans la même année, car la toute-puissance du journalisme n'est pas absolue, mais relative : les journaux ne seraient pas si forts si les ministres n'étaient pas si faibles.

Plus on augmentera le nombre des directions générales et plus on atténuera la gravité des objections qu'on oppose à l'opinion qui veut qu'un plus grand nombre de fonctions publiques soient déclarées incom-

patibles avec l'exercice du mandat de député. Supposez trente directeurs généraux siégeant sur les bancs
de la Chambre des députés, joignez-y les membres du
conseil d'Etat, les présidents conseillers-maîtres et ré-
férendaires à la cour des comptes, les présidents, conseillers, procureurs et avocats généraux à la cour de
cassation et à la cour royale de Paris, les premiers présidents des vingt-cinq autres cours royales, les juges
et procureurs du roi du tribunal de première instance
de la Seine, les maréchaux de France, lieutenants-gé-
néraux, maréchaux-de-camp, les amiraux et vice-ami-
raux, et certes vous aurez, sinon toutes, du moins les
principales lumières de l'administration publique, de
la justice et de l'armée de terre et de mer, sans nuire
sensiblement aux services publics.

Je n'ai pas cru devoir m'arrêter à l'examen de la
question de savoir s'il était préférable que les directeurs généraux n'appartinssent pas à la chambre des
députés ; il m'a paru que cela ne pouvait pas faire l'objet d'un doute.

Il est utile d'abord que les ministres aient autour
d'eux un certain nombre d'amis politiques qui forment
pour ainsi dire leur état-major, ne fût-ce que pour
faire perdre insensiblement aux députés la déplorable
habitude de s'adresser toujours au ministre en personne, ce qui surcharge sa mémoire de détails insi-
gnifiants, lui dérobe un temps précieux, l'empêche de
s'occuper sérieusement d'aucune grande question, le
frappe enfin de cette stérilité dont on voit les désastreux
effets ; il est utile ensuite que les directeurs généraux
soient mêlés au mouvement politique, car s'ils en étaient

écartés, le petit esprit de la bureaucratie ne tarderait pas à s'emparer d'eux et à les rendre inaccessibles à toute idée de réforme et d'amélioration.

Mais n'y aurait-il pas lieu de craindre que le jour où les fonctions de directeurs généraux et de directeurs, qui sont maintenant à peu près inamovibles, cesseraient d'être purement administratives et revêtiraient un caractère politique, elles ne changeassent trop souvent de mains et que les services publics n'en souffrissent ? Je ne le crois pas ; la force d'inertie que possèdent les bureaux est telle que ce qu'il y aurait à craindre, ce serait plutôt que les volontés les plus fermes fussent impuissantes. D'ailleurs ce danger serait d'autant moins à redouter que l'organisation dont il est ici question aurait surtout pour but et pour effet de mettre un terme à l'instabilité des cabinets, en multipliant les positions de second ordre, et en donnant aux ministres un plus grand nombre d'auxiliaires, choisis parmi les membres influents et éminents de la chambre des députés, car une des grandes difficultés du gouvernement représentatif dans un pays constitué démocratiquement, c'est-à-dire où l'égalité préside au partage des successions, est le manque de positions suffisantes en nombre et en importance pour satisfaire les ambitions nobles et légitimes, et les empêcher de s'agiter dans le vide ; ce qu'il faut donc accroître, ce sont les fonctions secondaires, parce que, dans un pays où l'esprit est aussi actif que dans le nôtre, les hommes de mérite et de talent existent en assez notable quotité, et, dans l'intérêt de l'ordre, on pourrait dire même dans l'intérêt de la morale, leur part doit être largement faite. Je crois qu'il serait inutile que j'insistasse plus longuement sur ce chapitre, je passe donc à celui des sous-secrétaires d'Etat.

Des sous-secrétaires d'État.

C'est à l'Angleterre que nous avons emprunté l'institution des sous-secrétaires d'Etat, mais sans réflexion et plutôt par le besoin de satisfaire des ambitions personnelles que par la nécessité d'imprimer à l'administration publique plus d'unité, plus d'activité, plus de régularité ; la preuve que ce que j'avance est exact et ressort de ce qui a lieu, c'est qu'il serait tout aussi difficile d'expliquer pourquoi tel ministre a un sous-secrétaire d'Etat que de dire pourquoi tel autre n'en a point. Il ne serait pas plus facile de déterminer en quoi les fonctions de sous-secrétaire d'Etat diffèrent de celles de secrétaire général, autrement que par le titre et le traitement.

En Angleterre, si je m'en rapporte aux renseignements que j'ai recueillis, les sous-secrétaires d'Etat seraient de fait les vrais, les seuls ministres ; les attributions des ministres secrétaires d'Etat se borneraient à peu près à présenter les bills et à diriger les débats du parlement. Peut-être est-il possible et convenable qu'il en soit ainsi, dans un pays qui a conservé de puissantes corporations, où le principe aristocratique n'a pas encore été détruit, où le régime municipal diffère essentiellement du nôtre, où enfin la centralisation administrative est loin d'exister au même degré qu'en France ; mais je ne pense pas que parmi nous, où la tendance à ne rien faire et à discou-

rir est déjà trop grande, il soit prudent de subordonner ainsi la direction des affaires à la direction des débats parlementaires ; c'est intervertir, à mon avis, l'ordre des fonctions ; c'est faire du principal l'accessoire,
et de l'accessoire le principal ; c'est sacrifier l'importance du fond à l'éclat de la forme, les intérêts de
tous à la renommée de quelques-uns. L'homme d'E-
tat avant l'orateur, celui qui est convaincu avant celui qui persuade ; celui qui conçoit avec grandeur avant
celui qui parle avec éloquence ; celui qui gagne des
batailles avant celui qui disserte sur ce qu'elles ont
coûté. De grands orateurs ont été de médiocres ministres, de grands rois, de grands guerriers, de grands
ministres n'eussent peut-être pas même été de médiocres orateurs, car le génie n'a pas pour attribut essentiel la parole, mais la pensée. La tribune et le barreau ont mis en lumière beaucoup d'hommes de parti,
mais d'hommes d'Etat, combien ?... L'homme d'Etat est
celui qui gouverne l'opinion, l'homme de parti est gou-
verné par elle ; l'homme d'Etat maîtrise les circonstances, l'homme de parti les exploite ; l'un commande,
l'autre obéit ; le premier puise sa force dans les facultés
qu'il a reçues, le second dans les passions qu'il agite ; celui-là recherche les grands obstacles, celui-ci les triomphes faciles ; ainsi s'explique pourquoi nous avons tant
d'hommes de parti et si peu d'hommes d'Etat.

Ce dont nous manquons, ce n'est pas d'orateurs
éminents, mais de ministres habiles ; l'affluence des
uns et la rareté des autres sont toutes simples. La tribune est à peu près la seule barrière qu'aient à franchir
les députés qui désirent arriver au ministère ; aussi ne

s'appliquent-ils qu'à cette tâche, mais à peine sont-ils parvenus à saisir le pouvoir qu'il leur est enlevé ; c'est ce qui doit être quand tout le monde s'efforce à le conquérir et que personne ne se prépare à l'exercer pour le conserver, quand le pouvoir est une proie si difficile à garder, mais si facile à prendre.

Voulez-vous que le pouvoir soit moins difficile à garder, faites qu'il soit mieux exercé et moins facile à prendre ; élevez-le d'un degré, faites du titre de sous-secrétaire d'Etat le noviciat du ministère.

Mais d'abord définissez exactement ce que doivent être les fonctions de sous-secrétaire d'État ; ne vous préoccupez aucunement de ce qui peut avoir lieu en Angleterre, mais uniquement de ce qui vous manque en France.

Ce qui vous manque, ce sont des députés qui, lorsque la confiance du roi les appelle à remplir les fonctions de ministres, aient déjà la pratique des affaires et la connaissance du personnel placé dans leurs attributions ; qui mènent enfin leurs bureaux au lieu d'être menés par eux, ce qui arrive infailliblement toutes les fois qu'ils en savent moins [que leurs commis, car la prudence les oblige alors de ne prendre aucune décision, de ne faire aucun choix sans les avoir préalablement consultés. Ce qu'il faut donc former, ce sont des sous-secrétaires d'État parmi lesquels on puisse recruter des ministres. Or, les idées qu'on a généralement sur ce que doivent être les attributions des sous-secrétaires d'État, relativement à celles des ministres, me paraissent radicalement fausses ; l'opinion commune est que les ministres qui ont des sous-secrétaires d'État doivent leur abandonner l'expédition des affaires et le travail des bureaux, afin de pouvoir se consacrer plus librement aux luttes de la tribune. Dans ce système, la tâche administrative des ministres se borne à donner un certain nombre de signatures et d'audiences; les fonctions des ministres sont essentiellement mobiles, celles des sous-secrétaires d'État à peu près immuables; ceux-ci peuvent tout, ceux-là presque rien. Les sous-secrétaires d'État sont les tuteurs, et les ministres sont leurs pupilles; les premiers ont d'autant plus de puissance que les derniers ont toute la responsabilité. Ce système, qui n'aboutit qu'à donner une nouvelle force à l'esprit de bureaucratie, contre lequel la France se débat si péniblement, ne comporte pas, suivant moi, un examen approfondi; il fait jouer au ministre le rôle secondaire, celui d'avocat chargé de défendre les projets et les actes de son sous-secrétaire d'Etat.

Cela peut convenir, je le répète, à un pays comme la Grande-Bretagne, où la centralisation n'existe pas, où il y a conséquemment peu d'affaires à expédier, où la puissance de la bureaucratie est inconnue, où les questions de réforme sont toutes politiques, où la pairie est héréditaire, où la chambre des communes et le ministère sont difficilement accessibles, où les débats parlementaires ont lieu le soir et pendant la nuit, où le flot des ambitions politiques est étroitement contenu; mais, ainsi que l'a très-bien fait observer M. Bailly dans son excellent *Exposé de l'administration générale et locale des finances du Royaume-Uni* : « Tout parallèle « est impossible à établir entre les institutions admi-

« nistratives et fiscales du Royaume-Uni et celles de la
« France ; le gouvernement représentatif et la discus-
« sion publique, son utile et indispensable conséquence,
« sont les seuls points d'analogie que présentent les
« formes constitutionnelles des deux pays. » Je professe donc l'opinion diamétralement opposée à celle généralement reçue ; je pense que le ministre, qui a la
responsabilité des affaires, doit s'en réserver l'examen et l'expédition, et que, hors les grandes circonstances, il doit se décharger sur son sous-secrétaire
d'État de la discussion devant les chambres.

Je pense que ce système est le seul qui donne à un
ministre les moyens de préparer et d'accomplir de
grandes choses, de laisser de grands souvenirs ; sérieusement le temps que nos ministres passent assis sur
leur banc à écouter tous les jours pendant six heures,
six mois durant, ce que débitent longuement des députés rarement instruits de ce dont ils parlent, se suc-
cédant à la tribune pour s'y contredire et s'y répéter
sans fin, le plus souvent se bornant à traduire en discours prolixes des articles de journaux superficiels et
dictés par l'esprit de parti, ce temps ne pourrait-il être
plus utilement employé dans l'intérêt du pays ? Que
voulez-vous que fasse un ministre quand la moitié de
sa journée a été consacrée à donner des signatures et
des audiences, et l'autre moitié à assister aux débats que
vous savez ? Quelle question voulez-vous qu'il appro-
fondisse ? Quel problème voulez-vous qu'il résolve ? De
quelque puissante organisation intellectuelle que vous le
supposiez doué, quelles facultés de penser voulez-vous
que le soir il lui reste ? Et s'il est arrivé aux affaires

avant de les avoir apprises, en quel moment de la journée voulez-vous qu'il les étudie? Nous nous étonnons souvent de ce que nos ministres fassent si peu de besogne; ce dont je m'étonne, moi, c'est qu'ils en fassent encore tant. Nous leur demandons l'impossible; nous oublions que les forces humaines sont étroitement bornées et que la journée la mieux employée n'excède pas quinze à dix-huit heures. Nous récoltons ce que nous semons; nous voulons que les ministres soient toujours présents aux séances de l'une ou de l'autre chambre, toujours prêts à répondre aux interpellations les plus imprévues, les plus saugrenues même; nous avons alors des ministres qui parlent de tout, à peu près au hasard, et qui ne font rien. Il n'en saurait être autrement; mais le contraire aurait lieu si les sous-secrétaires d'Etat étaient, à l'égard des ministres et près des chambres, ce que sont les avocats généraux à l'égard du procureur général près les chambres d'une cour. A moins de quelque circonstance extraordinaire, le procureur général, exclusivement consacré aux affaires de son parquet, ne porte jamais la parole; il fait mieux, il administre la justice. Je sais quelles sont les objections qu'on peut faire à ce système; je les ai prévues et je vais les énumérer sans les affaiblir ni en éluder aucune.

La première est celle-ci : pourvu que l'expédition des affaires soit active et régulière, il importe peu que ce soit le ministre ou le sous-secrétaire d'État qui y préside;

La seconde et la plus importante consiste à dire que des deux rôles, je donne le plus brillant au sous-secrétaire d'État; que les chambres, habituées à ne voir et à n'entendre que lui, oublieraient le ministre ; que le premier aurait conséquemment toute l'influence, et qu'il en profiterait pour renverser le second, ou que celui-ci en serait jaloux et que ce serait faire naître alors entre l'un et l'autre des luttes intestines, des tiraille-ments perpétuels ; qu'enfin cette réforme rencontrerait une opposition invincible dans les chambres, qui n'ad-mettraient pas que les ministres se fissent le plus sou-vent représenter devant elles par des sous-secrétaires d'État ; le sentiment de leur dignité en serait profon-dément blessé.

A la première objection je réponds que c'est une erreur grave que de supposer que le sous-secrétaire d'État pourra jamais faire ce que ferait le ministre ; les hommes supérieurs ne jouissent pas de la plénitude de leur initiative, lorsqu'ils ne portent pas la responsabi-lité de leurs actes. Dans le système que je combats, le sous-secrétaire d'État peut avoir la signature ministé-rielle, mais il n'a pas la responsabilité légale ; il n'est qu'un premier commis qu'on laisse à l'écart du parle-ment et de la politique et qu'on isole dans son admi-nistration. Rien de plus funeste, suivant moi, que ce système, qui s'oppose à toute réforme administrative et qui aboutit à perpétuer l'immobilité bureaucratique. Ce système est une impasse, on l'a vu à l'œuvre : l'ex-périence l'a condamné. Il fait des secrétaires généraux, mais il ne forme pas de ministres, parce qu'à vrai dire il ne donne aux sous-secrétaires d'État qu'une existence purement nominale. Encore une fois, ce n'est pas de commis capables que nous manquons, mais de ministres habiles qui aillent au fond des choses et que leurs difficultés inspirent. Ne nous plaignons pas que de grands et de difficiles problèmes restent à résoudre à la société dans laquelle nous vivons ; car ce sont des présages qui nous annoncent que des grands hommes illustreront encore notre pays. Supprimez les difficultés, et toutes les intelligences seront égales en pouvoir, il n'y aura plus de génie !

On sait comment se forment nos cabinets ; le plus souvent sur huit ministres dont ils se composent, quatre sont improvisés, pris en toute hâte au dernier moment et au hasard sur la liste des députés, parce qu'on craint que celui-ci, dont on a surpris l'adhésion conditionnelle, n'ait le temps de réfléchir, ou que celui-là ne soit ébranlé par un refus encore ignoré qu'on vient de recevoir, ou enfin qu'une autre combinaison rivale ne se forme et ne l'emporte, etc. Quels sous-secrétaires d'État choisissent d'ordinaire ces ministres improvisés ? Sont-ce d'anciens directeurs généraux, d'anciens préfets, d'anciens administrateurs consommés qui puissent servir de guides à leur inexpérience ? Non, ils manquent rarement de choisir un de leurs amis politiques, quelquefois plus capable qu'eux, mais tout aussi inexpérimenté, tout aussi peu au fait du personnel et des affaires du département auquel ils ont été appelés ; si bien qu'on ne saurait expliquer pourquoi ce n'est pas le sous-secrétaire d'État qui est le ministre, et pourquoi ce n'est pas le ministre qui est le sous-secrétaire d'État. Il n'y a pas plus de motif pour qu'il en soit ainsi qu'il n'y en aurait pour qu'il en fût autrement.

Le ministre et le sous-secrétaire d'État se font ainsi double emploi, au lieu de se compléter l'un par l'autre.

Qu'on s'étonne ensuite que les cabinets fassent si peu, si mal, et s'écroulent si vite ! Dans mon système, nul ne pourrait être ministre qu'il n'eût été ministre déjà ou sous-secrétaire d'État.

Je n'aurais bientôt que l'embarras du choix parmi les hommes de mérite et de talent ; car ils ne manquent pas, mais on les emploie mal ; au lieu de commencer par les former, on commence par les user.

Dans un gouvernement de discussion comme le nôtre, ce sont surtout les hommes doués de la parole qui sont en évidence. Le public ne peut juger que sur des preuves ; et si, dans des assemblées délibérantes, un homme d'un grand mérite ne parle pas, il est à craindre que sa valeur, quelque élevée qu'elle soit, ne puisse être ni reconnue, ni classée. Ainsi s'explique naturellement et la grande influence qu'exercent au sein des chambres législatives les avocats et le grand nombre des ministres sortis du barreau. Qui dit avocat, surtout avocat renommé, dit un homme qui n'a jamais eu le temps d'étudier les questions ardues dont se compose la science politique ; qui a passé sa vie à faire en sorte de ne pas rester à court devant des juges, et qui s'est généralement rétréci l'esprit dans les habitudes de la procédure et des textes. A quoi peut être utilement employé un avocat ? Évidemment à ce qu'il sait, à ce qu'il a passé toute sa vie à apprendre et à pratiquer, c'est-à-dire à parler.

C'est donc parmi les avocats distingués qui siégent dans la chambre des députés et qui s'y sont fait une grande renommée de tribune que je serais d'avis qu'on choisît les sous-secrétaires d'État pour en faire les orateurs du gouvernement et soutenir pendant la session le principal fardeau des discussions politiques. D'abord, ce serait tirer parti de la seule aptitude réelle d'hommes qui n'ont point encore passé par la pratique des affaires ; ensuite, ce serait leur donner à la fois le temps et le moyen de les apprendre et de compléter leur talent par l'acquisition de l'expérience qui leur manque ; enfin, ce serait doubler réellement la force des ministères dans les discussions. Si un sous-secrétaire d'État venait à éprouver un échec de tribune, cet échec ne renverserait pas, au moins du premier coup, le cabinet, parce que le ministre en personne pourrait venir renouveler l'épreuve, tandis que dans l'état présent des choses, les ministres forment à la fois l'avant-garde, le centre et l'arrière-garde de l'armée politique, et qu'une fois le front repoussé, tout est en déroute. Alors le travail administratif, mieux partagé, serait mieux fait ; alors le ministre, n'étant plus dans la nécessité de préparer chaque matin ses discours, pourrait se livrer à l'examen des questions élevées, à la lecture des livres nouveaux dont l'importance lui aurait été signalée, à la conversation des hommes instruits et expérimentés, à la lecture des journaux qui donnent l'état de l'opinion publique, enfin à l'étude des problèmes et des moyens de gouvernement ; alors les fonctions de sous-secrétaire d'État seraient une école à laquelle on apprendrait à devenir ministre ; car on y étudierait les affaires avec une entière liberté d'esprit, sans porter le poids de leur détail et de leur responsabilité. La responsabilité resterait à qui de droit, c'est-à-dire aux ministres, qui, dans l'état actuel des choses, se trouvent engagés par des signatures qu'ils n'ont pas données; ce qui est au moins une irrégularité, laquelle résulte de ce que les fonctions de sous-secrétaire d'État ne sont ni définies, ni même légalement reconnues.

Dans l'ordre des idées que j'expose, un député, issu ou non du barreau, acquiert à la chambre, par quelque succès de tribune, un certain degré d'éminence ; il est nommé sous-secrétaire d'État; chargé en cette qualité de soutenir les projets du gouvernement, ce n'est plus sur les rapports et les notes d'un commis qu'il parle, mais sur les instructions émanées du ministre lui-même, qui a étudié la matière, approfondi le projet en discussion. Ce peu de mots suffit pour faire saisir tout de suite en quoi diffèrent les deux systèmes et l'avantage du mien sur celui d'importation anglaise. Celui-ci produit M. de Gasparin, qui, après s'être fait distinguer à Lyon comme préfet, et au département de l'intérieur comme sous-secrétaire d'État, dissout, par un discours qu'il ne peut prononcer, le ministère dont il est appelé à faire partie ; celui-là produit M. Thiers, qui, après avoir commencé par remplir les fonctions de sous-secrétaire d'État au département des finances, devient deux fois président du conseil.

Qui sait ! peut-être M. Thiers ne fût-il jamais devenu ce qu'il est, s'il n'avait pas commencé par être sous-secrétaire d'État ? S'il avait débuté par être ministre, peut-être eût-il commis quelque énorme faute dont il ne se fût jamais relevé. Il est si dangereux d'arriver au ministère sans préparation, sans transition.

Ainsi, on a privé la seconde ville de France d'un administrateur habile, éminent, pour n'en tirer aucun parti ; pour briser sa carrière, à un âge où il pouvait rendre à l'État de grands services ; mais après avoir été ministre, maintenant que peut-il être ? Le système qui improvise des ministres, n'épargne que les hommes médiocres, indolents, paresseux, irrésolus, qui ne font rien ; il est mortel aux hommes ardents, actifs, énergiques, qui se hâtent de faire !

Le ministère dont je viens de raconter la formation, se dissout ; suivant les circonstances, le sous-secrétaire d'État pourra continuer ses fonctions ou devra s'en démettre : s'il n'est pas appelé à remplacer le ministre qui se retirera, il sera prêt pour une autre combinaison ministérielle, car ses preuves de capacité seront faites, et quand on voudra renouveler un cabinet, on saura alors qui choisir pour le composer. On ne se jettera plus dans l'inconnu. Alors, seulement, on aura des ministères qui auront de la valeur et de la durée. On a dit que l'art de gouverner était l'art de choisir les hommes ; c'est aussi l'art de les ménager.

Maintenant que je crois avoir démontré qu'il n'était pas indifférent que ce fût le ministre ou le sous-secrétaire d'État qui présidât à l'expédition des affaires, je passe à la seconde objection.

Ce que je propose n'est pas nouveau et se réduit en définitive à ériger en fonction ce qui n'est aujourd'hui qu'un titre, à élever enfin au rang de sous-secrétaire d'État le commissaire du roi. C'est en cette dernière qualité que **M.** de Martignac, déjà avocat célèbre et député influent, brilla à la chambre des députés d'un si grand éclat, avant de devenir ministre de l'intérieur. Depuis cette époque, le titre de commissaire du roi a perdu à peu près tout son lustre et toute son importance : on ne le confère plus guère qu'à quelques chefs de services chargés de donner des explications dans la discussion du budget. Cela est tout simple : le ministère étant devenu d'un accès plus facile, on ne trouverait plus aujourd'hui d'orateurs éminents qui se chargeassent de diriger un grand débat en qualité de commissaires du roi, et qui se contentassent de ce titre, qui maintenant leur ferait plutôt perdre de leur importance parlementaire qu'il ne leur en donnerait. C'est pour cela qu'il me paraît utile de créer, non plus capricieusement, mais systématiquement, des sous-secrétaires d'État, et de leur allouer un traitement considérable, équivalant approximativement au revenu moyen que se font les vingt premiers avocats du barreau de Paris. J'ai fixé ce traitement à la moitié de celui du ministre; mais par le fait il serait à peu près égal, attendu les frais de représentation auxquels est astreint le ministre et auxquels n'est pas tenu le sous-secrétaire d'État. La considération qui m'a déterminé à élever ainsi de beaucoup le traitement dont jouissent actuellement les sous-secrétaires d'État, est puisée dans l'objection même à laquelle je réponds. La voici : La cause pour laquelle il existe dans l'administration publique, une ardeur et une impatience d'avancer si difficiles à contenir, c'est que généralement les positions inférieures sont trop peu rétribuées, c'est qu'une disproportion trop grande de traitement existe entre les fonctions de premier et celles de second et de troisième ordre. Le moyen de modérer cette ardeur générale, c'est de faire que la répartition des traitements soit plus équitable, que conséquemment chacun ait moins à gagner à un changement de situation. J'ai appliqué ce principe au traitement des sous-secrétaires d'État ; j'ai pensé qu'ils seraient d'autant moins pressés de devenir ministres, qu'ils seraient plus retenus par la crainte de compromettre une grande position pour en avoir une autre plus précaire sans être de beaucoup meilleure. Au ministre la gloire des grandes pensées conçues, mûries dans le cabinet ; au sous-secrétaire d'État le mérite de les faire triompher à la tribune. Je pense qu'au moyen de ce juste partage d'attributions, de cette équitable proportion dans les traitements, la rivalité ne serait pas à craindre, et que le sous-secrétaire d'État serait d'autant moins pressé de parvenir au ministère, qu'il serait certain d'y arriver, et d'autant plus sûr d'y rester longtemps, qu'il s'y serait plus longuement préparé par l'acquisition d'une plus grande expérience et d'une plus grande autorité.

Les cabinets qui seraient formés sur ces bases ne seraient pas, j'en réponds, faciles à ébranler.

Rendons-nous compte de ce qui a lieu aujourd'hui : les questions n'ont pas d'importance par elles-mêmes ; leur valeur toute relative dépend d'une circonstance, d'une prévention, souvent d'un seul mot. En réalité, il n'y a pas de questions, il n'y a que des débats ; aussi des lois importantes sont-elles votées sans discussion, et des lois sans importance renversent-elles des cabinets. Pourquoi en est-il ainsi? C'est que les ministres se laissent presque toujours enlever l'avantage de l'initiative, et ne présentent le plus souvent aux chambres que des projets préparés en toute hâte, donnant conséquemment prise à une multitude d'objections imprévues. L'ignorance est le principal aliment de la controverse; c'est parce que personne n'étudie, que tout le monde discute. Rarement les ministres en savent plus que ceux qui les contredisent : comment pourrait-il en être autrement, lorsque leurs convictions ne se fondent que sur des rapports plus ou moins fidèles qui leur ont été faits, que sur des notes plus ou moins superficielles qui leur ont été remises? Ils procèdent ainsi par adoption, non par conception. Or, quiconque a dans sa vie approfondi une question sait qu'on n'arrive à la certitude qu'après avoir épuisé bien des doutes, à la vérité qu'après avoir passé au crible bien des erreurs, à la fermeté de résolution qu'après avoir triomphé de beaucoup de secrètes tergiversations! Toute conviction qui n'est pas le résultat d'un travail opiniâtre n'a ni profondeur ni garantie. On n'est jamais sûr de ce qu'elle vaut, que par la peine qu'elle a coûtée.

Pourquoi tant de ministres passent-ils sans laisser de traces? C'est que la chose qui les occupe le plus n'est pas de se former des convictions, mais de recruter des votes, afin de conserver une majorité qui, ne pouvant jamais avoir en eux une confiance entière, a besoin d'être incessamment ralliée. Il continuera d'en être ainsi tant que les ministres seront obligés de venir défendre eux-mêmes à la tribune tous leurs actes, et conséquemment d'assister à des débats dont la stérilité a pour cause l'ignorance même des ministres qui, forcés de parler à propos de tout, n'ont le temps de rien étudier.

Or, si ce ne sont pas eux qui jettent dans la discussion des idées neuves et des faits nouveaux, qui donc en apportera? Les chambres sont ce que les ministres les font. Quand elles sont irrésolues, c'est la preuve qu'ils sont incapables. Jamais les majorités compactes, il faut le dire à leur honneur, n'ont fait faute ni aux convictions profondes, ni aux caractères énergiques. Si les chambres exigent que les ministres assistent à leurs séances, c'est qu'elles pensent qu'ils n'ont pas un meilleur emploi de leur temps; c'est qu'en l'absence des ministres personne n'a qualité pour répondre en leur nom. Les chambres, j'en suis convaincu, reviendraient vite de cette erreur et de cette prétention, s'il leur était clairement démontré que cet état de choses gaspille en pure perte un temps précieux et nuit à la prospérité du pays. Que penserait-on d'un riche négociant qui négligerait ses affaires pour plaider lui-même ses procès, au lieu de les confier à un avocat de son choix? On penserait qu'il est absurde et qu'il compromet son crédit. C'est cependant là ce que font aujourd'hui nos ministres. Dites cela aux chambres, et leur bon sens comprendra tout de suite que les ministres d'un grand pays comme la France doivent avoir dans son intérêt quelque chose de mieux à faire que de consacrer six mois de l'année à paraître écouter d'intarissables bavardages, et que de se tenir constamment prêts à répondre aux objections les [plus futiles. Les

réduire à ce rôle, c'est abaisser les fonctions de ministres, c'est leur faire perdre tout prestige.

Les ministres, ainsi que les maréchaux qui com-
mandent à des corps d'armée, ont tort lorsqu'ils
s'exposent inconsidérément ; il faut qu'ils se réservent
pour les moments décisifs, ce n'est que dans les grandes
circonstances qu'ils doivent déployer leur valeur, afin
de briller de tout leur éclat. Ceci me conduit naturellement à m'expliquer sur une expression dont je me
suis servi (page 77), celle de stratégie parlementaire, et
à montrer tout le parti qu'il serait possible à un ministère habile de tirer, de la présence dans la chambre des
députés, de trois sous-secrétaires d'État, choisis parmi
les orateurs les plus éminents, et de trente directeurs
généraux, également familiers avec la discussion et
avec la pratique des affaires, puisque tout aurait été
organisé afin d'atteindre sûrement ce double but.

Je suppose qu'un débat s'engage à la tribune sur une
question spéciale : sauf des cas tout à fait exceptionnels,
il sera d'une savante stratégie de laisser toutes les opinions se produire, se heurter, se contredire, et d'attendre qu'elles aient elles-mêmes ainsi mis à nu leur
exagération ou leur bonne foi, leur fort et leur faible ;
mais quand le moment sera venu pour le gouvernement
de prendre la parole, les sous-secrétaires d'État laisse-
ront, au directeur général dans les attributions duquel
se trouvera l'étude de cette question, le soin et l'honneur de la traiter à la tribune ; ils agiront ainsi, afin
d'exercer constamment le personnel des directeurs
généraux, et de faciliter au ministre les moyens d'éli-
miner ceux de ces directeurs qui ne feraient pas preuve

d'une capacité suffisante. Les directions générales ne doivent pas être des canonicats administratifs ; dans mon système, au contraire, ces fonctions sont essentiellement militantes, parce que le gouvernement représentatif, dans un pays où il n'existe pas d'aristocratie, ne peut subsister et s'affermir qu'à la condition de recruter sans relâche les hommes les plus capables pour les opposer à ses adversaires et les vaincre. Un gouvernement qui ne s'écarte pas de la vérité, de la bonne foi, dispose de tant de ressources, que n'a pas l'opposition qui l'attaque, qu'il faut qu'il soit bien faible pour n'être pas le plus fort !

Le débat est-il politique, les sous-secrétaires d'État le dirigent. L'issue en est-elle incertaine ; alors les ministres ont le temps de réunir toutes leurs forces. Le ministère a-t-il éprouvé un échec en la personne de ses sous-secrétaires d'État ou de ses directeurs généraux ; l'espoir et la possibilité de le réparer lui resteront encore.

En résumé, la stratégie parlementaire d'un cabinet habile et fort se réduira à ces deux principes fort simples :

Premièrement : opposer à l'orateur superficiel qui effleure toutes les questions, l'homme spécial qui les a approfondies ; car il ne faut souvent, pour décontenancer beaucoup de discoureurs outrecuidants et les réduire au silence, que les interpeller sur un chiffre, sur une date, sur un nom, sur un détail enfin, qui prouve qu'ils n'ont jamais su de la question dont ils parlaient que les généralités que les journaux mettent tous les matins à la portée de tout le monde.

Deuxièmement : exposer la personne des ministres

qu'à la dernière extrémité ; se ménager toujours l'avantage d'une seconde épreuve, car il faut n'avoir jamais fait partie d'une assemblée délibérante, pour ne pas savoir que rarement un vote décisif serait le lendemain le même que la veille. Les chambres législatives ont difficilement deux jours d'une égale énergie.

Des ministres d'État.

En insistant aussi longuement que je l'ai fait sur les causes de l'instabilité des cabinets, sur la nécessité et sur les moyens d'y mettre un terme, j'ai été constamment dominé par une considération dont je crains que l'importance ne soit ni assez généralement ni assez profondément sentie : c'est la considération tirée de l'avilissement dans lequel tombe le pouvoir, lorsqu'il a passé par une multitude de mains, dont nécessairement quelques-unes, dans le nombre, sont incapables ou impures. Quel prestige veut-on qu'il conserve lorsqu'il n'a plus de mystères, que ses faiblesses et ses infirmités ne sont plus le secret de quelques-uns, par tous sévèrement gardé ? Et sans prestige que devient le pouvoir ?

La France, depuis 1830, est déjà à son dix-huitième ministère ; cinquante-six ministres, en moins de dix années, ont été appelés à siéger dans les conseils du roi ; plusieurs d'entre eux se sont retirés sans fortune, sans fonctions, sans existence assurée : ne sont-ce pas là des faits graves sur lesquels il serait temps de méditer ?

L'ordonnance du 28 août 1830 qui a supprimé le

titre et le traitement des ministres d'État, n'a pas été
une réforme, mais une faute, dont à cette époque
peut-être on ne sentit pas toute la portée. Toutefois,
je ne serais pas d'avis que le titre et le traitement des
ministres d'État fussent purement et simplement réta-
blis ; je voudrais qu'ils ne pussent être accordés qu'à
ceux des anciens ministres qui seraient promus à la
pairie ; cette restriction aurait l'avantage : premièrement, de donner plus de force à la prérogative royale
et plus d'éclat à la chambre des pairs ; deuxièmement,
d'apaiser, sinon d'éteindre, l'ardeur du foyer d'intrigues qui, dans la chambre des députés, a pour principal aliment le dépit d'anciens ministres qui ne peuvent s'habituer à voir en d'autres mains que les leurs
le pouvoir dont souvent ils avaient acheté la possession
par le sacrifice d'une profession lucrative, ou celui
d'une position secondaire, mais importante, à jamais
perdue. Il faut être juste et reconnaître qu'à moins
d'être d'une rare élévation de caractère, ou d'être
tout à fait désabusé du pouvoir, il est difficile de se
garder d'un peu de ressentiment contre ses successeurs et leurs amis, et de rentrer avec les siens dans la
foule et l'obscurité. On oublie facilement comment soi-
même on s'était emparé du pouvoir, mais on n'oublie
jamais la manière dont on l'a perdu. Pour le plus
grand nombre des anciens ministres, la chute est
immense, et rien ne l'adoucit ; ils tombent d'un pic
au fond d'un abîme ; hier ils avaient un grand pouvoir et une grande existence, l'un et l'autre leur échap-
pent en même temps ; hier ils habitaient un vaste
hôtel, où tout s'inclinait humblement devant eux,

où ils s'étaient accoutumés aux magnificences de la représentation, il leur faut brusquement rentrer dans une modeste demeure, passer sans transition du luxe à l'économie, rompre avec leurs nouvelles habitudes, reprendre leurs anciennes, subir enfin les récriminations ou le silence, plus pénible encore que les reproches, d'amis dévoués à qui l'on aurait pu être facilement utile, et que l'on a rigoureusement immolés à des scrupules ; courage difficile dont les indifférents ne vous tiennent aucun compte, ne vous savent aucun gré ! Aussi, de quel triste spectacle sommes-nous témoins ? à peine une crise ministérielle finit-elle qu'il s'en prépare aussitôt une autre. Quelles rivalités mesquines ! Quelles monstrueuses coalitions ! Quelles petites traîtrises ! Les ministres n'ont pas de plus dangereux, de plus implacables ennemis que leurs prédécesseurs. Le cœur humain est ainsi fait ; il est moins facile de le réformer que de changer les choses, et les rendre moins imparfaites est souvent le plus sûr moyen de rendre les hommes meilleurs. Il faut donc donner aux anciens ministres dont la présence dans la chambre des députés est une cause d'agitation et d'éparpillement de la majorité, une situation qui les transporte dans un monde politique plus calme, qui adoucisse leurs regrets, qui apaise leurs désirs, qui leur assigne un rang élevé dans la hiérarchie sociale, qui leur conserve même certaines prérogatives, mais surtout qui les affranchisse de la nécessité d'accepter une place qui ne soit pas en rapport avec celle qu'ils occupèrent dans les conseils du roi. Un gouvernement qui a le sentiment de sa dignité et de sa conservation doit constamment veiller à ce que les hommes qui ont été à sa tête ne compromettent pas leur caractère, ne contredisent pas leur passé, enfin ne déchoient pas ; le pouvoir est intéressé à ce que ses anciens dépositaires se maintiennent toujours dans l'opinion publique à une certaine hauteur de position, car il y a solidarité, et tout ce qui nuirait à leur considération nuirait à son prestige. Cette position, il faut donc la leur assurer, moins encore dans leur intérêt que dans celui du pouvoir, moins encore par reconnaissance des sacrifices qu'ils ont pu faire, des services qu'ils ont pu rendre, que par prudence et afin de prévenir les embarras parlementaires qu'ils peuvent susciter, les complications politiques qu'ils peuvent faire naître, sans se rendre compte de la gravité de leurs suites. Ne sont-ce pas là des motifs suffisants pour demander et justifier le rétablissement du titre et du traitement des ministres d'État, avec la restriction que j'ai spécifiée, parce que je l'ai crue utile, nécessaire même à la stabilité des cabinets ? Les crises ministérielles qui se renouvellent souvent sont si préjudiciables à la prospérité du pays que, dût-on acquitter le traitement de cinquante ministres d'État à 20,000 francs, on y trouverait encore un immense avantage, si cette mesure, ainsi que j'en suis convaincu, avait pour effet de rendre ces crises plus rares.

En Angleterre les ministres qui sont membres d'une des deux chambres ne sont pas admis dans l'autre ; d'où il résulte que chaque cabinet est dans la nécessité d'avoir deux chefs : l'un qui dirige les débats de la chambre des pairs et l'autre ceux de la chambre des

communes ; j'ai entendu exprimer le désir que cet
usage fût adopté en France, afin de partager plus également l'influence politique entre la chambre des
pairs et la chambre des députés, ce qui serait en effet
désirable dans l'intérêt de la pondération des pouvoirs,
mais l'article 46 de la Charte est formel ; il est ainsi
conçu : « Les ministres peuvent être membres de la
chambre des pairs ou de la chambre des députés. Ils
ont en outre leur entrée dans l'une ou l'autre chambre et doivent être entendus quand ils le demandent. »
Sans doute rien ne s'opposerait, en France, à ce qu'un
cabinet eût deux chefs, et à ce qu'ils convinssent ta-
citement que l'un parlerait exclusivement à la chambre des pairs et l'autre à la chambre des députés ;
mais il est plus que douteux qu'une convention essentiellement révocable et variable acquît jamais assez de
force et de fixité pour qu'elle profitât à l'institution
de la pairie.

Le système pratiqué dans le Royaume-Uni a sans
doute ses avantages, mais il est moins simple que
celui que je présente, car celui-ci n'a besoin d'avoir
qu'une tête : *le président du conseil,* et deux bras : *le
ministre des finances* et *le ministre des services publics ;*
il exclut la rivalité et repose solidement sur le double
principe de l'unité et de la majorité.

Des grands dignitaires de l'État.

Les grands dignitaires de l'État que je propose
d'instituer appartiendraient tous à la chambre des
pairs ; ils auraient voix consultative dans le conseil des

ministres lorsqu'ils y seraient appelés, et droit de présentation aux emplois et grades ressortissant des attributions qui leur seraient confiées.

Ils seraient au nombre de huit :

Le chancelier de France président de la chambre
des pairs ;

Le président de la chambre des députés ;

Le chancelier de la Légion d'honneur ;

Le maréchal de France, président du conseil supérieur de la guerre, gouverneur de l'hôtel des Invalides.

L'amiral président du conseil de l'amirauté ;

Le grand-maître de l'Université, président du conseil de l'instruction publique, membre de l'Institut ;

Le garde des sceaux, président du conseil de la
justice et vice-président du conseil d'État ;

Le préfet de la Seine.

Cette innovation, que j'ai déjà fait pressentir
se lie étroitement à l'idée fondamentale de réforme sur laquelle repose la conversion, en simples
directions générales, des départements — de la justice,
— de la guerre, — de la marine, — de l'intérieur, —
de l'instruction publique, — de l'agriculture, du commerce et des travaux publics, car il n'est jamais entré
dans ma pensée de mettre la magistrature, l'armée,
la marine, l'université dans la dépendance absolue
de directeurs généraux essentiellement amovibles,
n'appartenant point à l'un de ces grands corps de
l'État, ou, ce qui serait pis encore, n'ayant rempli
dans ces diverses carrières que des fonctions secondaires ; il est une anomalie dont j'ai toujours été blessé,
c'est de voir la magistrature obligée de s'incliner de-

vant un garde des sceaux, sorti la veille des rangs du barreau, et qui demain y rentrera, courbant la tête devant un substitut ; c'est de voir l'armée tout entière et ses douze maréchaux placés sous les ordres d'un lieutenant-général ; c'est de voir la marine et ses trois amiraux obéir à un contre-amiral ou à un ministre n'ayant jamais mis les pieds sur un vaisseau ; c'est de voir l'université présidée par un ignorant en simarre, remplissant le rôle d'utilité ministérielle. Une telle anomalie disparaîtrait entièrement dans le système que j'ébauche ici à grands traits.

La magistrature, l'armée, la marine, l'université, auraient à leur tête leurs chefs naturels ; ces chefs ne changeraient pas nécessairement toutes les fois qu'il plairait à la chambre des députés de renverser un cabinet, sauf à déplorer le lendemain son vote de la veille ; ces chefs connaîtraient parfaitement le personnel, dont ils seraient vénérés, car ils en seraient l'illustration ; une juste part serait ainsi faite à l'esprit de corps, non dans ce qu'il aurait d'exclusif, mais dans ce qu'il aurait de conservateur. Il y aurait des fonctions pour toutes les aptitudes, et l'on ne verrait plus l'armée et la marine privées de leurs chefs légitimes, pour cette cause qu'un illustre maréchal, qu'un vaillant amiral auraient été moins habiles à discuter qu'à commander, à parler qu'à vaincre. Donner en spectacle à une assemblée et exposer, ainsi que nous le faisons, à des défaites de tribune de vieux militaires qui ont remporté de glorieuses victoires, les forcer de balbutier une réponse aux subtilités d'un avocat, n'est-ce pas les livrer impitoyablement aux sarcasmes des journaux et à la dérision publique, n'est-ce pas enlever à leur renommée son prestige, n'est-ce pas imprudemment relâcher la discipline militaire, affaiblir le principe d'autorité, déconsidérer enfin le pouvoir ? Ça n'est pas seulement absurde, c'est odieux. Aujourd'hui nous nous étonnons qu'on ait pu placer sous les ordres et sous la surveillance de représentants du peuple des généraux en chef commandant des corps d'armée ; ce que je viens de décrire est-il donc plus sensé, et dans quarante ans, qu'en penserons-nous ?

Il y a dans la justice, dans l'armée, dans la marine, dans l'université, deux parties distinctes, le personnel et le matériel, les hommes et les choses, la hiérarchie et l'administration.

Aux directeurs généraux, aux sous-secrétaires d'Etat, aux ministres, l'administration, la défense et la responsabilité des choses, aux quatre grands dignitaires de l'Etat ayant dans leurs attributions le personnel de la magistrature, de l'armée, de la marine et de l'université, le droit de présentation des candidats, le soin de veiller à ce qu'il ne soit jamais fait que des choix irréprochables, qui ne portent atteinte ni à la loi, ni à la hiérarchie, que ne peut pas toujours respecter un ministre soumis aux influences politiques et circonvenu par les intrigues.

Pourquoi tant d'abus donnent-ils lieu, contre tous les ministres, quels qu'ils soient, à de si fréquentes accusations de corruption, à de si bruyantes demandes de vaines réformes électorales plus ou moins déguisées ? C'est que nos ministres n'ont guère que l'énergie de leur caractère pour les défendre contre les prétentions et

les obsessions qui les assiégent, et qui parfois leur dic-
tent un passe-droit ou leur surprennent un mauvais
choix. Il est bien rare de n'être pas faible quand on
est tout-puissant, il est si facile de s'abuser sur le passe-
droit qu'on a commis, sur le mauvais choix qu'on s'est
laissé imposer, de n'y voir que le plaisir qu'on a fait,
que le service qu'on a rendu, que l'avantage qu'on en
a tiré. De là le funeste antagonisme qui existe entre
le pouvoir et la liberté, de là le mépris des peuples
pour les gouvernements, de là le peu de confiance
qu'inspire la loi, de là le rapide développement de l'esprit démocratique. Il n'y a pas de passe-droit, si faible
qu'on l'imagine, qui ne soit promptement connu et
sévèrement jugé, qui ne décourage cent hommes, qui
n'en révolte dix mille, pour un peut-être qu'il n'a pas
entièrement satisfait! Mais le plus grand mal des passe-
droit est moins encore dans le nombre des justes mé-
contentements qu'il soulève, que dans celui des prétentions illégitimes qu'il éveille, car il suffit pour les
rendre toutes licites que le droit ait été méconnu une
seule fois. Il ne faut qu'un peu de fermeté pour de-
meurer fidèle au respect de la loi et de la hiérarchie,
mais, après qu'on les a trahies, comment ensuite résister en leur nom? avec quelles armes combattre
quand on s'est laissé désarmer? Il n'y a pas de fécon-
dité égale à celle d'une injustice : si j'insiste autant sur
ce point, c'est qu'il est infiniment grave ; c'est qu'il
est l'endroit par lequel le gouvernement constitutionnel est sérieusement menacé ; il y faut donc porter
toute son attention et toutes ses forces. Le moyen de
remédier au mal, ce n'est pas de rétrécir le cercle de

l'éligibilité et d'élargir celui des incompatibilités, c'est
de donner aux ministres plus d'indépendance et moins
de pouvoir, c'est de constituer l'esprit de corps dans
la mesure qui est compatible avec la responsabilité
ministérielle, c'est enfin de conférer à un certain nombre de grands dignitaires de l'Etat le droit de présentation aux emplois vacants, par suite de décès ou d'a-
vancement; ce qui aurait pour avantage : premièrement, d'établir deux degrés de responsabilité ; deuxièmement, d'écarter du cabinet des ministres la foule
des protecteurs pressants et la tourbe des solliciteurs
opiniâtres. Toute promotion, ainsi que je l'ai déjà
dit, aurait ainsi une triple sanction : présentation
du chef compétent, contrôle du ministre responsable, approbation du roi. Certainement alors les droits
légitimes jouiraient de plus de garanties, et ceux qui
ne le seraient pas rencontreraient plus d'obstacles.

L'instabilité des cabinets, fût-elle toujours la même,
ce qui est peu probable, n'aurait plus alors d'aussi
fâcheuses conséquences ; deux écueils dangereux dans
un ministre, la témérité de l'inexpérience et l'excès de
l'ambition, seraient aussi moins à craindre. C'est ici le
lieu de faire remarquer en terminant que ce projet d'organisation ne porte aucune trace de l'esprit de défiance dont sont empreintes nos institutions et nos lois,
esprit étroit qui ne songe qu'à multiplier les contrôles,
au lieu de définir les responsabilités, qui complique
au lieu de simplifier, et qui, au lieu d'imprimer l'unité
et le mouvement, aboutit au morcellement et à l'immobilité.

La création de huit grands dignitaires de l'Etat,

combinée avec la réduction du nombre des départements ministériels, loin d'être, sous le rapport des
traitements, un surcroît de dépense, présenterait encore de l'économie, car il pourrait n'être rien changé
aux traitements dont jouissent :

Le chancelier de France, président de la chambre
des pairs ;

Le président de la chambre des députés ;

Le chancelier de la Légion d'honneur ;

Le préfet de la Seine.

Toutefois, comme je suis partisan déclaré de l'unité,
je serais d'avis que les traitements annuels des grands
dignitaires de l'Etat fussent uniformément fixés à
60,000 francs, y compris ceux provenant de grades
ou de fonctions prévus dans les lois sur le cumul ; le
budget de l'Etat fourmille d'inégalités qui ne s'expliquent point ; le traitement du grand-chancelier de
la Légion d'honneur n'est que de 25,000 fr., et celui
du gouverneur des Invalides est de 40,000 fr. ; pourquoi cette différence ?

On voit qu'en réunissant le titre de président du
conseil supérieur de la guerre à celui de gouverneur
des Invalides, il y aurait économie entière du traitement du ministre de la guerre. Rien ne serait changé
au budget des dépenses en ce qui concernerait l'amiral
président du conseil de l'amirauté, — le grand-maître
de l'Université, — le garde des sceaux, président du
conseil de la justice ; ils rempliraient par le fait, avec
le concours de trois directeurs généraux, les fonctions
de ministre de la marine, de ministre de l'instruction
publique et de ministre de la justice ; or, dans l'état

actuel des choses, le traitement de ces trois ministres s'élève à 240,000 fr., le traitement de trois grands dignitaires de l'Etat, additionné avec celui de trois directeurs généraux, ferait absolument la même somme (1). Si j'entre dans ces détails, c'est afin de montrer que je réforme moins de choses en réalité qu'en apparence et que je n'impose pas à l'État de charges nouvelles.

Ce que je propose n'a rien de neuf ; car, en Angleterre, il n'y a ni ministre de la guerre, ni ministre de la marine, ni ministre de l'instruction publique, ni ministre de la justice, mais il y a un commandant général de l'armée (*commander in chief's office*), un premier lord de l'amirauté (*first lord of the admiralty*) et un lord du sceau privé (*lord privy seal*). Je ne cite pas cela comme un argument en faveur de mon projet, mais uniquement à titre de renseignement.

Le problème dont j'ai cherché la solution est celui-ci : Etant données nos formes représentatives, nos lois démocratiques et nos habitudes monarchiques, mais principalement notre tendance caractéristique à tout détruire en abusant de tout, faire que ce qui doit être mobile puisse changer fréquemment sans ébranler ni renverser ce qui doit rester fixe, ou ce qui, du moins, ne doit varier que rarement ; ce qu'enfin j'ai voulu, ce que je voudrais, c'est que l'armée, la marine, la magistrature, l'enseignement public fussent moins souvent exposés à ressentir le contre-coup de nos vicissitudes parlementaires et de nos crises ministérielles ;

(1) Grands dignitaires de l'État . 60,000×3=180,000 } 240,000 f.
    Directeurs généraux :   20,000×3= 60,000 }

c'est que, par exemple, l'administration et le matériel de la guerre fussent distincts du commandement et du personnel de l'armée ; car on peut être médiocre administrateur, mauvais discoureur de budget, mauvais défenseur même d'un bon projet de loi, tout en étant doué des facultés qui font qu'on exerce sur le moral d'une armée un ascendant que s'efforcerait vainement d'acquérir le plus habile organisateur ! Le gouvernement des hommes et la conduite des choses veulent des qualités différentes dont il ne faut jamais supposer que le même homme soit doué, car cette réunion est précisément une exception. Dans une bonne organisation, il ne faut demander qu'une aptitude à chacun, mais exiger qu'elle soit complète.

Je ne crois pas avoir besoin d'insister plus longuement ; si ce qui vient d'être dit est vrai pour le commandement de l'armée que je sépare de l'administration de la guerre, ce sera également vrai pour la marine, pour la magistrature, ce sera surtout vrai pour l'enseignement public. Donnez-en la direction à Leibnitz, il changera la face de la société ; il y mettra l'ordre moral et matériel qui y manque ; il y fera régner l'harmonie par la hiérarchie ; il fera disparaître l'encombrement en même temps qu'il comblera les lacunes ; il organisera sans peine le travail ; il perfectionnera le principe de l'élection encore si imparfait ; il trouvera un mode de constitution du pouvoir et de représentation du peuple qui fera cesser le déplorable antagonisme qui s'est établi entre les gouvernants et les gouvernés. Mais si vous avez choisi Leibnitz hier, ne le renversez pas demain, laissez-lui le temps de préparer et d'accomplir son œuvre; nommez-le grand-maître de l'Université, mais ne le faites pas ministre de l'instruction publique.

Centralisation de la centralisation.

Ce qu'il me reste à dire se lie étroitement à ce qui précède, mais n'en fait cependant pas indispensablement partie.

Lorsque je vois les étonnants progrès que depuis 1814 l'industrie française a faits, les précieuses découvertes dont elle s'est enrichie, les merveilleux problèmes qu'elle a résolus ; lorsque je sors d'une filature ou d'une fabrique de sucre indigène, et qu'ensuite j'interroge le budget des dépenses et des recettes de l'État, l'*Almanach Royal*, l'assiette de nos impôts, nos grands services publics, je passe de l'admiration la plus vive au sentiment le plus pénible ; tant d'activité, tant d'intelligence, tant d'économie d'un côté, et de l'autre si peu ! L'art de gouverner les hommes et d'administrer les choses aurait-il donc atteint ce degré de perfection, où il n'y a plus d'alternative que celle de rétrograder ou de rester stationnaire ? Son immobilité profonde depuis un quart de siècle pourrait le faire supposer, mais c'est une illusion qui se dissipe dès qu'on regarde fonctionner de près la bureaucratie. Depuis 1814 l'administration publique n'a pas fait un pas en avant, n'a pas simplifié un rouage ; elle opère encore en 1840 comme l'industrie du sucre de betteraves opérait en 1812, c'est-à-dire lentement, dispendieusement, imparfaitement. Il y a là le sujet de graves réflexions, car en-

fin, lorsque toutes les extrémités sont dans la dépendance du centre, lorsqu'il s'agit de ne pas entraver
l'activité d'un peuple composé de trente-trois millions
d'habitants, de ne pas nuire à la prospérité d'un pays
aussi vaste et aussi fécond que la France, la célérité
dans l'expédition des affaires a une importance incalculable. L'avantage et l'inconvénient de la centralisation administrative, c'est de tout grandir ; aussi doit-
elle s'appliquer sans cesse à tout simplifier ; avec elle
il n'y a pas de petit détail, de petite amélioration,
de petit abus ; quand elle s'arrête , elle suspend
tout ; quand elle ne fonctionne pas bien, tout va
mal ; ses minutes sont des années, ses négligences
sont des calamités. Voilà ce que l'administration centrale, voilà ce que Paris ne devrait jamais oublier,
et ce que souvent il oublie ! Quel but, au contraire, se
proposent constamment les efforts de tout grand manufacturier ? — C'est d'économiser le temps. Pour obtenir ce résultat aucun sacrifice d'argent ne lui coûte ;
s'il lui faut renouveler à grands frais ses machines pour
des machines plus simples, il les renouvelle ; s'il lui faut
changer les dispositions de ses ateliers afin d'exercer
sur eux une surveillance plus efficace, il les change ; il
sait qu'aucune amélioration n'est indifférente ni définitive, aussi son attention ne se repose-t-elle jamais ;
il ne lui suffit pas d'être sûr que chez lui tout va bien,
il faut encore qu'il soit certain qu'ailleurs rien ne va
mieux. Prodiguer l'argent, s'il le faut, pour économiser le temps, telle est en industrie la loi suprême ; hors
de là pas de progrès, hors de là pas de salut, car celui
qui fait le contraire, qui prodigue le temps pour écono-

miser l'argent, marche à une ruine plus ou moins rapide, mais infaillible.

Ce que je reproche à notre centralisation administrative ce n'est pas l'argent qu'elle coûte, mais le temps précieux qu'elle gaspille ; ce n'est pas d'être excessive, mais d'être insuffisante ; c'est de n'avoir pas une force d'impulsion proportionnée à l'étendue de sa vaste circonférence, c'est de ressembler à une magnifique usine qui serait mise en mouvement par un moteur trop faible. Sans contredit, Paris est bien le siége de toutes les grandes administrations publiques, mais elles y sont éparses, rien ne les relie fortement les unes aux autres ; les moyens qu'elles ont de communiquer et de correspondre entre elles sont lents et mal établis ; il n'y a pas de solidarité, conséquemment pas d'unité dans la pensée, pas d'harmonie dans l'action ; c'est un faisceau qui n'a pas de lien ; la centralisation enfin n'est pas centralisée.

Si le nombre des ministères était réduit à trois, pourquoi ne les réunirait-on pas dans un vaste palais administratif où tout serait combiné, pour que les ministres pussent, sans se déplacer, conférer entre eux à tout instant du jour, pour qu'il n'y eût aucune perte de temps, pour que le travail se fît avec la plus grande célérité, la plus grande économie, la plus grande simplicité de moyens ?

Ce palais, ou cet atelier, le nom n'importe guère, n'aurait pas besoin d'être immense, car un petit nombre d'employés, judicieusement choisis, honorablement rétribués, constamment surveillés, vaut infiniment mieux qu'un grand nombre de commis qui ne sont pas surveillés et qui sont insuffisamment payés. D'ailleurs, quelque chose qu'on essayât, on serait toujours certain de faire mieux que ce qui est ; car lorsqu'on parcourt les bureaux des divers ministères, qu'y voit-on ? — Des commis la plupart désœuvrés, disséminés sans ordre dans des pièces où, s'il existait une surveillance, il ne serait pas possible qu'elle pénétrât ; des chefs de division, des chefs de bureau, des sous-chefs, dont les attributions sont confuses, qui font deux ou trois fois le même travail ; le sous-chef rédige la minute d'une lettre ou d'un rapport, l'expéditionnaire la copie, le chef de bureau la corrige, l'expéditionnaire la remet au net, le chef de division la porte au ministre, et le tout est fréquemment à recommencer. C'est ainsi qu'une réponse qui aurait pu être expédiée le jour même, se fait souvent attendre un mois. Telle division se compose d'une foule de commis, telle autre de quelques-uns seulement, sans qu'on puisse dire pourquoi l'une en a tant et l'autre si peu. Ce chef de bureau a dix mille francs de traitement, celui-ci n'en a pas cinq ; sans qu'il y ait une raison qui motive cette différence. Une armée d'expéditionnaires est employée à faire ce qu'au moyen de presses autographiques et typographiques, avec quelques formules habilement variées, on pourrait exécuter beaucoup plus promptement et à beaucoup moins de frais. J'ajouterai, ce qui n'est ici qu'un détail, mais en administration tout détail est important, j'ajouterai qu'on ne juge bien l'effet de ce qui doit ou peut être publié, qu'en le lisant imprimé.

Le jour où l'on entrerait ainsi dans la voie de l'économie et de la simplification, où tout le travail des bureaux serait soumis à une révision générale, ce qu'on reconnaîtrait d'abus ne peut se prévoir ni s'énumérer ; mais dans la voie des améliorations, une qu'on vient d'opérer donne aussitôt l'idée d'en entreprendre une autre. Le bien ne s'enchaîne pas moins étroitement que le mal.

Il va sans dire qu'une telle réforme, si elle avait lieu, devrait s'accomplir, comme un gouvernement éclairé doit faire toutes choses, avec équité et en tenant compte de tous les droits acquis ; car la justice d'abord, l'économie ensuite. Tout ce qui peut se liquider avec de l'argent est facile ; s'il y avait un très-grand nombre de pensions de retraite à donner, il ne faudrait pas s'en effrayer, mais s'en féliciter, car cela prouverait qu'on a supprimé un grand nombre de fonctions inutiles, et qu'on a converti une charge perpétuelle en une dépense viagère. A cette occasion, je dirai un mot des pensions de retraite ; voilà dix ans qu'on s'occupe de régler la matière sans y parvenir ; plusieurs projets de loi ont été présentés, plusieurs rapports ont été déposés, et la question n'a pas encore fait un pas vers sa solution. Cela ne m'étonne point ; cette question se lie plus étroitement qu'on ne croit à celle d'une bonne organisation administrative, et commencer par où l'on doit finir, c'est remonter le courant au lieu de le descendre, c'est rechercher la difficulté uniquement pour se faire vaincre par elle.

Une bonne organisation administravive, suivant moi, serait celle qui aurait pour principe et pour effet :

De supprimer tous les employés inutiles ;

De rétribuer largement ceux qui seraient conservés ;

D'élever la retenue qui s'exerce sur les traitements, au profit des pensions, à la moitié, au moins, de la somme dont ces traitements seraient augmentés ;

De mettre à profit l'ardeur générale dont les emplois publics sont l'objet, pour imposer à ceux qui désirent entrer dans la carrière administrative des conditions d'admission très-sévères ; ce serait un moyen de modérer l'excès de cette ardeur et de dissiper la tourbe des solliciteurs ; l'État y gagnerait de n'employer que des hommes d'élite ;

D'abolir la détestable institution des surnuméraires ; c'est la porte dérobée par laquelle la faveur fait entrer dans l'administration la paresse et l'incapacité. Comme le nombre des surnuméraires n'est pas fixé, comme on ne les paye pas, leur admission rencontre peu de difficultés, et l'on ne se croit pas le droit de se montrer exigeants envers eux ; puis, quand ils ont donné deux ou trois années d'un temps sans valeur, on n'ose plus les réformer, alors on les appointe ; voilà comment toutes les administrations pullulent de commis qui ne font rien, ou qui font mal ce qu'ils ont à faire ;

De limiter à vingt-cinq ans le maximum de la durée du service, afin d'imprimer à l'avancement le mouvement qui lui est nécessaire pour entretenir l'émulation ; il est bon que la moyenne de l'âge des employés ne dépasse pas trente-cinq ans environ.

Dans cet ordre d'idées, l'État opérerait ainsi : il partagerait en deux classes tous ses employés, ceux qu'il supprimerait et ceux qu'il conserverait ; il ferait le décompte de leurs années de service ; il liquiderait la pension des premiers au moyen d'une inscription de rente viagère et inaliénable ; il verserait au nom des seconds ce qui leur reviendrait, par suite des retenues antérieures opérées sur leurs traitements, dans une caisse générale et mutuelle des pensions, instituée par le gouvernement, mais qui serait tout à fait indépendante de lui. Rien ne serait plus simple ; chaque administration n'aurait ensuite qu'à verser mensuellement le montant des retenues dont ses employés seraient passibles ; l'État n'interviendrait plus ni dans la fixation, ni dans la liquidation des pensions ; c'est un poids et une responsabilité dont il serait déchargé ; les statuts de cette caisse, rédigés avec toute l'expérience que comportent aujourd'hui les savantes combinaisons des assurances sur la vie, prévoiraient et régleraient tous les cas de démission, de destitution, de secours, de maladies, de mort, d'extinction et de réversibilité, je voudrais que ces statuts fussent modèles, afin qu'ils rendissent les avantages de la prévoyance manifestes à tous les yeux, et qu'ils pussent servir à l'établissement de caisses analogues instituées en faveur des employés d'administrations privées, ou des individus exerçant une même profession, à qui il conviendrait de se soumettre à un mode déterminé de retenues sur leurs traitements ou sur leurs salaires. Le gouvernement doit tendre constamment à généraliser l'habitude de la prévoyance et à familiariser les esprits avec toutes les combinaisons de la mutualité.

La mutualité, c'est l'association sans les inconvénients graves de la communauté ; c'est l'association heureusement combinée ou conciliée avec la liberté de chacun et l'égalité de tous, quelle que soit l'incompatibilité des caractères, la différence des intérêts et la diversité des conditions.

La mutualité renferme en elle un principe fécond d'ordre, d'équité, de bien-être, de civilisation, qui n'a encore été appliqué qu'aux compagnies d'assurances contre certains risques, et déjà l'on a pu apprécier ses avantages et mesurer sa puissance. Avant qu'il se soit écoulé un quart de siècle, toute profession et chaque intérêt distinct fonderont, sur des probabilités vérifiées par l'expérience, une société mutuelle contre les mécomptes de la vie humaine et les risques qu'il est possible de prévoir, mais non toujours de prévenir.

Partout où le principe de la mutualité n'est pas développé, tous les hommes éclairés, partisans d'une sage prévoyance et du progrès utile et pacifique, se doivent associer pour le faire fleurir et fructifier, en commençant par ses applications les plus simples, les plus sûres, les plus usitées, les mieux démontrées.

Ce peu de mots suffit pour laisser entrevoir l'action qu'exercerait un gouvernement éclairé concourant ainsi, de toute sa puissance, à la solution des grands problèmes sociaux de l'organisation du travail et de l'extinction du paupérisme !

Un jeune et habile architecte, qui partage mon opinion sur les avantages que présenterait la concentration des grandes administrations centrales, a dressé, d'après mes idées, un plan dans le détail duquel je n'entrerai pas, car je craindrais d'ôter à une étude consciencieuse, qui est le fruit de plusieurs années de réflexions, le caractère sérieux d'une réforme, et de déverser sur elle le ridicule d'un projet; toutefois je dirai que ce plan, qui matérialise ma pensée, en fait ressortir l'unité et la simplicité. Ainsi le département des services publics et celui des finances forment les deux ailes du corps de bâtiment dont la présidence du conseil occupe le centre. On reconnaît tout de suite l'hôtel de la présidence du conseil au télégraphe qui le surmonte et qui lui sert en quelque sorte d'attribut. Des moyens de communication rapide sont ménagés avec art entre le centre et les extrémités. Dans l'espace réservé aux bureaux, tout est combiné pour imprimer au travail, par un contrôle continu et par une surveillance facile, la plus grande célérité. Les dispositions intérieures sont faites pour se prêter à toutes les exigences d'une organisation qui, tendant constamment à se simplifier et à opérer avec l'économie de moyens et l'esprit de progrès qui distinguent les grandes industries, aura conséquemment plus d'une expérience à tenter ; par exemple, il y aurait à étudier la question de savoir s'il est préférable que le travail des employés ait lieu isolément ou en commun, dans des cabinets séparés, ou, au contraire, dans de vastes salles soumises à la surveillance des chefs. Je pense que, dans l'état actuel des choses, où les employés sont mal payés et se composent, en très-grande majorité, d'expéditionnaires, le travail en commun doit être incontestablement plus avantageux. Mais dans un système où les employés seraient largement rétribués, où le nombre des expéditionnaires serait considérablement diminué, où ils seraient remplacés par des formules expéditives, où l'on copierait peu, où l'on imprimerait beaucoup, le travail isolé serait sans doute préféré. L'imprimerie royale qui, dans ce système, remplit un rôle important, la direction générale des postes et les archives administratives forment les dépendances nécessaires et sont le complément de cette grande unité monumentale, qui aurait pour symbole l'économie du temps.

Je passe rapidement sur ces points dont l'enchaînement est facile à saisir ; je ne m'arrête pas à débattre la question de savoir si la vente des terrains occupés présentement par les huit ou neuf ministères suffirait à couvrir les dépenses de construction de ce Louvre administratif, qui renfermerait dans ses murs :

La présidence du conseil ;

Le ministère des finances publiques ;

Le ministère des services publics ;

L'imprimerie royale ;

Les archives ;

L'administration des télégraphes ;

L'administration des postes.

Tout cela est accessoire ; ceux qui trouveront ma pensée juste et qui la croiront utile la compléteront.

Partisan de la centralisation, j'en deviens l'adversaire lorsque je la vois dégénérer en accaparement ; je l'applaudis lorsqu'elle fortifie le pouvoir et le fait aimer ; je la repousse lorsqu'elle l'affaiblit et le fait maudire ; je ne confonds pas la centralisation politique qui repose sur des institutions qui sont des conquêtes avec la centralisation administrative qui sommeille sur des traditions qui sont des abus ; donner à la première plus d'unité afin de donner plus de force à la seconde, tel est le point vers lequel j'ai essayé de ramener les esprits qui ne s'égarent à la recherche de réformes prématurées et subversives que parce que le gouvernement ne sait pas prendre l'initiative de celles qui sont opportunes et utiles; et, le voulût-il, qu'il ne le pourrait pas avec un état de choses dont la pesanteur le condamne à l'impuissance et à l'immobilité.

Dans un pays où la libre concurrence est la règle générale, la centralisation administrative doit tout surveiller pour être tutélaire, mais elle ne doit rien faire par elle-même pour rester infaillible; elle doit être une garantie contre l'ignorance des administrations locales, mais jamais un obstacle à l'activité nationale; l'État, enfin, ne doit jamais être :

Ni spéculateur ;

Ni entrepreneur ;

Ni commerçant ;

Ni fabricant ;

Car on ne contrôle bien que ce qu'on n'a pas fait, et vouloir exécuter au lieu de se borner à commander, c'est compliquer d'une manière funeste les détails déjà si nombreux de l'administration publique, c'est accumuler contre le gouvernement les sujets de plainte et de défiance, c'est en accroître enfin la responsabilité sans en étendre l'autorité.

Diriger, encourager, contrôler, sont les trois attributions du pouvoir; en deçà, il manque à ses devoirs; au delà, il agit contre ses propres intérêts, car l'excès de la centralisation administrative aboutit à faire mettre en question l'avantage de la centralisation politique; aussi dis-je que, dans le temps où nous vivons, temps de confusion profonde et de discussions interminables, mieux valent des attributions restreintes, mais clairement définies, que des attributions plus étendues, mais incessamment contestées ; c'est ce que ne comprennent pas les ministres qui, rarement, ont une opinion invariablement arrêtée sur les limites dans lesquelles doit se renfermer l'action du pouvoir ; de là, des prétentions exagérées, qui, après avoir été vivement débattues, se résolvent presque toujours en concessions irréfléchies. C'est, à mon avis, une déplorable habitude, que celle que le pouvoir a contractée, de se surfaire, de demander plus qu'il ne lui faut pour obtenir ce qui lui est nécessaire ; en agissant ainsi, il s'abaisse, il pervertit l'esprit public dont il justifie la défiance, et manque encore plus d'habileté que de dignité, car il n'a jamais qu'à perdre à se faire marchander : la force du pouvoir est surtout dans le respect qu'il a de lui-même.

Comment se fait-il que des hommes d'origines politiques diverses, arrivant au ministère par les directions les plus opposées et avec les systèmes les plus différents, se brisent tous, les uns à la suite des autres, contre le même écueil, commettent tous les mêmes fautes, sans que l'exemple des premiers serve à l'expérience des derniers ; encourent tous les mêmes reproches d'infidélité à leurs opinions, de versatilité et de corruption ? Faut-il en accuser la faiblesse et la vertu des hommes, ou bien la force et le vice des choses ? C'est l'examen approfondi de cette question qui m'a conduit à la proposition d'une classification nouvelle des attributions ministérielles.

Le mode actuel d'organisation s'oppose à ce que rien de grand et de durable puisse être entrepris, et, tant qu'il subsistera, on changera vainement de ministres, mais on ne changera pas d'errements ; l'impulsion sera toujours vaincue par la résistance , ce qu'on avait blâmé dans ses devanciers, on le fera ; ce qu'on avait soutenu, on le démentira ; ce qu'on avait promis, on ne le tiendra pas. On s'imagine que, pour faire mieux, ou même autrement que les ministres qu'on aspire à remplacer, il suffit d'avoir des intentions droites et des convictions sincères, on le croit de très-bonne foi, mais c'est une illusion qui se dissipe presque aussitôt qu'on est au pouvoir ; à peine est-on installé qu'on est débordé par les affaires, emporté par la rapidité de leur courant ; alors la tête s'égare, la mémoire se perd, on oublie les idées qu'on a conçues, les engagements qu'on a contractés ; on ne voit plus devant soi qu'une majorité toujours prête à vous échapper ; on ne pense plus qu'aux moyens de la retenir ; on y sacrifie tout ; on fait aux exigences individuelles les mêmes concessions que celles qu'on a le plus sévèrement blâmées, enfin on recourt par impuissance à la corruption qu'on a flétrie, car c'est une erreur de croire que la corruption ministérielle soit un système politique, c'est moins que cela, c'est un pis-aller, et si tous les cabinets le subissent, c'est qu'ils y sont contraints par la nature des choses. Il faut donc ou changer radicalement les choses ou persister fatalement dans une voie funeste ; il n'y a d'alternative qu'entre une réforme nécessaire ou une révolution inévitable, car un gouvernement représentatif est bien près de sa fin lorsqu'il a épuisé toutes les combinaisons ministérielles, sans parvenir à trouver les lois de son existence.

DE
L'INSTABILITÉ MINISTÉRIELLE,

DE SES CAUSES ET DE SES EFFETS.

1840.

I.

On ne fait pas du grand à volonté;
Il n'y a pas de grandes choses en question ;
Il n'y a pas de grands principes en jeu.

(Journal des Débats, 29 *décembre* 1839.)

DE
L'INSTABILITÉ MINISTÉRIELLE.

Pourquoi, depuis dix ans, dix-sept combinaisons ministérielles se sont-elles si rapidement succédé ? Est-ce parce que le roi qui règne sur nous en aurait systématiquement exclu les hommes politiques éminents, les grandes notabilités parlementaires, les hautes spécialités administratives? Serait-il donc vrai qu'il eût, pour toutes les supériorités, l'éloignement que l'opposition l'accuse d'éprouver? L'instabilité ministérielle serait-elle enfin le fait de la prérogative royale? S'il en était ainsi, la situation, qui est grave, serait extrême ; une nouvelle révolution serait imminente, inévitable; et c'est vainement qu'on s'efforcerait de la conjurer. Mais heureusement l'accusation est sans fondement comme sans bonne foi ; et il suffit, pour la faire tomber, de publier les noms des illustrations et des notabilités à différents titres et à divers degrés, qui, depuis 1870, ont été successivement appelées au ministère.

En voici la liste par ordre alphabétique :

A

D'Argout.

B

Duc de Bassano.
Barthe.
Baron Bernard.
Bignon.
Bresson.
Duc de Broglie.

C

Cunin-Gridaine.
Cubières.
Cousin.

D

Comte Duchâtel.
Dufaure.
Baron Dupin.
Amiral Duperré.
Dupont (de l'Eure).

G

De Gasparin.
Gautier.

Maréchal Gérard.
Girod (de l'Ain).
Gouin.
Guizot.

H

Humann.

J

Amiral Jacob.
Jaubert.
Maréchal Jourdan.

L

Laffitte.
Lacave-Laplagne.
Baron Louis.

M

Maréchal Maison.
Martin (du Nord).
Mérilhou.
Comte Molé.
Comte de Montalivet
Maréchal Mortier.
Duc de Montebello.

P

H. Passy.
Parant.
Casimir Périer.
Pelet (de la Lozère).
Persil.

R

Rémusat.
Amiral de Rigny.
Amiral Rosamel.
Amiral Roussin.

S

Sauzet.
Général Schneider.
Général Sébastiani.
Maréchal Soult.

T

Teste.
Thiers.
Tupinier.

V

Villemain.
Vivien.

Qu'on essaye de citer un nom qui ait été oublié ou injustement exclu, une combinaison ministérielle compatible avec la majorité parlementaire qui n'ait pas été essayée, une supériorité qui ait été méconnue, enfin un concours utile dont le roi se soit volontairement privé. C'est une tâche qu'on entreprendrait vainement ; l'opposition le sait bien : aussi est-ce là ce qui fait la faiblesse de l'omnipotence parlementaire et la force de la prérogative royale.

Si l'instabilité ministérielle n'a pas en réalité la cause que lui attribuent la mauvaise foi des partis et l'injustice des ambitions personnelles, d'où vient-elle donc ? De qui est-ce la faute et sur qui doit en retomber la grave responsabilité ?

C'est ce qu'il s'agit de rechercher.

Dans un gouvernement représentatif, la durée de chaque règne est représentée par un certain nombre de combinaisons ministérielles qu'il faut épuiser successivement, mais qu'on ne saurait impunément intervertir. Le nombre en varie nécessairement selon que l'époque est plus ou moins féconde en hommes politiques éminents, personnifiant en eux des tendances diverses, des intérêts différents, des systèmes distincts. L'ensemble de ces combinaisons ministérielles forme ce que nous appellerons l'échelle parlementaire, dont les deux points d'appui, en France, sont à l'extrémité inférieure la démocratie, à l'extrémité supérieure la royauté. En Angleterre, où il existe encore une aristocratie, et aux États-Unis, où il n'y eut jamais de royauté, les points d'appui sont différents. Mais ne nous occupons que de la France.

Plus le nombre des combinaisons ministérielles sera considérable et habilement gradué, et moins il y aura de risques que jamais la démocratie se heurte violemment à la royauté. La distance qui séparera l'une de l'autre sera d'autant plus grande qu'entre elles deux se trouveront plus de degrés à franchir, plus d'idées à expérimenter, plus d'hommes appelés naturellement à se succéder au pouvoir pour y faire prévaloir leur système. Ce que doit faire en France la royauté constitutionnelle ressort donc clairement de ce-qui précède. Tout règne nouveau est une partie qui veut, pour être gagnée, qu'on ne s'écarte pas des règles prescrites, qui sont : — de se rendre strictement compte de ses ressources en hommes d'État, de n'en jamais exposer qu'une seule à la fois ; de ranger ceux qui en font la force, d'abord selon leur couleur politique et dans l'ordre des nuances, ensuite selon leur valeur relative ; de ne pas faire précéder ce qui doit suivre, de ne pas placer au premier rang qui ne saurait s'élever audessus du second, enfin de ne pas vouloir allier ce qui s'exclut. Ce qui équivaut à dire que tout ministère de coalition est une faute grave, qui ne se justifie par aucune circonstance, par aucune nécessité. Il n'y a point d'exemple d'un ministère de coalition qui, en définitive, n'ait affaibli la royauté constitutionnelle, et ajouté à la division parlementaire qu'il avait la prétention de faire cesser. Un cabinet est plus fort avec un seul chef qu'avec plusieurs, parce qu'il est plus libre. L'habileté n'est pas d'appeler les hommes d'État de premier ordre, nécessairement rivaux, à s'associer, mais à se succéder ; à se partager le pouvoir, mais à l'exercer dans sa plénitude, chacun à son tour.

Les majorités factices et passagères qu'on parvient à créer à l'aide de ministères de coalition, ne font que rendre plus difficile la reconstitution des majorités réelles et durables. Ce qui est contraire à l'ordre et à la vérité ne saurait jamais produire que perturbation et mensonge.

Après qu'un ministère de coalition a succombé dans sa tâche, brisé les transitions, porté le doute dans les convictions, le trouble dans les esprits, perverti l'opinion publique, fait de nuances diverses une couleur sans nom, que reste-t-il à la prérogative royale ?—Une seule alternative :

Essayer d'hommes subalternes et de combinaisons

bâtardes qui déconsidèrent le pouvoir, ou subir la loi de l'une des opinions extrêmes.

En toute circonstance, nous n'avons jamais cessé de nous élever et contre les cabinets bicéphales, et contre les cabinets sans tête ; les uns et les autres nous paraissent également subversifs du principe des majorités consciencieuses et sincères.

Avec un cabinet qui n'a pas d'homogénéité, conciliez donc une majorité compacte? Avec un cabinet composé de subalternes égaux entre eux, ralliez donc une majorité sortable qui n'ait pas honte d'elle-même ! Cela n'est pas possible, et il serait même fâcheux que cela le fût.

Une erreur commune à tous les ministres est de croire que les hommes politiques se personnifient dans une idée moins que dans un nom ; que l'art de gouverner est surtout une question de dextérité, et que, par ce seul fait qu'on est parvenu à remplacer ses prédécesseurs, on a suffisamment prouvé sa supériorité sur eux.

Il se peut qu'il en soit ainsi dans les États où la volonté du monarque fait la loi, où l'on gouverne dans le silence ; mais il en est autrement dans les pays où règne la liberté de la presse et où les ministres sont appelés à défendre à la tribune législative tous les actes de leur administration. Dans les gouvernements représentatifs, le ministère est une périlleuse épreuve, un dangereux défi, qui ne fait de grâce à aucun de ceux qui l'acceptent. Si vous avez été sans justice pour vos prédécesseurs, si vous les avez renversés par l'intrigue et la présomption, le même sort vous atteindra sans

que vous puissiez vous y soustraire ni vous en plaindre.
L'injustice, l'intrigue et la présomption ont pour elles
la veille et le jour, mais elles n'ont pas le lendemain.
Si donc vous ne faites pas mieux que ceux dont vous
aurez pris la place, il vous sera demandé à quel titre
vous vous en êtes emparé, et de quel droit vous pré-
tendriez la garder. Vos prédécesseurs seront sans pitié,
et vous serez sans force contre vos successeurs. Toute
présomption veut être justifiée, c'est là son châtiment;
car il se peut encore qu'on parvienne au pouvoir par
l'intrigue, mais là où les prétentions exagérées sont
librement discutées, on ne saurait s'y maintenir que
par la supériorité. Toute ambition est tenue de prouver sa légitimité.

Ce qui précède explique assez pourquoi depuis 1830
tant de cabinets se sont formés, et pourquoi ils ont
duré si peu. C'est à tort qu'ils s'en prendraient de leur
chute à d'autres qu'à eux-mêmes ; jamais la majorité
ne leur a manqué que par leur faute. La fragilité de
ces cabinets, telle a été la vraie cause de leur instabilité. Il faut à tout ministère une raison d'être, une nécessité de vivre; c'est-à-dire ou une œuvre à entreprendre, ou une idée à féconder, ou une réforme à
accomplir, ou un système à appliquer, ou une difficulté
à vaincre, ou un parti à faire triompher; or, si l'œuvre est mesquine, l'idée stérile, la réforme inopportune
ou chimérique, le système inapplicable, la difficulté
nulle ou invincible, le parti impuissant, il ne sera pas
étonnant qu'un cabinet sans mission soit un cabinet
sans durée.

On n'est pas digne du pouvoir quand on ne l'aime

que pour soi, non pour lui : quand on ne le convoite
que pour ses priviléges et ses vanités, non pour ses obstacles et ses devoirs. On devient ministre, mais on naît
homme de gouvernement. Naître homme de gouvernement, c'est naître esclave de ses convictions, de ses
idées, c'est leur appartenir tout entier, c'est ne trouver
de bonheur que dans leur triomphe, de repos que dans
le travail et la lutte ; c'est n'avoir qu'une passion, celle
des grandes entreprises ; qu'une pensée, celle d'asservir ou d'émanciper les peuples, selon les lieux et les
temps ; c'est vivre dans l'abnégation de soi-même,
c'est mourir martyr de son génie et de sa foi, usé par
les veilles, brisé par la plus cruelle des tortures, celle
de ne voir exécuter que lentement, qu'imparfaitement
ce qu'on a impatiemment et glorieusement conçu, douloureux supplice à l'abri duquel sont les ambitieux
vulgaires.

L'exactitude de ce qui vient d'être dit se démontre
par le tableau même des dix-sept combinaisons qui,
depuis 1830, ont successivement fait passer cinquante-
quatre ministres aux affaires. Entre tant de cabinets,
voyez quels sont les deux qui ont duré le plus longtemps sans modification : ce sont ceux du 13 mars et
du 15 avril. La raison de leur longévité comparée
s'explique naturellement. Ils étaient tous deux homogènes, et avaient chacun une œuvre à accomplir :
aussi, pour dissoudre l'un, a-t-il fallu la mort de
M. Périer, et, pour renverser l'autre, tous les efforts
d'une coalition monstrueuse. La Résistance a fait la
gloire du 13 mars, et la Clémence la force du 15 avril !
Sans la mort subite de M. Périer, le 13 mars ne se fût

dissous qu'après avoir achevé son œuvre, le 15 avril n'est tombé qu'après que l'amnistie eut produit tous ses effets ; encore ne fût-il pas tombé si, cette première tâche glorieusement remplie, il se fût empressé de s'en donner une autre. Ce qui l'a dissous, c'est plus encore l'inaction que la coalition.

Des ministres n'ont pas le choix entre le repos ou la retraite ; pendant l'intervalle des sessions législatives, il faut qu'ils préparent les travaux qui devront occuper sans relâche le parlement pendant tout le temps où il sera réuni. Rien de plus dangereux que de le laisser un seul instant désœuvré, car l'intrigue aussitôt s'en empare, et il n'est plus alors qu'un moyen de lutter contre ses manœuvres, c'est de lui opposer celles de la corruption. Or, toute majorité qui se dispute ainsi l'intrigue d'une part, la corruption de l'autre, se débande et se démoralise bientôt ; et dès qu'elle a honte d'elle-même, elle cesse d'exister. C'est la situation dans laquelle nous sommes tombés et d'où il faut absolument que nous sortions.

Si, comme l'expérience ne l'a que trop évidemment démontré, la durée des cabinets est en raison de l'importance de la mission qu'ils ont reçue ou qu'ils se sont donnée, il en faut conclure que le seul moyen de mettre un terme à l'instabilité ministérielle, qui a pour effet de déconsidérer le pouvoir en le faisant passer par un nombre trop considérable de mains, c'est, ou de rendre le gouvernement plus simple, ou bien de trouver des ministres qui sachent faire du « *grand* », car il n'est pas vrai de dire que « *on ne fait pas du grand à volonté* » lorsqu'on en porte en soi le sentiment, car il n'est pas vrai de dire que « *il n'y a pas de grandes cho-ses en question,* » que « *il n'y a pas de grands principes en jeu.* »

Une telle erreur ne doit pas s'accréditer, elle serait funeste ! Abaisser ainsi des ministres à l'état de sim-ples expéditeurs des affaires courantes, c'est faire du pouvoir la proie de l'intrigue et l'apanage de toutes les médiocrités ambitieuses, c'est en grossir la foule déjà si considérable, c'est admettre l'outre-cuidance de ses prétentions et reconnaître la légitimité de ses droits, c'est briser la dernière barrière qui sépare la royauté de la multitude, c'est enfin proclamer qu'en France la monarchie a fait son temps et que le règne est arrivé de la démocratie sans opposition et sans partage.

Jamais, non jamais, *le National* n'a fait du gouver-nement qu'il attaque une satire aussi violente que celle qui se trouve dans les trois lignes du *Journal des Débats* qui servent d'épigraphe à ces réflexions ; s'il était vrai que rien de grand ne fût plus possible au pouvoir, et si nous avions cette conviction, désormais ce n'est plus avec ses partisans que nous serions, mais avec ses adversaires. L'impuissance organisée, quelque nom qu'elle emprunte, ne nous aura jamais pour soutien. Mais heureusement il n'en est pas ainsi que le pense le *Journal des Débats :* il est encore de grandes choses en question, de grands principes en jeu, et n'en fût-il plus, qu'il serait imprudent de l'a-vouer dans l'intérêt et pour l'honneur du pouvoir qu'on défend.

Le pouvoir n'existe que par ses œuvres ; si donc

elles sont grandes, il sera fort et honoré ; si elles sont médiocres, il sera faible et méprisé. Le pouvoir qui ne tente rien n'est pas le pouvoir ; toute influence, tout prestige, toute autorité l'abandonnent ; il n'existe plus alors que de nom ; il n'est plus qu'un coffre transparent où les contribuables voient avec humeur des commis puiser avec avidité. Vouloir gouverner sans idées est la plus chimérique des entreprises, la plus dangereuse des expériences ; et quand un pays en est réduit à cette honteuse extrémité, il n'a plus qu'à faire tuer sur un champ de bataille ceux dont l'ardente imagination n'a pu trouver d'emploi ; la guerre est alors la seule ressource qui reste à un gouvernement de reconquérir l'autorité par la gloire.

Le pouvoir qui s'abaisse, loin de devenir plus facile à exercer, voit, au contraire, pulluler autour de lui les obstacles, les exigences, les intrigues, les résistances, les tyrannies, les rivalités ; aussi est-il vrai de dire que, pour un gouvernement, les plus difficiles à accomplir sont, non les grandes choses, mais les petites ; or, le seul moyen qu'il ait de s'affranchir des petites, c'est de s'élever au-dessus d'elles par les grandes ; et quoi qu'on en ait pu dire, à aucune époque peut-être il n'y eut plus de grandes choses en question, plus de grands principes en jeu ; c'est justement parce que les ministres n'osent pas les aborder qu'ils durent si peu, que les majorités se corrompent et s'éparpillent ; il faut aux majorités une idée autour de laquelle elles puissent se rallier, un principe qu'elles aient à défendre, une œuvre à laquelle elles soient glorieuses de s'associer. Médiocrité ministérielle et immoralité politique sont synonymes. Plutôt que de ne rien oser, il vaudrait mieux qu'un gouvernement osât trop : le danger serait moindre, car il n'en est pas de plus grand que de laisser les esprits et les bras inoccupés, et plus encore les esprits que les bras. D'ailleurs, quoi que puisse entreprendre en temps de paix un gouvernement, jamais il ne donnera autant au hasard qu'il le fait par une guerre, que cependant le plus léger prétexte, une collision non préméditée, un mot ou un geste injurieux échappés à l'emportement, un intérêt douteux, un sentiment irréfléchi, suffisent souvent pour faire éclater. Étrange contradiction qui s'explique ainsi : — Les gouvernements ne savent se résoudre à faire que ce qu'ils ont fait déjà ; ce qui ne veut pas dire que c'est la prudence qui les dirige, mais la routine ; or, la guerre est pour eux une routine, et la paix n'est pas encore un système. Ils dépenseront un milliard pour une conquête incertaine ou inutile ; ils ne hasarderont pas un million sur une idée qui sera neuve et qui promettra d'être féconde. Les gouvernements se perdent ainsi par leur immobilité ; trop faibles pour arrêter les nations dans leur marche, ils les laissent errer, et s'exposent à se voir un jour entièrement abandonnés par elles.

La paix, qui est un bienfait pour les peuples, devient, lorsqu'elle se prolonge, — particulièrement dans les États où la liberté de la presse a déjà fondé son empire, — un obstacle pour les gouvernements dont peut-être ils ne se rendent pas assez exactement compte. La paix, qui fait poser les armes à l'esprit de conquête, les fait prendre à l'esprit d'égalité. Aux rivalités de nations succèdent alors les rivalités de principes.

Systématiser la paix, c'est-à-dire utiliser avec habileté les forces qu'elle produit avec abondance ; contenir, sans les opprimer, les esprits qu'elle met en fermentation ; satisfaire les besoins qu'elle fait naître, n'est-ce donc pas là une grande chose en question ?

La démocratie est-elle donc déjà souveraine, qu'il n'y ait plus de grands principes en jeu ?

Ce qui existe est-il donc ce qu'on saurait imaginer de mieux, qu'il n'y ait plus qu'à le conserver religieusement ?

Ce sont là des illusions que nous avons le regret de ne pas partager.

Il nous paraît que ce ne sont pas les grandes choses qui manquent aux hommes, mais les hommes qui manquent aux grandes choses.

La durée de la paix et la liberté de la presse concourent énergiquement au développement de la démocratie ;

La démocratie est une force dont il reste à trouver les lois ; ce n'est plus à lui résister qu'il faut penser, mais à la constituer. S'en occupe-t-on ?

Dans cet ordre d'idées presque tout serait à faire, tout est à revoir.

L'anarchie est dans nos lois ; n'y peut-on mettre un terme ?

Le pouvoir exécutif est un poids trop lourd qui écrase tous ceux qui le veulent porter ; ne peut-on l'alléger et lui donner l'unité d'action qui lui manque ?

Les gouvernements et les peuples ont une défiance mutuelle qui leur est également préjudiciable ; ne peut-on la faire cesser et mettre fin à leur funeste antagonisme?

L'élection exercée comme un droit politique dégénère en abus ; ne peut-on l'élever au rang de fonction sociale ?

L'instruction départie au peuple dans une certaine mesure est devenue une nécessité de gouvernement ; elle est encore facultative ; ne peut-on la rendre obligatoire ?

La liberté de la presse fait plus de mal que de bien ; ne peut-on en obtenir le résultat contraire ?

Les impôts établis sont perçus avec peine ; ne peut-on faire qu'ils soient acquittés avec empressement?

L'administration publique, instituée pour d'autres temps, arrête par ses complications tout ce qu'elle centralise ; ne peut-on la simplifier?

La science économique existe dans les livres ; ne peut-on la faire passer dans les faits ?

La concurrence finit par détruire tout ce qu'elle fonde ; ne peut-on concevoir un système qui lui permette de tout fonder et l'empêche de rien détruire ?

La mutualité n'a encore été appliquée qu'à l'assurance de certains risques; ne peut-on lui donner une nouvelle extension dont le résultat serait la fondation d'un nouvel ordre social inaccessible aux révolutions?

La société est menacée dans son repos par l'imagination ardente d'hommes qui s'empresseraient de quitter l'ornière profonde des théories anarchiques et des critiques subversives pour se frayer la route neuve, large et sans fin des réformes utiles et des améliorations praticables, s'ils avaient intérêt à perfectionner ce qu'ils ne s'occupent aujourd'hui qu'à détruire; ne peut-on établir en principe que les auteurs d'une amélioration administrative, financière ou fiscale, reconnue telle par le gouvernement, profiteront concurremment avec lui d'une partie des avantages résultant de son adoption ?

Ne sont-ce pas là — très-sommairement et très-incomplétement énoncées — de graves questions qui immortaliseraient le ministre qui saurait les résoudre?

Mais le pouvoir est un but d'où les idées vous éloignent et où les passions seules vous conduisent.

Tout ce qui a le caractère, même équivoque, de la grandeur, de l'unité, de la durée, de la prévoyance, nous fait peur ; nous ne sommes occupés qu'à tout réduire, qu'à tout diviser, sans nous apercevoir que c'est cela qui nous dégrade et qui nous perd. Nous oublions trop que nous sommes un grand peuple.

Nous mettons dix années à faire dix lieues de chemin de fer ;

Quand nous avons fini une route par une extrémité, elle est devenue impraticable par l'autre ;

Nous attendons, pour utiliser le crédit dont nous jouissons, que nous l'ayons perdu. Nous pourrions nous enrichir et nous libérer par l'emprunt ; nous attendons, pour y recourir, qu'il nous ruine et nous écrase ;

Nous voudrions provoquer une guerre ou une révolution, que nous n'agirions pas autrement ;

Nous faisons du pouvoir là où souvent il faudrait faire de la liberté, et de la liberté là où il faudrait faire du pouvoir ;

Nos résistances et nos concessions enfin sont également irréfléchies et imprudentes.

Toutefois, l'élévation de la paix et de la liberté au-dessus de la guerre et de la gloire est une pensée qui honorera dans l'histoire le roi, *qui ne nous gouverne pas;* cette pensée l'eût fait l'égal des plus grands souverains, s'il se fût rencontré sous son règne un grand ministre qui la comprît et qui la fécondât! Mais comment se serait-il trouvé? — Tout le monde aspire au pouvoir, personne ne s'y prépare; on fait tout pour y parvenir, on ne fait rien pour y rester.

Ainsi s'expliquent, par l'insuffisance des ministres, l'instabilité des cabinets et l'omnipotence des chambres, l'abaissement des pouvoirs politiques et l'éparpillement des majorités parlementaires.

Les deux tableaux suivants présentent la liste complète des ministres depuis juillet 1830 jusqu'au 1er novembre 1841; le premier donne le relevé du nombre exact de jours que chacun d'eux a gardé le département qui lui avait été confié; le second montre que toutes les combinaisons les plus variées, les plus ingénieuses, les plus forcées même, ont été épuisées sans rien fonder de solide ni de durable; ce qui prouve manifestement qu'il y a des vices graves dans la distribution du pouvoir exécutif et dans l'établissement de ses rapports avec le pouvoir législatif.

Président du conseil.

MM.
LAFFITTE, 2 novembre 1830 (133 jours).
CASIMIR PÉRIER, 13 mars 1831 (577 jours).
SOULT (maréch.), 11 octobre 1832 (639 jours).
GÉRARD (maréch.), 18 juillet 1834 (124 jours.)
BASSANO, 10 novembre (8 jours).
MORTIER (maréchal), 18 novemb., (123 jours).

MM.
BROGLIE (duc de), 12 mars 1835 (346 jours).
THIERS, 22 février 1835 (195 jours).
MOLÉ (comte), 6 sept. 1836 (221 jours).
MOLÉ (comte), 15 avril 1837 (715 jours).
SOULT (maréchal), 12 mai 1839.
THIERS, 1er mars 1840 (241 jours).
SOULT (maréchal), 29 octobre 1840 (en exercice).

Justice.

MM.
DUPONT (de l'Eure), du 31 juillet au 26 décembre 1830 (148 jours).
MÉRILHOU, du 27 décembre 1830 au 7 mars 1831 (76 jours).
BARTHE, du 13 mars 1831 au 31 mars 1839 (2,295 jours).
PERSIL, du 4 avril 1834 au 15 avril 1837 (458 jours).
SAUZET, du 22 février au 6 sep-

MM.
tembre 1836 (195 jours).
GIROD (de l'Ain), du 31 mars 1839 au 12 mai suivant (42 jours).
TESTE, du 12 mai 1839 au 29 février 1840 (294 jours).
VIVIEN, du 1er mars 1840 au 28 octobre suivant (241 jours).
MARTIN (du Nord), du 29 octobre 1840 (en exercice).

Affaires étrangères.

MM.
BIGNON (baron), du 29 juillet au 2 août 1830 (5 jours).
JOURDAN (maréchal), du 3 au 10 août 1830 (7 jours)..
MOLÉ (comte), du 11 août 1830 au 31 mars 1839 (936 jours).
MAISON (maréchal), du 2 au 16 novembre 1830 (14 jours).
SÉBASTIANI (comte), du 12 nov. 1830 au 11 oct. 1832 (708 jours).
BROGLIE (duc de), du 11 oct. 1832 au 22 février 1836 (1003 jours).

MM.
RIGNY (vice-amiral de), du 4 avril au 10 nov. 1834 (229 jours).
THIERS, du 22 février au 6 sept. 1836 (195 jours).
MONTEBELLO, du 31 mars 1839 au 12 mai suiv. (42 jours).
SOULT (maréchal), du 12 mai 1839 au 29 février 1840 (294 jours).
THIERS, du 1er mars au 28 octobre 1840 (241 jours).
GUIZOT, du 29 octobre 1840 (en exercice).

Intérieur.

MM.
GUIZOT, du 11 août au 2 novembre 1830 (82 jours).
MONTALIVET (comte de), du 2 nov. 1830 au 31 mars 1839 (1041 jours).
CASIMIR PÉRIER, du 15 mars 1831 au 11 oct. 1832 (577 jours).
THIERS, du 11 octobre 1832 au 6 septembre 1836 (773 jours).
D'ARGOUT (comte), du 1er janvier 1833 au 4 avril 1834 (459 jours).

MM.
BASSANO (duc de), du 10 au 18 novembre 1834 (8 jours).
GASPARIN, du 6 septembre 1836 au 12 mai 1839 (263 jours).
DUCHATEL, du 12 mai 1839 au 29 février 1840 (294 jours).
RÉMUSAT, du 1er mars au 28 octobre 1840 (241 jours).
DUCHATEL, du 29 octobre 1840 (en exercice).

Commerce et Travaux publics.

MM.
D'ARGOUT (comte), du 13 mars 1831 au 5 fév. 1836 (1105 jours).
THIERS, du 25 décembre 1832 au 4 avril 1834 (459 jours).
DUCHATEL, du 4 avril au 10 novembre 1834 (229 jours).
TESTE, du 10 au 18 novemb. 1834 (8 jours).
PASSY, du 22 février 1836 au 6 sep-

MM.
tembre suivant (195 jours).
MARTIN (du Nord), du 6 sept. 1836 au 23 mars 1839 (936 jours).
CUNIN-GRIDAINE, du 12 mai 1839 au 29 février 1840 (294 jours).
GOUIN, du 1er mars au 28 octobre 1840 (241 jours).
CUNIN-GRIDAINE, du 29 octobre 1840 (en exercice).

Travaux publics.

MM.
DUFAURE, du 12 mai 1839 au 29 février 1840 (294 jours).
JAUBERT, du 1er mars 1840 au

MM.
28 octobre suivant (241 jours).
TESTE, du 29 octobre 1840 (en exercice).

Instruction publique.

MM.
BIGNON (baron), du 5 au 11 août 1830 (8 jours).
BROGLIE (duc de), du 11 août au 2 novembre 1830 (82 jours).
MERILHOU, du 2 novembre au 27 décembre 1830 (55 jours).
BARTHE, du 26 décembre 1830 au 13 mars 1831 (76 jours).
MONTALIVET (comte de), du 13 mars 1831 au 11 oct. 1832 (577 j.).
GUIZOT, du 11 octobre 1832 au 15 avril 1837 (1455 jours). Intérim du 10 au 18 novembre 1834.

MM.
SAUZET, TESTE.
PELET (de la Lozère), du 22 février au 6 septembre 1836 (195 jours).
SALVANDY (de), du 15 avril 1837 au 31 mars 1839 (715 jours).
PARANT, du 31 mars 1839 au 12 mai suivant (42 jours).
VILLEMAIN, du 12 mai 1839 au 29 février 1840 (294 jours).
COUSIN, du 1er mars 1840 au 28 octobre suivant (241 jours).
VILLEMAIN, du 29 octobre 1840 (en exercice).

Guerre.

MM.
GÉRARD (comte), du 11 août au 10 novembre 1834 (206 jours).
SOULT (maréchal), du 2 novembre 1830 au 10 novembre 1834 (1347 jours).
BERNARD (baron), du 10 au 31 mars 1839 (944 jours).
MORTIER (maréchal), du 18 novembre 1834 au 12 mars 1835 (123 jours).

MM.
MAISON (maréch.), du 12 mars 1835 au 6 septembre 1836 (541 jours).
DESPANS-CUBIÈRES, du 31 mars au 12 mai 1839 (42 jours).
SCHNEIDER, du 12 mai 1839 au 29 février 1840 (294 jours).
CUBIÈRES, du 1er mars 1840 au 28 octobre suivant (241 jours).
SOULT (maréchal), du 29 octobre 1840 (en exercice).

Marine et Colonies.

MM.
SÉBASTIANI (comte), du 11 août au 2 nov. 1830 (82 jours).
D'ARGOUT (comte), du 2 novembre 1830 au 13 mars 1831 (131 jours).
RIGNY (vice-amiral de), du 13 mars 1831 au 13 mars 1835 (1254 jours).
JACOB (comte), du 19 mai au 10 novembre 1834 (229 jours).
CH. DUPIN (baron), du 10 au 18 novembre 1834 (8 jours).
DUPERRÉ (baron), du 12 mars 1835

MM.
au 12 mai 1839 (541 j.) en exercice.
ROSAMEL (vicomte), du 6 septembre 1836 au 31 mars 1839 (936 j.).
TUPINIER, du 31 mars au 12 mai 1839 (42 jours).
DUPERRÉ (baron), du 12 mai 1839 au 29 février 1840 (294 jours).
ROUSSIN (amiral), du 1er mars 1840 au 28 octobre suivant (241 jours).
DUPERRÉ (amiral), du 29 octobre 1840 (en exercice).

Finances.

MM.
LOUIS (baron), du 30 juillet 1830 au 11 octobre 1832 (672 jours).
LAFFITTE, du 2 novembre 1830 au 13 mars 1831 (131 jours).
HUMANN, du 11 octobre 1832 au 5 février 1836 (1216 jours).
PASSY, du 10 au 18 novemb 1834 (8 jours), du 12 mai 1839 (en exercice).
D'ARGOUT (comte), du 5 février au 6 septembre 1836 (211 jours).
DUCHATEL, du 6 septembre 1836

MM.
au 15 avril 1837 (221 jours).
LACAVE-LAPLAGNE, du 15 avril 1837 au 31 mars 1839 (715 jours).
GAUTIER, du 31 mars au 12 mai 1839 (42 jours).
PASSY, du 12 mai 1839 au 29 février 1840 (294 jours).
PELET (de la Lozère), du 1er mars au 28 octobre 1840 (241 jours).
HUMANN, du 29 octobre 1840 en exercice).

TABLEAU

des divers ministères qui se sont succédé en France

depuis juillet 1830 jusqu'au 1er novembre 1841.

1° 11 AOUT 1830.

(Durée, 82 jours.)

Sans président de conseil.

MM.

Justice.	Dupont (de l'Eure).
Affaires étr.	Comte Molé.
Guerre.	Maréchal Gérard.
Marine.	Comte Sébastiani.
Intérieur.	Guizot.
Instr. publ.	Duc de Broglie.
Finances.	Baron Louis.

2° 2 NOVEMBRE 1830.

(55 jours.)

Président du conseil : M. LAFFITTE.

MM.

Justice.	Dupont (de l'Eure).
Affaires étr.	Maréchal Maison.
Guerre.	Maréchal Gérard.
Marine.	Général Sébastiani.
Intérieur.	Montalivet.
Instr. publ.	Mérilhou.
Finances.	Laffitte.

3° 27 DÉCEMBRE 1830.

(76 jours).

Président du conseil : M. LAFITTE.

MM.

Justice.	Mérilhou.
Affaires étr.	Comte Sébastiani.
Guerre.	Maréchal Soult.
Marine.	(Intérim).
Intérieur.	Montalivet.
Instr. publ.	Barthe.
Finances.	Laffitte.

4° 13 MARS 1831.

(577 jours.)

Président du conseil : M. C. PÉRIER.

MM.

Justice.	Barthe.
Affaires étr.	Comte Sébastiani.

MM.

Guerre.	Maréchal Soult.
Marine.	Comte de Rigny.
Intérieur.	Casimir Périer.
Com. et trav.	Comte d'Argout.
Inst. publ.	Comte de Montalivet.
Finances.	Baron Louis.

5° 11 OCTOBRE 1832.

(334 jours.)

Président du conseil : M. SOULT.

Présid. sans portefeuille :	C. Périer.
Justice.	Barthe.
Affaires étr.	Duc de Broglie, après le décès de M. Périer.
Guerre.	Maréchal Soult.
Marine.	Comte de Rigny.
Intérieur.	Thiers.
Com. et trav.	Comte d'Argout.
Instr. publ.	Guizot.
Finances.	Humann.

Le 23 décembre 1832, M. Thiers a quitté le ministère de l'intérieur pour prendre celui du commerce et des travaux publics qui était administré par M. d'Argout. Le personnel de cette combinaison ministérielle n'ayant éprouvé aucun autre changement, nous ne le considérons point comme formant un ministère nouveau.

6° 4 AVRIL 1834.

(105 jours.)

Président du conseil : M. SOULT.

MM.

Justice.	Persil.
Affaires étr.	Comte de Rigny.
Guerre.	Maréchal Soult.
Marine.	A. Roussin, ens. Jacob.
Intérieur.	Thiers.
Com. et trav.	Duchâtel.
Instr. publ.	Guizot.
Finances.	Humann.

7° 18 JUILLET 1834.
(124 jours.)

Président du conseil : mar. Gérard, *ministre de la guerre.*

Le reste de même.

8° 10 SEPTEMBRE 1834.
(8 jours.)

Présid. du cons. : le duc de Bassano.

MM.

Justice.	Persil.
Affaires étr.	Bresson.
Guerre.	Général Bernard.
Marine.	Charles Dupin.
Intérieur.	Duc de Bassano.
Com. et trav.	Teste.
Instr. publ.	*Idem* (par intérim).
Finances.	Passy.

9° 18 NOVEMBRE 1834.
(123 jours.)

Président du conseil : maréchal Mortier, *duc de* Trévise.

MM.

Justice.	Persil.
Affaires étr.	Comte de Rigny.
Guerre.	Mortier.
Marine.	Amiral Duperré.
Intérieur.	Thiers.
Com. et trav.	Duchâtel.
Inst. publ.	Guizot.
Finances.	Humann.

10° 12 MARS 1835.
(346 jours.)

Présid. du cons.: le duc de Broglie.

MM.

Affaires étr.	Duc de Broglie.
Guerre.	Mar. Maison (30 avril).

Le reste de même.

11° 22 FÉVRIER 1836.
(195 jours.)

Président du conseil : M. Thiers.

MM.

Justice.	Sauzet.
Affaires étr.	Thiers.
Guerre.	Maréchal Maison.
Marine.	Amiral Duperré.
Intérieur.	Comte de Montalivet.

MM.

Com. et trav.	Passy.
Inst. publ.	Pelet.
Finances.	Comte d'Argout.

12° 6 SEPTEMBRE 1836.
(221 jours.)

Président du conseil : M. Molé.

MM.

Justice.	Persil.
Affaires étr.	Comte Molé.
Guerre.	Général Bernard.
Marine.	Amiral Rosamel.
Intérieur.	Gasparin.
Com. et trav.	Martin (du Nord).
Instr. publ.	Guizot.
Finances.	Duchâtel.

13° 15 AVRIL 1837.
(715 jours.)

Président du conseil : M. Molé.

MM.

Justice.	Barthe.
Affaires étr.	Molé.
Guerre.	Bernard.
Marine.	Rosamel.
Intérieur.	Montalivet.
Com. et trav.	Martin (du Nord).
Instr. publ.	Salvandy.
Finances.	Lacave-Laplagne.

14° 31 MARS 1839.
(42 jours.)

Sans président de conseil.

MM.

Justice.	Girod (de l'Ain).
Affaires étr.	Duc de Montebello.
Marine.	Baron Tupinier.
Guerre.	Despans-Cubières.
Intérieur.	Gasparin.
Commerce.	Gasparin (par intérim).
Instr. publ.	Parant.
Finances.	Gautier.

15° 12 MAI 1839.
(204 jours.)

Président du conseil : M. Soult.

MM.

Justice.	Teste.
Affaires étr.	Soult.
Marine.	Duperré.

MM.

Guerre.	Schneider.
Intérieur.	Duchâtel.
Commerce.	Cunin-Gridaine.
Trav. publ.	Dufaure.
Instr. publ.	Villemain.
Finances.	Passy.

16° 1er MARS 1840.

(241 jours.)

Président du conseil : M. THIERS.

MM.

Justice.	Vivien.
Affaires étr.	Thiers.
Marine.	Roussin.
Guerre.	Cubières.
Intérieur.	Rémusat.
Commerce.	Gouin.

Trav. publ.	Jaubert.
Instr. publ.	Cousin.
Finances.	Pelet (de la Lozère).

17° 29 OCTOBRE 1840.

(En exercice.)

Président du conseil : M. SOULT.

MM.

Justice.	Martin (du Nord).
Affaires étr.	Guizot.
Marine.	Amiral Duperré.
Guerre.	Maréchal Soult.
Intérieur.	Duchâtel.
Com. et agr.	Cunin-Gridaine.
Trav. publ.	Teste.
Inst. publ.	Villemain.
Finances.	Humann.

VUES NOUVELLES

SUR L'APPLICATION DE L'ARMÉE

AUX GRANDS TRAVAUX D'UTILITÉ PUBLIQUE.

◁————————▷

1838.

Une maladie nouvelle s'est répandue en Europe ; elle a saisi nos
princes et leur fait entretenir un nombre désordonné de troupes.
Elle a ses redoublements, et elle devient nécessairement conta-
gieuse ; car, sitôt qu'un État augmente ce qu'il appelle ses troupes,
les autres soudain augmentent les leurs ; de façon qu'on ne gagne
rien par là que la ruine commune. Chaque monarque tient sur
pied toutes les armées qu'il pourrait avoir si ses peuples étaient
en danger d'être exterminés ; et on nomme paix cet état d'effort
de tous contre tous. Aussi l'Europe est-elle si ruinée, que les particuliers qui seraient dans la situation où sont les trois puissances
de cette partie du monde les plus opulentes, n'auraient pas de
quoi vivre. Nous sommes pauvres avec les richesses et le commerce de tout l'univers.

La suite d'une telle situation est l'augmentation perpétuelle des
tributs ; et ce qui prévient tous les remèdes à venir, on ne compte
plus sur les revenus, mais *on fait la guerre avec son capital*. Il
n'est pas inouï de *voir des États hypothéquer leurs fonds pendant la paix même*, et employer, pour se ruiner, des moyens
qu'ils appellent *extraordinaires*, et qui le sont si fort que le fils
de famille le plus dérangé les imagine à peine.

MONTESQUIEU, Esprit des lois.

En 1838, à l'époque où *les vues nouvelles sur l'application de l'armée aux grands travaux d'utilité publique* ont paru, l'auteur, né sous l'Empire, et retenu par le souvenir des deux invasions de 1814 et de 1815, n'avait pas encore osé descendre dans toutes les profondeurs de la question des armées permanentes, profondeurs dont les hommes d'État de notre temps ne semblent pas même se douter. Dire qu'ils sont, à cet égard, de plusieurs siècles en arrière sur Montesquieu, c'est ne rien avancer qui ne soit parfaitement exact, et pour s'en convaincre il suffit de relire le chapitre XVII de l'Esprit des lois, intitulé : — *De l'augmentation des troupes.*

La France réduira-t-elle son armée dans d'importantes proportions ?

La France continuera-t-elle d'avoir une armée dont la dépense dépasse un million par jour ?

Telles sont les deux questions préalables à l'examen de toute discussion approfondie.

Admet-on la nécessité pour la France de l'entretien d'un effectif considérable? Alors il faut chercher un moyen d'utiliser l'armée, afin d'en alléger les charges : ce moyen c'est de l'appliquer aux grands travaux d'utilité publique, comment ? — C'est ce qui fait l'objet du travail que nous avons cru devoir faire précéder par ces quelques mots d'avertissement.

Est-on d'avis, au contraire, qu'il est préférable de n'avoir qu'une armée composée d'un très-petit nombre d'hommes choisis, selon les préceptes de Végèce, avec le plus grand soin et pour lesquels le service militaire soit une carrière? — Alors toute idée qui se propose de détourner l'armée du but exclusif de son institution, devient une idée fausse qu'il faut écarter.

Après dix années de méditations sur les deux systèmes en présence, c'est à ce dernier système que s'est définitivement rallié l'auteur des *Études politiques*.

Toutefois il lui a paru que l'adoption d'une opinion plus approfondie n'était pas une raison suffisante pour qu'il fît disparaître dans cette édition un travail qui, n'eût-il que ce mérite, servirait encore à marquer le point d'où l'auteur est parti pour arriver aux convictions nouvelles qu'il s'est formées, convictions puisées dans un examen plus sérieux des questions dont l'avenir s'est réservé la solution.

VUES NOUVELLES
SUR L'APPLICATION DE L'ARMÉE
AUX GRANDS TRAVAUX D'UTILITÉ PUBLIQUE.

A M. le lieutenant-colonel comte A. DE GIRARDIN.

I

La plus parfaite constitution de la puissance militaire a toujours été l'objet de vos plus profondes méditations.

Vous avez à ce sujet des idées mûres et abondantes dont il est à regretter que l'application n'ait pas encore fait apprécier toute la valeur.

Vous avez publié sur la *Constitution des armées de terre de la France* des observations neuves et judicieuses, dictées par le patriotisme le plus éclairé.

Soldat de 92 et général de l'Empire, vous avez parlé de l'armée en homme d'Etat, pour qui la paix et la guerre n'ont plus de secrets;

Vous avez réduit à ce qu'ils valaient beaucoup d'erreurs et de lieux communs propagés par l'ignorance ou l'irréflexion;

Vous avez rétabli les véritables principes sur la proportion des armes, le recrutement et l'instruction des troupes, l'état des officiers, l'effectif, les cadres, le pied de paix et le pied de guerre, les *réserves,* les places fortes, la tactique et la stratégie;

Vous avez montré que la puissance militaire d'un pays ne saurait se constituer isolément, arbitrairement; qu'elle avait des lois naturelles qu'elle ne pouvait enfreindre, qu'elle était soumise à des nécessités commerciales et à des considérations politiques qu'elle devait réunir et concilier;

Vous avez montré que la constitution d'une armée devait avoir pour base fondamentale l'adoption d'un système de défense militaire déterminé par des intérêts permanents, facilement appréciables;

Vous avez montré que le système de défense militaire d'un pays n'avait absolument ni valeur ni signification s'il n'était l'exacte expression de son système d'alliances politiques; que le premier doit toujours être l'expression du second, — que l'un et l'autre sont les deux fractions d'un tout; qu'elles s'enchaînent nécessairement et ne peuvent logiquement se séparer, car elles sont à la fois par rapport à elles-mêmes alternativement cause et effet;

Vous avez montré que le nombre n'était pas le principal élément de la force militaire, et que l'instruction des troupes réclamait de promptes réformes; que c'était commettre une erreur grave et se créer une illusion dangereuse que de donner le nom d'*armée de ré-*

serve à des soldats en congé provisoire et à des conscrits laissés dans leurs foyers; qu'armer une multitude, ce n'était pas constituer une *réserve;* qu'il ne pouvait y avoir de réserve méritant ce nom que celle qui faisait partie de l'organisation régimentaire; qu'une armée enfin n'existait qu'à de certaines conditions que vous avez décrites, en ayant toujours soin de donner à vos opinions l'appui des autorités les plus imposantes et des faits les plus mémorables de l'histoire militaire de tous les peuples.

Vos convictions sont devenues les miennes, votre expérience m'a servi d'enseignement.

Parmi vos principaux préceptes, j'ai surtout retenu ceux-ci :

Un État qui prétend constituer sa puissance militaire doit savoir :

D'abord nettement ce qu'il veut;

Ensuite exactement ce qu'il peut;

Enfin, historiquement, quels ont été dans le passé et, par déduction politique, quels doivent être dans l'avenir ses ennemis et ses alliés naturels.

Si un Etat se tient à cet égard dans l'ignorance, seulement dans le doute; s'il subordonne à des circonstances passagères, à d'inconstantes sympathies, d'invariables, d'incommutables intérêts, l'armée qu'il s'efforcera d'organiser n'aura jamais de base solide; tant que la raison de son chiffre et la nécessité de sa dépense ne seront pas suffisamment démontrées, elles seront de perpétuels sujets de discussion politique, de défiance civile, de mécontentement militaire.

Les proportions d'une armée ne sauraient être trop

soigneusement étudiées, trop sévèrement observées, car c'est à propos d'elles surtout qu'on peut dire que la pesanteur s'allége par l'équilibre.

Proportionnellement trop considérables, ou numériquement trop faibles, les armées ont également pour conséquence de mettre l'ordre et la paix en question.

Trop considérables, elles éveillent la défiance, elles créent des coalitions puissantes ou ténébreuses; trop faibles, elles exposent au dédain, elles suscitent des agressions injustes ou téméraires.

Dans les Etats constitutionnels surtout, le chiffre de l'armée a une grande importance politique; car pour peu qu'il soit suspecté d'exagération, il rend aussitôt les partis plus ombrageux, plus insatiables de garanties légales, plus difficiles à gouverner; il a pour effet d'exposer l'armée à des débats parcimonieux qui la découragent, la blessent et l'indisposent contre les institutions et les formes représentatives.

La plus grande force d'une nation réside dans la confiance qu'elle s'inspire à elle-même et dans le respect qu'elle commande. Ce sont deux avantages qu'une bonne constitution de ses armées peut seule lui donner.

La constitution d'une armée est bonne : lorsqu'elle tire moins sa supériorité du grand nombre de soldats qui la composent que de la perfection de leur instruction sous le double rapport du développement des forces du corps et des facultés de l'esprit; lorsque le nombre des soldats est en juste proportion avec celui des officiers, et que les premiers sont relativement nombreux, et les seconds suffisamment rétribués pour qu'ils

puissent attendre patiemment les effets de l'avancement; lorsque les lois de l'avancement ne sont jamais
transgressées, et que le droit et la mortalité le règlent
exclusivement ; lorsque le grade et l'emploi restent toujours inséparables ; lorsque l'arbitraire et la faveur rencontrent pour invincibles obstacles un système et un
code militaires se prêtant un mutuel appui ; lorsque la
durée du service est longue, que les contingents annuels sont faibles et les réengagements nombreux ; lorsqu'à défaut de gloire à recueillir sur les champs de bataille, le sentiment du patriotisme et de l'honneur est
constamment entretenu par l'émulation du savoir ; lorsque, enfin, sans nuire au dedans à l'abondance du travail et au développement du crédit public, la force militaire élève au dehors à leur plus haute expression le
crédit et la prépondérance politiques d'une nation,
quand elle lui permet de tenir constamment un langage
imposant, quand elle assure le succès de ses négocia-
tions diplomatiques, quand elle facilite la conclusion
de traités avantageux à son commerce, quand enfin elle
peut se dire, sans se faire illusion, que les forces dont
disposent ses alliés lui appartiennent par la confiance
qu'elle leur inspire.

L'organisation d'une armée est mauvaise : lorsque
le pied de paix est destructeur du pied de guerre ; lorsque les cadres des officiers, sans proportion avec l'effectif des soldats, enlèvent au commandement l'étendue, l'action et le prestige qui lui sont nécessaires ;
lorsque, dans un état démocratique, il est arithméti-
quement impossible à l'officier de subsister honorablement avec sa solde ; lorsque enfin le principe sur lequel

repose l'autorité militaire est une violation de l'esprit général des institutions du pays.

La loi peut imposer au citoyen qu'elle fait soldat des devoirs plus impérieux et plus nombreux, mais elle ne saurait prudemment lui en prescrire de contraires aux droits qu'il tient de la constitution politique. Le soldat et le citoyen français ne sont plus qu'un seul homme : une discipline trop absolue qui voudrait en faire deux, en s'obstinant à mettre de côté le citoyen enrégimenté et à ne voir exclusivement en lui que le soldat passif, commettrait une faute grave; car, dans l'ordre des éventualités qu'elle doit prévoir la guerre malheureusement ne vient plus qu'après la répression de l'émeute et de l'insurrection. Sincèrement observée, une constitution politique ne permet, sous aucun prétexte, à aucune loi de se soustraire au plus conservateur des principes, à celui de l'homogénéité. Tout doit fléchir sous son empire, même la discipline militaire, qui ne saurait être la même dans un gouvernement représentatif et dans un État absolu.

Il importe essentiellement que le sort de l'armée soit justement réglé pour qu'en temps de guerre sa prépondérance ne soit pas exagérée; pour qu'en temps de paix son utilité ne soit pas injustement contestée, imprudemment dépréciée; pour qu'enfin elle reste toujours fidèle au pouvoir et ne soit jamais hostile à l'ordre.

Chez un peuple régi par la forme représentative, c'est à la liberté surtout qu'il importe que jamais l'armée n'ait de justes motifs de plaintes, car son mécontentement pourrait être un poids considérable jeté dans la balance du pouvoir absolu si la royauté n'appartenait à la constitution que par un dévouement douteux.

Nul doute qu'une réorganisation de l'armée qui se proposerait pour but la réalisation de vos idées n'eût pour effet d'accroître considérablement la force militaire et d'en réduire notablement la dépense, sans blesser aucun droit fondé, sans exciter aucune réclamation légitime ; car vous l'avez dit (1) : « Toute réforme qui a pour double conséquence de profiter à l'état dans l'avenir et d'être préjudiciable dans le passé à des droits acquis ou à des intérêts privés respectables, ne peut ni ne doit jamais s'opérer qu'autant qu'elle fait au présent la part qui lui est due.

« Les révolutions seules méconnaissent les droits légitimes, les réformes véritables et durables ne s'accomplissent qu'à la condition de les respecter ; elles ne sont jamais rétroactives. »

Dans votre système de réformes, l'économie qui résulterait d'une juste réduction des cadres permettrait l'incorporation d'un plus grand nombre de soldats. C'est ce que vous avez clairement établi dans un tableau comparé qui commence par la suppression de 13 colonels et qui finit par une augmentation de 102,000 fantassins ;

Un nouveau mode de casernement vous donnerait les moyens d'instruire plus rapidement vos recrues et moins incomplétement vos soldats ;

Une augmentation de la solde des officiers serait la

(1) *Observations sur la constitution des armées de terre de la France en 1835*, par le lieutenant-général comte Alexandre de Girardin.

base nouvelle que vous donneriez à la liquidation de leur pension.

De telles améliorations, accomplies avec l'esprit d'ordre, l'énergie de volonté et la rare persévérance dont vous êtes doué, auraient assurément une grande importance ; mais je ne pense pas que leur accomplissement fût une raison de rejeter la prise en considération de l'idée que je viens soumettre au contrôle de votre expérience, si je parviens à vous démontrer qu'elle est théoriquement juste et pratiquement profitable.

L'application de l'armée aux grands travaux d'utilité publique, tel est le problème économique dont je me suis proposé la solution sans m'en dissimuler aucune des difficultés.

J'ai lu tout ce qui a été écrit à cet égard sans y trouver rien autre que des considérations générales plus ou moins bien exprimées.

Je sais que tous les essais entrepris de nos jours ont échoué. Je ne me suis point laissé abuser par les raisons qui ont été données pour pallier un insuccès que j'avais prévu.

J'ai la conviction profonde que, dans les termes où il a été posé, le problème est insoluble ; il a pour obstacle invincible le principe même de notre loi de recrutement.

J'ai donc cherché à atteindre le but par une autre voie.

Sans doute l'idée dont je me propose de vous entretenir ne peut encore être que très-imparfaite, car pour l'étendre ou la rectifier en beaucoup de points, il m'a manqué des connaissances spéciales; mais si elle est juste, peu importe qu'elle soit incomplète. Si le principe est vital, son développement et son triomphe ne sont pas douteux : il survivra aux jugements précipités qui le condamneront, il vaincra les résistances qui lui seront opposées; les obstacles le fortifieront, les objections le perfectionneront.

Je prévois que les critiques les plus sévères lui viendront de l'armée : c'est un fait reconnu que toutes les professions ont des traditions qu'elles n'abandonneraient jamais si elles n'y étaient pas contraintes par la concurrence ; mais si l'armée n'est pas passible de ce genre de lutte, il est une autre obligation imposée au gouvernement : c'est celle de trouver sur le budget annuel de ses dépenses une économie de deux cents millions, qui, sans désorganiser aucun service public, lui donne les moyens de réaliser d'indispensables améliorations que je range dans l'ordre qui suit :

I. Une dotation annuelle de trente-deux millions environ est nécessaire à l'instruction élémentaire, qui, selon d'importantes considérations sociales et politiques que j'ai développées ailleurs (1), doit être générale et GRATUITE.

Cette dotation pourrait alors lui être accordée.

II. Le traitement du clergé est trop faible ; son exiguïté l'oblige à se faire du *casuel* une ressource qui a le grave inconvénient, par ce temps où l'on compte plus exactement qu'on ne raisonne logiquement, où l'arithmétique l'emporte généralement sur

____

(1) *De l'instruction publique en France.*

la piété, d'affaiblir l'autorité religieuse et de déconsidérer le caractère ecclésiastique. S'il est vrai, comme je le crois, que la force intellectuelle soit la seule qu'on puisse opposer victorieusement au principe démocratique lorsqu'il a prévalu, qu'elle seule peut le contenir et le diriger, un prêtre et un instituteur éclairés et considérés importent plus au maintien de l'ordre moral et matériel que quelques soldats désœuvrés.

Le clergé recevrait donc une augmentation de traitement.

III. La solde des officiers est insuffisante. Le sous-officier de cavalerie lorsqu'il est promu officier ne reçoit que la moitié de la somme nécessaire à l'acquisition de son équipement. L'officier qui n'a d'autres ressources que sa solde, même en s'imposant de dures privations, est placé dans une condition fâcheuse qui nuit à la considération du grade. L'officier supérieur et l'officier général ne sont pas dans une position beaucoup meilleure. Leur traitement n'est pas en rapport avec les obligations auxquelles ils sont tenus et le rang qui leur est assigné dans la hiérarchie sociale. Si l'économie qui devrait d'abord résulter de la réduction à de justes proportions du nombre des officiers, ne suffisait pas pour subvenir à une augmentation convenable de la solde, il y pourrait encore être pourvu au moyen de la somme de deux cents millions devenue libre.

IV. Notre matériel militaire, incomplet et imparfait, aurait besoin qu'on le complétât et qu'on l'améliorât d'autant plus que le nombre des soldats serait plus diminué et qu'en tout le principe de la qualité serait reconnu devoir l'emporter sur celui de la quantité ; notre matériel militaire devrait toujours être l'égal du meilleur, ce qui présentement n'est pas ainsi : aussi serait-ce en temps de guerre une cause d'infériorité fâcheuse, que la France ne doit plus laisser subsister. Cet objet appelle toute son attention. Le perfectionnement continu du matériel de guerre est l'un des soins et des devoirs les plus impérieux de l'état de paix. Dans beaucoup de cas le désavantage d'un mauvais fusil à l'égard d'un bon ne saurait être compensé par la supériorité du courage militaire ; plusieurs de nos échecs n'ont pas eu d'autre cause que l'impossibilité démontrée où le fusil français s'est trouvé de soutenir l'épreuve de la comparaison avec le fusil anglais, qui porte plus juste et plus loin. En ce qui concerne donc l'amélioration de notre matériel militaire, je pense avec vous qu'aucun sacrifice ne devrait être épargné ; car toute économie sur ce point serait mal entendue et pourrait devenir désastreuse. Non, ce n'est pas une chose indifférente et sans importance que les poudres, par exemple, fabriquées en Angleterre, soient d'une qualité supérieure à celles manufacturées en France par l'Etat. Ne sait-on pas que plus le matériel de guerre sera parfait et moins le courage du soldat connaîtra d'obstacles, et plus sa confiance sera grande, et son obéissance profonde ?

La dépense qu'exigerait le perfectionnement de notre matériel militaire devrait donc être mise au rang des plus urgentes et des plus utiles.

V. Beaucoup de fonctions publiques sont insuffisamment rétribuées. Il serait important qu'une revue sévère fût passée ayant pour double objet l'extinction successive des sinécures et la juste rémunération des services.

La forme démocratique et la concurrence industrielle imposent à notre gouvernement l'obligation de payer cher le droit d'être sévère sur les conditions de capacité qu'il est tenu de prescrire à ses agents, au nom et dans l'intérêt de sa conservation. L'industrie met la supériorité aux enchères et croit ne jamais la payer trop chèrement. Un organisateur habile, un administrateur vigilant, rapportent toujours infiniment plus qu'ils ne coûtent, en raison des faux-frais qu'ils diminuent et des moyens qu'ils simplifient. Rien n'est plus dispendieux que de payer mal les hommes que l'on emploie, non-seulement parce qu'il faut en prendre quatre au moins et souvent plus pour faire l'ouvrage d'un seul, mais encore en raison de l'accroissement de dépense du matériel qui en est le résultat. — Personnel mal rétribué, matériaux ruineux, est un axiome dont l'exactitude est reconnue par l'industrie. Les hommes éminemment doués de l'esprit d'organisation et d'administration, c'est-à-dire ceux qui possèdent les connaissances nécessaires à l'exercice du commandement et du contrôle, sont infiniment rares ; d'une part, l'industrie les recherche avidement, d'autre part un gouvernement démocratique ne peut subsister qu'à la condition de les absorber, et s'il n'a pas les moyens de soutenir la concurrence, c'est-à-dire de les payer, que deviendra-t-il ?... Car ce n'est plus en France, où la diffamation usurpe trop souvent le nom de *liberté de la presse,* que les fonctions publiques compensent la modestie des traitements par la considération et l'importance sociales. Une opposition inconséquente avec le principe démocratique qu'elle défend, à force de déblatérer contre les fonctions publiques, aura bientôt fini par n'en plus faire que le pis-aller des intrigants et le refuge des incapables. Aussi est-il juste de reconnaître que si la royauté n'a pas d'ennemis plus dangereux que ses courtisans, il est également vrai de dire que la démocratie n'a pas d'adversaires plus redoutables que ses apôtres ; les flatteurs de la démocratie et ceux de la royauté sont égaux en lumières, en prévoyance et en désintéressement !

A ce double point de vue du principe démocratique et de la concurrence industrielle, le traitement des fonctionnaires publics est une grosse question dont il serait opportun de s'occuper sérieusement si le gouvernement se mettait un jour en voie de réformes et d'améliorations. Le traitement de certaines fonctions publiques, principalement de celles de premier et de second ordre, recevrait donc une juste et utile augmentation.

VI. Après s'être donné le moyen pécuniaire de soutenir la concurrence avec l'industrie pour le choix du meilleur personnel possible, il serait à désirer qu'à l'aide de ce qui lui resterait encore de disponible sur les deux cents millions dont il a été précédemment parlé, le gouvernement, passant des personnes aux choses, s'occupât d'alléger l'impôt foncier, — qu'on ne saurait trop ménager pour les temps de guerre, de crises et de calamités ; —et de supprimer quelques taxes, telles que le droit universitaire et le timbre des imprimés, qui ont le double inconvénient de lui rapporter peu d'argent et de lui susciter de dangereux ennemis. Les impôts qu'on doit conserver sont ceux qui, d'une perception facile et peu coûteuse, ayant le grand nombre pour base de répartition, sont à la fois légers et productifs ; ce sont surtout ceux qui produisent d'autant plus qu'ils sont moins sensibles. Les impôts qu'il est habile de supprimer sont ceux qui, n'étant assis que sur un petit nombre de contribuables, pèsent lourdement sur eux, rapportent peu à l'État, lui coûtent cher à percevoir, et fournissent contre lui de justes et bruyants sujets d'accusations.

Ces impôts seraient donc abolis.

A ces améliorations, dont l'importance aurait eu besoin d'être moins sommairement exposée, mais dont les conséquences n'échapperont pas à votre esprit aussi prompt à concevoir que patient à exécuter ; à ces améliorations il faut ajouter les autres résultats non moins importants d'un système mixte, n'étant ni la garde nationale ni l'armée ; n'ayant pas en temps de paix les graves inconvénients des armées permanentes trop considérables, mais en ayant en temps de guerre tous les avantages au moins ; système qui permettrait à la France :

D'armer, si ce nombre était nécessaire, un million d'hommes sans les enlever au travail et sans nuire à la richesse publique ;

De compléter en peu de temps l'ensemble de ses voies de communication, — routes, — canalisation des rivières, — canaux, — chemins de fer ;

De mettre dans le meilleur état toutes celles de ses places fortifiées dont sa politique, après un mûr examen, exigerait la conservation ;

D'améliorer ses ports, d'en creuser de nouveaux s'ils étaient nécessaires ;

De multiplier le nombre de ses ponts ;

De renouveler tout son casernement d'après le plan que vous avez conçu ;

De construire en peu de temps les bâtiments réclamés par la réforme de son régime pénitentiaire ;

D'opérer ceux des défrichements et des desséchements d'une étendue trop grande pour que l'industrie réduite à ses seules forces les veuille entreprendre ;

De changer rapidement toute la face du pays ;

De résoudre au moins en partie un grand problème, celui de l'organisation du travail ;

Enfin, de réduire considérablement les dépenses que lui impose l'occupation de ses possessions en Afrique.

Il me tarde de vous exposer les moyens d'application du système que j'ai conçu ; mais avant de le faire, quelques observations sur l'institution des armées permanentes, sur les sommes considérables que coûte à la France l'entretien de ses armées de terre, enfin sur les tentatives vaines jusqu'à ce jour qui ont été faites pour en alléger le poids, me paraissent nécessaires.

Ces observations seront l'objet de ma seconde lettre ; la troisième et dernière sera consacrée à l'examen du mode actuel de recrutement, au développement et à la rédaction de ma proposition.

II

L'institution des armées permanentes date de l'an 1444 ; elle eut pour origine un traité d'alliance conclu avec les cantons suisses par le dauphin de France, fils de Charles VII.

La formation des *légions* date de l'an 1534, règne de François Ier, celle des *régiments,* de l'an 1558, règne de Charles IX.

L'organisation de l'infanterie en *bataillons* et de la cavalerie en *escadrons* date de l'an 1635. Elle appartient au règne de Louis XIII.

La formation d'un corps d'état-major date du règne de Louis XIV : alors seulement les bataillons, les escadrons, les compagnies, se composèrent d'un nombre d'hommes déterminé. Ce fut sous le ministère de Louvois que fut reconnue la nécessité de pourvoir d'une manière régulière au recrutement de l'armée. En 1688 s'opéra la première levée des milices perpétuelles ; la seconde et la troisième eurent lieu en 1701 et 1719, sous les ministères de Chamillart et de Leblanc. Mais alors ces milices n'étaient point encore enrégimentées. Elles ne servaient qu'à recruter les troupes réglées.

Avant 1635, les régiments ne se composaient que de nombreuses *compagnies* ou bandes de 500 à 2,000 hommes,

Sous le règne de Louis XIV, le recrutement des troupes de ligne avait lieu par *enrôlement forcé* ou *volontaire.* Les bataillons se recrutaient dans chaque province par la voie du tirage au sort et en proportion de la population. La durée du service, d'abord fixée à 6 ans, fut ensuite portée à 8 ans.

La formation d'un *corps royal du génie* date seulement de l'année 1758.

En 1589, à l'avénement de Henri IV au trône, les forces militaires de la France ne s'élevaient pas au-delà de 8,100 hommes.

Ainsi s'est développée successivement en Europe l'institution des armées permanentes.

On pourrait dire qu'elle s'est développée jusqu'à l'abus, car la progression de la dépense a toujours été en raison de l'accroissement de l'effectif. Nulle part la double nécessité de ménager le crédit public et de protéger l'indépendance nationale n'a fait naître encore aucun perfectionnement. Par ce temps de progrès, rien n'a été imaginé qui fît que la paix ne fût presque pas aussi dispendieuse que la guerre.

La *paix armée,* ainsi qu'a été appelé l'état actuel de l'Europe, est une aggravation du système des armées permanentes.

Et encore, de tous les sujets de reproches adressés par l'économie sociale à l'exagération du principe des armées permanentes, le plus grave n'est pas celui de coûter à tous les Etats modernes des sommes exorbitantes et disproportionnées avec leurs revenus ; il en est d'autres dont on peut dire qu'ils sont un monument de l'état de barbarie dans lequel est resté jusqu'à ce jour l'art de gouverner les peuples, une protestation contre l'incomplète civilisation dont notre siècle s'enorgueillit.

La puissance relative des nations ne s'accroît pas en

raison des sacrifices qu'elles s'imposent pour élever à l'envi les unes des autres le chiffre de leurs armées respectives. Un tel système, non, une telle erreur, n'aboutit qu'à les charger d'un poids qui les écrase. Préférer une communauté de sacrifices à une mutualité d'intérêts, c'est de la part des gouvernements un acte qui ne saurait se justifier par aucune raison politique.

Lorsqu'un pays comme la France, par exemple, se vante d'avoir en temps de paix trois cent mille hommes sous les armes, qui lui coûtent annuellement plus de deux cents millions, que fait-elle? Est-elle plus forte, plus prépondérante, plus respectable, plus respectée, plus assurée contre l'éventualité de la guerre, que si son effectif n'était que de cent cinquante mille hommes, et sa dépense de cent millions seulement? Non, l'unique conséquence d'un tel effectif est d'obliger les nations qui sont ses rivales à lui en opposer un proportionnellement égal. La question maintenant n'est donc plus de savoir quel État comparativement possède l'armée la plus considérable, mais lequel a le crédit le plus solidement constitué, le plus capable de soutenir le plus longtemps le poids d'une telle charge sans atteinte trop sensible à sa prospérité.

Telle est ma conviction sur ce point, que si j'avais à raisonner dans l'hypothèse d'une guerre lointaine et peu probable, que je fusse responsable des destinées de mon pays, de son indépendance et de sa gloire, et que j'eusse à choisir entre deux systèmes, l'un qui consisterait à maintenir un pied de paix ruineux; l'autre, à le réduire de moitié au moins, en appliquant l'importante économie qui résulterait de cette réduction, d'abord au plus grand perfectionnement du matériel militaire, ensuite à la juste augmentation de la solde des officiers, enfin au dégrèvement de l'impôt foncier, je n'hésiterais pas un instant..... Seulement, dans ce cas, je voudrais que, selon votre excellent précepte, le perfectionnement de l'instruction des soldats compensât la réduction du nombre.

De nos jours, l'Angleterre a prouvé que le principal élément de la prépondérance politique des peuples n'était plus la force militaire, mais la richesse publique résultant d'un bon système de crédit financier.

Assurément le désarmement européen serait une grande mesure que réclame impérieusement l'intérêt de tous les gouvernements, celui de la civilisation, celui de l'ordre et de la paix, celui même de la conservation du principe monarchique. Nul doute qu'une si grande, si utile, si urgente mesure ne fût accomplie déjà, si chacun de ces gouvernements avait pensé qu'il pût sans imprudence agir isolément, et qu'il n'était pas nécessaire que le désarmement fût le résultat d'une convention générale.

Pourquoi la France ne prendrait-elle pas l'initiative d'une telle mesure? Pourquoi n'aurait-elle pas la gloire d'apprendre au monde qu'en temps de paix une nation de premier ordre n'a pas besoin de l'assentiment de ses rivales pour réduire à de plus justes proportions son effectif militaire ; qu'aussitôt qu'elle donne l'exemple du désarmement, elle impose par ce seul fait aux autres gouvernements, dans leur propre intérêt, l'obligation de l'imiter ? car tous les peuples, sans exception, se composent de contribuables. Enfin, pourquoi la France, qu'on soupçonne injustement d'aimer le désordre et l'instabilité, ne proclamerait-elle pas la première cette vérité civilisatrice, à savoir : qu'en temps de paix, les armées trop considérables ont pour unique effet d'énerver les nations et d'affaiblir leurs gouvernements?

Cela fait, ne serait-il donc pas possible que, dans un esprit de conservation, les gouvernements, au moins ceux qui sont unis par la communauté d'intérêts, s'entendissent un jour pour convenir que désormais leurs armées respectives auront toutes une base commune, celle, par exemple, d'un chiffre proportionnel à la population de leurs territoires?

Il est un point sur lequel, de nos jours, tous les hommes d'Etat sont d'accord : c'est que l'art de gouverner les peuples est devenu partout infiniment plus difficile : là, chez tel peuple, depuis que l'invasion ou le commerce ont fait pénétrer un nouvel esprit et contracter de nouveaux besoins; ici, chez tel autre, depuis que les lumières se sont plus généralement répandues, que la presse périodique traite de pair avec le pouvoir responsable, que la concurrence règne arbitrairement, que le travail opère incessamment des révolutions dans ses moyens d'exécution et dans les relations commerciales d'Etat à Etat. Dans toute l'Europe, depuis vingt années, la durée de la vie moyenne s'est sensiblement accrue; partout le chiffre des populations s'élève dans une progression soutenue; partout les guerres tendent à devenir plus difficiles et les fléaux plus rares; partout les causes de la mortalité s'affaiblissent, mais nulle part l'abondance des moyens de subsistance ne s'accroît assez rapidement; partout le prix des objets de luxe tend

à s'avilir, nulle part celui des denrées de première nécessité ne s'abaisse ; d'où il suit que partout se propage
le goût contagieux d'un luxe prématuré, et que partout
devient plus incurable et plus hideuse la plaie de la
misère.

La misère a changé de face ; elle n'est déjà plus généralement l'état grossier d'une population supersti-
tieuse et rustique, ne ressentant presque aucun besoin ; elle est l'extrémité terrible d'une multitude
incrédule et corrompue supportant impatiemment des
privations nombreuses.

Partout maintenant l'avantage de conserver la paix
n'est donc plus qu'une question secondaire qui vient
après la nécessité de maintenir l'ordre. Les gouvernements modernes s'estimeraient fort heureux s'ils n'a-
vaient chacun d'autres ennemis à craindre que ceux de
l'extérieur ; ce qui les préoccupe et les inquiète bien
autrement que l'ambition de leurs rivaux, est la difficulté de satisfaire les besoins et de contenir les prétentions plus ou moins fondées de leurs sujets.

Si tous les gouvernements savaient exactement
avec quelle somme d'embarras inextricables chacun
d'eux est aux prises, nul doute que cette connaissance mutuelle ne leur donnât une commune confiance
dont le premier acte serait la réforme radicale et générale d'un abus qui aggrave leurs difficultés intérieures.

L'excès de la dépense, ai-je déjà dit, est le moindre
des reproches que fait l'économie sociale à l'exagération du principe des armées permanentes ; ceux
plus graves qu'elle lui adresse en ce qui concerne la
France sont :

15.

De ne pas se borner à prélever un impôt exorbitant sur le travail, mais encore de lui enlever des bras d'autant plus précieux que la loi de recrutement donne le droit de les choisir ;

De dépeupler plus particulièrement les campagnes, et conséquemment de nuire à la culture du sol qui ne saurait être trop encouragée, attendu que, pour rejoindre l'industrie qui l'a devancée, elle a besoin de faire de prodigieux efforts ;

D'arracher violemment tous les ans à leurs familles et à leurs travaux quarante mille hommes laborieux, choisis parmi les plus robustes et les mieux constitués, pour les rompre péniblement à l'habitude du désœuvrement, les envoyer se corrompre l'esprit et le corps dans les faubourgs infects des villes de garnison, et les rendre ensuite à leur première profession et à leur commune, généralement déshabitués du travail, énervés, dépravés, le plus souvent atteints d'un vice incorrigible, l'habitude de la débauche, et d'un virus héréditaire plus funeste au principe de la reproduction que s'il les frappait entièrement de stérilité ;

Enfin d'étioler et de démoraliser la population.

L'état exagéré des armées permanentes exige donc impérieusement une réforme. En France , divers moyens ont été tentés dans ce but, mais toujours sans succès, ce qui pourtant n'équivaut pas à dire qu'il n'en fût absolument aucun autre que celui que je me suis réservé de proposer.

Bien que, depuis l'avénement des formes représentatives, nos hommes politiques se succèdent rapidement aux affaires, il ne s'est pas encore trouvé dans le nombre un seul homme d'État qui comprît qu'il était tel système politique dont l'adoption permettrait à la France de réduire de moitié les dépenses de ses armées de terre, tel autre au contraire dont la continuation a pour inévitable conséquence une augmentation d'effectif toujours croissante ; que ce qui importe avant tout à la politique d'un grand peuple, c'est de bien connaître quels sont ses amis sûrs, ses rivaux dangereux, ses ennemis impuissants ; c'est de ne contracter d'alliances que celles qui portent avec elles la garantie d'intérêts communs. Il est tel traité de commerce avantageux à deux nations dont la conclusion pourrait avoir pour conséquence de permettre à chacune d'elles de désarmer cinquante mille hommes. Mais la diplomatie moderne ne se doute pas de l'importance de sa mission. Veut-on s'en convaincre, qu'on regarde généralement à quels négociateurs la paix et la prospérité du monde sont confiées. L'éclat de leur nom, la splendeur de leur fortune, l'illustration d'anciens services les font généralement choisir, mais on ne leur demande pas des études approfondies, des qualités reconnues, des idées arrêtées, enfin une aptitude éminente.

Voilà ce qui explique pourquoi vingt-trois ans de paix ont porté si peu de fruits. La force des choses a fait durer la paix en Europe, mais aucun système ne l'a consolidée.

C'est là ce que vous avez parfaitement démontré dans un de vos écrits (1), où vous avez établi que la

(1) *Sur le remboursement des rentes,* par le lieutenant-général comte de Girardin.

suprématie européenne, dont l'Angleterre s'est emparée de fait, reviendrait à la France, à qui elle appartient de droit, le jour où, mieux éclairée sur ses véritables intérêts, elle saurait leur faire le sacrifice de sympathies passagères, entretenues par un journalisme ignorant ou soldé (1) ; le jour où elle se dé-

(1) Qu'il me soit permis de rappeler ici en quels termes je me suis déjà exprimé à cet égard dans la *Presse* du 19 février 1837 :

« Le système d'alliances dans lequel il nous tarde de voir enfin s'engager la France d'un pas ferme et sans hésitations, doit rencontrer nécessairement pour opposants tous les esprits superficiels, nourris depuis vingt années de tous les lieux communs qui ont été dits contre la sainte alliance. Il y a longtemps que le journalisme en France n'a d'autre régulateur que la presse britannique ; comment en serait-il autrement ?... Presque toutes ses informations lui parviennent par cette voie. Les journaux quotidiens n'ont, à Londres, que des rédacteurs infiniment médiocres ; mais par contre, ils ont dans toutes les grandes villes de l'Europe des correspondants bien placés, qu'ils payent fort chèrement. C'est le contraire à Paris ; les journaux français n'accordent qu'une importance fort secondaire aux nouvelles et aux informations de l'étranger ; ce qu'ils considèrent comme étant le principal, ce sont les dissertations que chaque matin ils brochent sur toutes les questions à l'ordre du jour, sans en approfondir jamais aucune ; d'où il suit qu'ils ne peuvent avoir sur les événements et les faits extérieurs que l'opinion qu'ils empruntent à la presse étrangère, et particulièrement à la presse britannique. De ces deux façons différentes d'entendre le journalisme en France et en Angleterre, il résulte un fait éminemment grave : c'est que la presse française, pour toute la partie relative à nos relations extérieures, n'est qu'une traduction servile et antinationale de la presse britannique. De là beaucoup d'opinions fausses et de préjugés graves qu'il sera difficile de détruire, parce que voilà plus de vingt années qu'ils creusent leur ornière. La presse française, en 1814, n'a donc conquis sa liberté que pour se traîner à la suite de la presse britannique, sans s'informer et sans voir où celle-ci la conduisait « *perfidement*, » pour nous servir de l'ancienne expression consacrée toutes les fois qu'il était question de la politique anglaise. »

ciderait enfin à choisir de préférence pour alliées les nations auxquelles l'ordre et la paix sont nécessaires, au lieu de s'unir à un peuple qui ne peut subsister et prospérer que par les révolutions qu'il s'efforce de susciter à ses ennemis et qu'il entretient chez ses alliés.

La politique essentiellement subversive de la Grande-Bretagne n'est plus un mystère diplomatique, les faits et les événements l'ont assez pleinement révélé.

L'alliée naturelle de la France est sans contredit la Russie ;

Entre ces deux pays l'obstacle d'une rivalité commerciale n'existe pas encore ;

L'industrie de la France, qui est en arrière sur celle de l'Angleterre, est en avance sur celle de la Russie ;

La Russie est intéressée à la consolidation du gouvernement qui a su maintenir en France, depuis 1830, l'ordre et la paix ; tandis qu'au contraire la Grande Bretagne n'aurait qu'à gagner à l'anarchie, qui serait la conséquence d'un nouveau renversement. L'Angleterre n'a-t-elle pas toujours su habilement tirer parti de nos discordes civiles pour étendre l'influence de son mercantilisme ?

La première conséquence d'une alliance sincère entre la France et la Russie serait le bienfait d'un désarmement général. L'accord de ces deux puissances consoliderait systématiquement la paix du monde. C'est vainement que l'Angleterre et l'Autriche tenteraient de s'unir pour la troubler. L'Autriche est condamnée à l'immobilité, et l'Angleterre le serait à l'impuissance.

La France, infidèle à la grande pensée continentale de Napoléon, s'est formé sur ses alliances une opinion aveugle et contraire à ses propres intérêts ; elle s'est empressée de faire cause commune avec son ennemi vainqueur à Waterloo, quittant ainsi les traces de l'aigle pour se traîner sur celles du léopard.

Ce que Napoléon avait si bien compris en 1800, avant la mort de Paul Ier, lorsqu'il faisait attacher et flotter ensemble à Florence le drapeau français et le drapeau russe ; ce qu'il eut plus tard le tort de vouloir fonder par la guerre, un cabinet éclairé le pourrait maintenant facilement établir par la paix. Le système continental, qui échoua par la force et la violence, réussirait infailliblement par la raison et la persévérance. Le résultat de son adoption serait l'avénement d'une politique nouvelle qui rendrait simples et sincères tous les rapports politiques et commerciaux des deux mondes avec la France, et, sans rompre aucun lien utile, dénouerait beaucoup de difficultés politiques, industrielles et commerciales qui paraissent inextricables et rendent son avenir précaire.

Forte d'alliances nombreuses et puissantes, ayant :

Pour base la communauté d'intérêts identiques ;

Pour lien la solidarité du principe monarchique ;

Pour but le maintien de l'ordre et de la paix.

Alors la France n'aurait plus besoin d'armées considérables et coûteuses ; alors toute l'activité de son esprit, toutes les ressources de son crédit, pourraient presque exclusivement s'employer à réaliser les nombreuses améliorations que son état administratif, agricole, industriel et commercial laisse encore à désirer, et qui jusqu'à ce jour ont rencontré pour principaux obstacles le défaut de sécurité politique et la routine des budgets.

L'entretien de son armée en temps de paix a coûté à la France, depuis 1830 seulement, plus de deux milliards (1). 241,420,970 francs, telle est la somme pour laquelle le département de la guerre est compris dans celle de 1,178,690,702 francs, à laquelle s'élève le budget des dépenses pour l'année 1859.

Ainsi donc, le département de la guerre absorbe à lui seul à peu près autant d'argent que les sept autres départements ministériels ensemble. Cependant, l'effectif disponible de l'armée ne dépasse pas 200,000 hommes, et le traitement des officiers, loin de pouvoir supporter aucune réduction, réclame au contraire une augmentation.

L'organisation sur le papier d'une prétendue *armée de réserve* composée de recrues renvoyés eu congé et de conscrits laissés dans leurs foyers; — la création d'une garde nationale mobile — (deux projets qui en réalité n'en font qu'un seul, puisque l'un et l'autre consistent uniquement à donner le nom de soldats et à considérer comme tels des hommes dépourvus de l'instruction militaire, dont ne saurait tenir lieu le plus ardent courage); — l'établissement d'un pied de paix plus ou moins désorganisateur du pied de guerre, et

---

(1) Il ne faut pas oublier que ce travail remonte à l'année 1838. Depuis cette époque la dépense de l'armée, loin de s'affaiblir, n'a fait que s'accroître dans une proportion telle qu'aujourd'hui cette dépense pour la période comprise entre 1830 et 1848 dépasse six milliards et demi.

se résumant à congédier les soldats pour économiser leur paie et à s'encombrer d'officiers et sous-officiers privés à la fois de commandement et d'avancement ; — enfin quelques tentatives d'application des troupes au percement de routes stratégiques dans les départements de l'ouest, tel est exactement tout ce qui a été imaginé et pratiqué dans le but de réduire la dépense des armées de terre de la France.

La question de savoir s'il était possible en temps de paix d'utiliser l'armée en l'employant à l'exécution de grands travaux publics, avait été mise à l'ordre du jour par la presse périodique, qui n'avait pas hésité à la trancher affirmativement.

Cette question avait acquis d'autant plus d'importance, que depuis 1830 les forces militaires de la France avaient dû prendre infiniment plus de développement.

Les chambres législatives ayant voté en 1833 une somme de douze millions pour l'établissement de trois cent deux lieues de routes stratégiques dans plusieurs départements de l'ouest, il fut d'abord entendu que l'administration profiterait de l'agglomération des troupes dans ces contrées pour faire des expériences qui ont été commencées et poursuivies pendant les campagnes de 1835 et 1836.

Les divers états de travaux que la direction des ponts et chaussées a distribués aux chambres législatives ont fait connaître les résultats suivants : — sur les quatre tentatives exécutées dans la première campagne, en 1835, trois ont donné lieu à des dépenses supérieures de 13, 15 et 30 p. 0/0 à ce qu'elles eussent été avec des ouvriers civils ; une seule a produit une légère économie de 5 p. 0/0 ; sur les cinq tentatives de la campagne de 1836, trois ont présenté une augmentation de dépenses de 10 et 25 p. 0/0 ; une autre des prix à peu près semblables ; la cinquième, une économie d'un peu plus de 1 p. 0/0 ; mais ce bénéfice n'a jamais été qu'apparent, car il était plus que compensé par les frais de campement, de vêtement et de nourriture laissés à la charge du département de la guerre, attendu qu'il les eût toujours payés, que les troupes eussent été employées ou non à ces travaux.

Ainsi donc, d'après les expériences faites, il n'y aurait d'avantages à employer l'armée que dans un seul cas, celui où il s'agirait de travaux urgents, pour l'exécution desquels il serait impossible de réunir un assez grand nombre de bras sans faire augmenter considérablement les salaires.

A la vérité on a protesté contre l'insuccès. Pour le justifier on a dit qu'il avait eu pour causes, d'abord le règlement portant que les troupes ne pourraient être détachées des corps que par bataillons ou tout au moins par compagnies avec leur personnel complet d'officiers : ensuite on a prétendu que les soldats ne devaient pas être rétribués doublement comme militaires et comme ouvriers civils ; que si le soldat continuait à recevoir sa solde, il était juste de la défalquer du salaire qui lui était alloué pour son travail ; enfin on s'est élevé contre l'exagération des frais de direction et de surveillance qui, dans la campagne de 1836, ont dépassé 42,000 fr. sur une masse de travaux montant à une somme totale de 216,609 fr.

En ce qui est relatif à la première des trois causes

qui viennent d'être rapportées, il me paraît qu'il eût
été effectivement impossible de permettre que des bataillons ou des compagnies fussent soustraits à l'autorité et à la surveillance de leurs officiers ; car l'eût-on
fait, on n'aurait réussi qu'à désorganiser l'armée sans
organiser le travail.

Je pense donc que s'il est vrai que les soldats ne
peuvent être employés avantageusement à des travaux
publics qu'en les détachant du personnel des officiers
et qu'à la condition de les choisir, ainsi que l'a demandé
l'administration du chemin de fer de Saint-Germain,
l'autorité militaire a eu raison dans la résistance qu'elle
a opposée aux prétentions d'entrepreneurs et d'ingénieurs qui, en résumé, semblent ne voir dans le travail du soldat que le moyen d'en tirer un bénéfice
analogue à celui qui s'obtient du travail des détenus,
par un système de rabais que condamnent sévèrement
et l'humanité et la science économique.

Ce qui confirme l'exactitude de l'induction qui précède, ce sont les prétentions de ces mêmes entrepreneurs et ingénieurs qui, en même temps qu'ils voudraient réduire l'énormité des frais résultant de la direction et de la surveillance exercée par le contrôle des
officiers, désireraient s'attribuer le bénéfice résultant
de l'économie de la paye du soldat travailleur.

Ces entrepreneurs et ingénieurs, formés à l'école de
Saint-Simon, voudraient que l'État leur concédât les
trois points suivants :

Droit de choisir parmi les soldats ;

Droit d'écarter les officiers ;

Droit de prélever sur le salaire de l'*ouvrier* la paye du *soldat*.

Alors pour eux, « *la question de savoir si l'on peut utiliser l'armée en temps de paix, en l'employant à de grands travaux publics*, » serait pleinement résolue.

Mais est-ce ainsi que la question doit être posée ? Réduite à ces termes, je vois bien le bénéfice que ferait l'entrepreneur, mais non l'économie que retirerait l'État. Si c'est ainsi que le saint-simonisme, lorsqu'il exaltait les travaux miraculeux dont l'exécution pourrait et devrait être confiée aux armées désœuvrées, entendait la solution du problème, cela n'attestait pas de sa part une grande puissance d'imagination et de réalisation ; et s'il ne devait pas y avoir une autre solution, en vérité le soin de la chercher ne serait pas digne d'un esprit sérieux.

Ma troisième et dernière lettre vous soumettra le projet que j'ai conçu ; l'intérêt général est le seul but qu'il se soit proposé, et ce but le voici :

Concilier les doubles exigences d'une guerre possible et d'une paix durable ;

Améliorer l'institution des armées permanentes, qui n'est plus en harmonie avec l'état politique de l'Europe, la tendance industrielle du siècle, le progrès général de la science économique et le développement universel de la puissance financière, qui régit les gouvernements modernes ; .

Réduire considérablement la dépense des armées de terre ;

Organiser le travail sans désorganiser l'armée.

Ce dernier point n'est pas le moins important, car dans

tous les pays où la fortune a cessé de se transmettre par voie de substitution, le travail est devenu une loi universelle, absolue, régénératrice, qui n'admet plus ni royauté fainéante, ni aristocratie oisive, ni soldatesque désœuvrée ;

Élever au travail des statues dans nos villes ;

Le mettre en honneur dans nos lois ;

L'ériger en rédemption dans notre pénalité ;

Le consacrer en principe dans nos armées ;

Telle est la base fondamentale de la politique pacifique et nouvelle, dont j'étudie les ressources puissantes et dont je souhaite ardemment que la France sache prendre la glorieuse initiative.

III

Si de toutes les dépenses portées en France au budget de l'État, la plus considérable est l'entretien de l'armée, de tous les impôts aussi le moins également réparti et le plus généralement redouté est celui du recrutement, dont voici l'historique en peu de mots :

1814. — La conscription est abolie par la charte.

1814 à 1818. — L'enrôlement volontaire est le seul mode en vigueur. |

1818. — Une loi, celle du 10 mars, fixe la durée du service militaire à six années et statue que l'armée se recrutera d'abord par engagements volontaires, et subsidiairement, en cas d'insuffisance, par appels.

1824. — Une nouvelle loi, celle du 9 juin, porte de six à huit années la durée du service militaire actif, et de quarante à soixante mille hommes le contingent annuel.

1830. — La nouvelle charte déclare qu'à l'avenir le contingent de l'armée sera voté chaque année par les chambres législatives.

1832. — Toute la législation antérieure relative au recrutement de l'armée est abrogée par la loi du 21 mars.

Le recrutement ne diffère plus alors de la conscription que par le nom.

D'après les termes de la loi du 10 mars 1818, l'armée se recrutait :

D'abord par des enrôlements volontaires ;

Ensuite, en cas d'insuffisance, par des appels ;

D'après ceux de la loi du 21 mars 1832, l'armée se recrute maintenant :

D'abord par des appels ;

Ensuite par des enrôlements volontaires.

Ainsi le mode subsidiaire de la loi de 1818 est devenu la base fondamentale de la loi de 1832, dont je crois nécessaire de rapporter ici les principales dispositions.

Aux termes de cette loi,

L'armée se compose, dans les proportions qui résultent des lois annuelles de finances et du contingent :

1° De l'effectif entretenu sous les drapeaux ;

2° Des hommes qui sont laissés ou envoyés en congé dans leurs foyers.

La répartition entre les départements du nombre d'hommes à fournir annuellement est réglée par un tableau annexé à la loi ;

Un tirage au sort a lieu chaque année dans tous les cantons entre les jeunes Français qui ont atteint l'âge de vingt ans révolus dans l'année précédente ;

Les premiers numéros sont attribués de droit aux jeunes gens qui auraient essayé de se soustraire frauduleusement à l'obligation du tirage ;

Chacun des jeunes gens appelés dans l'ordre du tableau prend dans l'urne un numéro, qui est immédiatement proclamé et inscrit ;

Une liste par ordre de numéros est dressée au fur et à mesure du tirage, les cas et motifs d'exemption y sont mentionnés ;

Sont exemptés et remplacés dans l'ordre des numéros subséquents, les jeunes gens désignés par le sort pour faire partie du contingent, mais placés dans certains cas prévus, au nombre desquels se trouve le premier énoncé, celui de n'avoir pas la taille d'un mètre cinquante-six centimètres ;

Les opérations du recrutement sont revues, les réclamations auxquelles elles ont pu donner lieu sont entendues, les causes d'exemption et de déduction sont ensuite jugées en séance publique par un conseil de révision ;

Les jeunes gens compris définitivement dans le contingent cantonal peuvent se faire remplacer à des conditions déterminées ;

Les jeunes gens définitivement appelés ou ceux qui ont été admis à les remplacer sont immédiatement répartis entre les corps de l'armée et inscrits sur les registres matricules des corps pour lesquels ils ont été désignés ; ils sont ensuite divisés, d'après l'ordre de leurs numéros et les proportions déterminées par les lois annuelles du contingent, en deux classes, composées : la première, de ceux qui devront être mis en activité ; et la seconde, de ceux qui seront laissés dans leurs foyers ;

La durée du service des jeunes soldats appelés est de sept années ;

Lorsqu'il y a lieu d'accorder des congés illimités, ils sont délivrés dans chaque corps aux militaires les plus anciens du service effectif, de préférence à ceux qui les demanderaient ;

Les hommes laissés ou envoyés en congé peuvent être soumis à des revues et à des exercices périodiques ;

Tout Français est reçu à contracter, dès l'âge de dix-huit ans pour l'armée de mer, et de seize ans pour l'armée de terre, un engagement volontaire à des conditions déterminées ;

La durée de l'engagement volontaire est de sept ans ;

L'état sommaire des engagements volontaires de l'année précédente doit être communiqué aux chambres lors de la présentation de la loi du contingent annuel ;

Les réengagements ont un minimum et un maximum de durée, le premier fixé à deux et le second à cinq ans ;

Les réengagements donnent lieu à une haute paye ;

Autant que le permet le service militaire des corps, l'instruction prescrite par les écoles primaires doit être donnée aux jeunes soldats qui en sont dépourvus.

Telles sont les principales dispositions de la loi du 21 mars 1832, lesquelles se résument à faire du service militaire une obligation civile dont le sort décide et dont l'argent rachète.

Il me serait facile de prouver que cette loi, qui consacre le principe de l'égalité dans une de ses dispositions, la viole dans une autre ; qu'elle contredit hautement l'esprit de nos institutions ; qu'elle pèse exclusivement sur ceux qui n'ont d'autre fortune que le travail de leurs bras ; qu'elle jette malencontreusement la perturbation dans toutes les professions, et porte atteinte à la liberté des vocations. Mais si des critiques tranchantes et stériles, quelque fondées qu'elles pussent être d'ailleurs, avaient dû être le principal objet de ces lettres, ce n'est pas à vous que je me fusse permis de les adresser ; je sais que votre esprit profondément améliorateur fait de ces gens impitoyables autant qu'impuissants, sans compétence, sans imagination et sans autorité, qui dénigrent tout sans jamais proposer rien, le peu de cas qu'ils valent. Exposer avec impartialité ce qui est, proposer avec bonne foi ce qu'on croit mieux, donner avec clarté les moyens de transition et d'exécution, telle est votre règle, et j'en ai fait la mienne.

La loi du recrutement du 10 mars 1818 me paraît de beaucoup préférable, sauf le chiffre du contingent qu'elle fixait, à celle du 21 mars 1832, en ce que l'enrôlement volontaire était le principe fondamental de la première de ces lois, et qu'il n'est plus dans la dernière qu'une insignifiante faculté.

Je sais quels arguments ont prévalu en faveur de ce changement. On a prétendu que l'expérience avait démontré l'insuffisance des engagements volontaires pour l'entretien régulier de l'effectif de l'armée ; je ne conteste pas l'exactitude de l'allégation, mais que prouverait elle-même la vérité matérielle du fait ?..... L'expérience est un mot de la majesté duquel on abuse fréquemment. L'expérience n'est pas un tribunal sans appel, il le prouve chaque jour par ses arrêts contradictoires ; il peut condamner souverainement un mode d'exécution vicieux, mais non un principe juste.

Lorsque le législateur a substitué le régime des appels à celui des engagements volontaires, lorsqu'il a proclamé ce dernier mode insuffisant et impuissant, préalablement avait-il bien profondément réfléchi sur la question de savoir si ce mode était en effet tout ce qu'il devait être, et s'il n'existait aucun autre moyen de le rendre plus efficace ? J'ai, pour douter qu'on ait ainsi procédé, la raison tirée de principes vrais, d'améliorations utiles, d'innovations ingénieuses qui ont heureusement survécu à des condamnations inconsidérées et sévères rendues au nom de l'expérience, cet oracle muet à qui l'ignorance prête trop communément son langage.

C'est après avoir attentivement observé quelle était l'affluence des jeunes gens qui se pressaient pour arriver aux emplois les plus pénibles et les moins rétribués du service des douanes, des contributions directes et indirectes et des postes ; c'est après m'être assuré qu'on décuplerait le nombre des places de gendarmes, de sergents de ville, de gardes forestiers et champêtres, de facteurs ruraux, d'employés des octrois, etc., que cela ne suffirait pas encore pour satisfaire toutes les demandes, que j'ai réfléchi et que je me suis convaincu qu'il ne serait pas impossible de trouver un mode de recrutement volontaire qui permettrait sinon de détruire le régime des appels, au moins de le faire redescendre au rang secondaire qu'il occupait dans la loi de 1818.

La composition d'une armée est à son mode de recrutement ce que le fruit est à l'arbre qui le porte ; lorsque les fruits qu'on recueille ne sont pas ceux qu'on désire, on greffe une autre tige. C'est cet exemple que j'ai suivi.

Un demi-million de Français est soumis à l'obligation du service militaire. Lorsqu'on compare la vie pénible de labeurs et de privations que mènent les jeunes conscrits qu'il faut arracher violemment à leurs champs, avec l'existence — proportion gardée — de loisirs et de bien-être qui les attend dans les casernes, on s'étonne d'une aversion si générale et si profonde pour l'état militaire ; elle ne s'explique que parce qu'il a cessé d'être libre ; qu'il est une contrainte sans être une carrière ; qu'il interrompt l'exercice d'une profession sans la remplacer ; qu'il ne tient aucun compte des services qu'il exige et des sept années qu'il enlève au jeune homme à l'époque de la vie où il est dans sa plus grande vigueur, où se décide tout son avenir, où son travail et ses épargnes porteraient les meilleurs fruits.

Un exemple rendra ma pensée plus facile à saisir :

Deux jeunes gens, âgés de vingt ans, sains de corps et ayant la taille prescrite, appartenant au même canton et à la même profession, n'ayant ni l'un ni l'autre le moyen de se faire remplacer, viennent de tirer au sort, pour me servir de l'expression consacrée : l'un est tombé ; l'autre, plus favorisé, reste libre de continuer l'exercice de sa profession.

Plusieurs années se sont écoulées :

Le dernier des deux s'est perfectionné dans la pratique de son art ; il a su faire des épargnes qui lui ont permis de contracter un mariage plus ou moins avantageux : pendant ce temps, au contraire, le second n'a rien pu amasser : obligé à son retour de recommencer un second apprentissage, comment pourra-t-il lutter contre un concurrent qui a sur lui l'avantage d'une clientèle faite, d'un crédit établi ?

La difficulté de répondre à cette question est la meilleure démonstration de l'atteinte grave portée au principe de la concurrence par le régime des appels ; elle met à découvert le désordre resté inaperçu que ce mode de recrutement jette dans toute notre organisation sociale ; elle explique la résistance qu'opposent au service militaire les classes pauvres.

Lorsque l'on pense que si leurs portes restaient ouvertes, nos hôpitaux et nos prisons seraient combles et nos casernes vides ; lorsque d'une part on voit des malheureux se faire condamner à l'emprisonnement afin d'abriter leurs têtes et d'assouvir leur faim ; lorsqu'on suppute le nombre des mendiants que repoussent les hospices et que, d'autre part, on sait qu'il existe des jeunes gens qui se mutilent cruellement, d'autres qui simulent d'horribles infirmités afin de se soustraire aux effets de la loi du recrutement, on ne peut s'empêcher de s'arrêter à ce grave sujet de méditation, on ne peut s'empêcher de reconnaître que la société ne repose pas encore sur ses véritables bases, que l'ordre n'y règne que faiblement, et qu'en même temps que la Providence nous protége, le hasard et l'ignorance nous gouvernent.

De grands monarques et de grands ministres ont tenu dans leurs mains les destinées de la France, de grands écrivains ont traité les plus hautes questions de l'économie sociale, et cependant il semble que jamais aucune grande pensée n'ait dominé nos institutions, nos lois, nos mœurs, nos établissements. J'aperçois des anneaux épars qui se rouillent, se heurtent, s'entassent, s'égarent, se tordent, se brisent ; mais je ne vois pas la chaîne qu'ils devraient former, et je prévois que si jamais une main vigoureuse entreprend de river et de souder ensemble tous ces anneaux, le plus grand nombre sera jeté au rebut ou succombera dans l'épreuve qu'il devra subir, car la force de traction réside moins dans l'excès de pesanteur que dans l'égalité de porportions.

Si jamais un homme d'État, doué d'un vaste génie, parvient à faire prévaloir en France l'esprit de déductions rigoureuses, s'il parvient jamais à contenir l'ensemble dans l'unité, à fonder enfin l'ordre moral, qui est à l'ordre matériel ce que la profondeur et l'étendue sont à la superficie, ce que la prévoyance politique est à la répression judiciaire ; il faudra opter alors entre le principe de l'égalité démocratique et le privilége du remplacement militaire (1), entre la liberté des professions et l'obligation d'être soldat ; il faudra admettre ou rejeter en son entier le principe de la concurrence, réformer l'état général de la société ou le mode actuel de recrutement, car ce sont autant de contresens et d'antinomies ; or, ce qui aide surtout à distinguer l'erreur de la vérité, c'est que l'une est souple, et l'autre inflexible.

On peut dire de la loi de recrutement de 1832 qu'elle ne voit ni plus haut ni plus loin qu'elle ; elle n'est pas moins aveugle que le sort qu'elle a choisi

______

(1) En Prusse, la fortune ne dispense personne de l'état militaire ; la loi est égale pour tout le monde ; seulement, quand la carrière des armes n'est pas celle que l'on se propose de suivre, on n'est tenu qu'à une seule année de service effectif, mais à la condition, dans ce cas, de supporter tous les frais de son équipement.

pour auxiliaire ; les perturbations sociales qu'elle cause et l'action fâcheuse qu'elle exerce sur les lois en vertu desquelles les générations se reproduisent l'inquiètent peu. Les incorporations ont lieu sans distinction des professions : aussi lorsqu'un régiment est employé à des travaux de terrassement ne doit-on pas s'étonner que l'ouvrage qu'il exécute coûte plus cher que s'il avait été fait spécialement et exclusivement par des ouvriers terrassiers.

Il y a pour cela plusieurs motifs.

D'abord il est facile de comprendre que d'anciens tailleurs, cordonniers, tisserands, etc., n'excellent pas tout de suite dans des travaux fatigants auxquels ils sont toujours restés étrangers, et pour lesquels il est possible même qu'ils aient de la répugnance ;

Ensuite la loi de recrutement ne contient aucune disposition qui astreigne les citoyens dont elle a fait des soldats à d'autre obligation que celle du service militaire proprement dit ;

Enfin l'aiguillon de la nécessité n'a pas sur le soldat travailleur que le gouvernement nourrit, loge, habille et chausse, la même action que celle qu'il exerce sur le journalier auquel le pain de sa journée est nécessaire pour vivre et faire subsister sa famille. Le journalier opère individuellement pour son compte, le soldat travailleur opère collectivement pour le compte de son régiment ou de sa compagnie ; le journalier est vêtu de haillons qu'il craint peu d'endommager ; il n'en est pas ainsi du soldat travailleur, il est obligé de prendre soin de ses vêtements qui ont une durée prescrite : toutes choses de peu d'importance apparente, mais qui cependant veulent être relevées et prises en considération, car lorsqu'il s'agit de grands travaux il n'y a pas de petits détails.

Ces seuls motifs suffiraient pour expliquer comment les essais qui ont été faits en 1835 et 1836 dans les départements de l'Ouest, n'ont pas eu le succès qu'on en avait espéré ; mais il est encore un autre obstacle qui n'existerait plus si vos idées sur l'instruction des officiers avaient été adoptées.

L'instruction que reçoivent les officiers d'infanterie n'est ni assez profonde, ni assez variée ; elle se circonscrit trop étroitement dans les limites de la théorie élémentaire ; l'art de conduire de grands travaux avec intelligence, ordre, économie, exige d'autres connaissances, d'autres facultés que celles qui peuvent suffire pour commander quelques manœuvres, tous les jours les mêmes.

Et puis enfin, si les officiers dont les régiments sont chargés de l'exécution de certains travaux, ne retirent d'un surcroît de peine et de surveillance aucun avantage, est-il raisonnable d'espérer qu'ils déploieront le zèle qui serait nécessaire au succès ? Or, si les officiers montrent peu de zèle, les soldats n'auront pas d'émulation ; car en matière d'industrie et de travaux publics, c'est de l'impulsion que vient la force.

Ainsi s'explique pourquoi n'ont pas réussi les essais d'application des troupes aux travaux publics ; si le problème économique n'a pas été résolu, ce n'est point, je le répète, par les motifs qui ont été allégués et que j'ai rapportés dans ma seconde lettre ; c'est que d'abord l'armée n'a jamais eu d'intérêt à ce qu'il le fût :

c'est qu'ensuite les termes en ont été mal posés.

Une armée ne saurait passer sans préparations, sans transitions, sans modifications, de l'habitude du désœuvrement à la fatigue du travail, de l'art de tuer à l'art de créer : telle est la première réflexion qu'il me semble qu'on aurait dû faire, et qui paraît cependant n'avoir jamais été faite par personne. Cette réflexion eût conduit naturellement à l'examen de la question de savoir si, dès que l'armée recevait deux destinations, l'une guerrière, l'autre pacifique, au lieu d'une seule pour laquelle elle avait été jusque-là exercée, il n'y avait aucun changement à faire subir à son mode de recrutement. Cette question en eût alors soulevé d'autres ; les esprits sérieux et logiques, les hommes sensés et pratiques se fussent demandé :

1º Si la légalité permettait d'employer forcément les soldats aux travaux publics, lorsque la loi de recrutement ne leur en imposait pas l'obligation ;

2º Si cette obligation était compatible, — et s'il était possible qu'elle fût profitable, — avec le régime des appels et l'arbitraire des incorporations ;

3º Si une loi de recrutement, sur des bases entièrement nouvelles, ne devrait pas être la conséquence nécessaire du but qu'on se proposait d'atteindre ;

4º Si cette loi ne devrait pas organiser le travail des soldats, c'est-à-dire déterminer : — d'abord les avantages qu'ils en retireraient, — ensuite l'économie que ce travail procurerait à l'État, — enfin la part à faire à la prévoyance et à l'épargne ;

5º Si d'importants changements ne devraient pas être introduits dans le mode d'instruction, dans le système de casernement et dans l'habillement des soldats ;

6° Si enfin l'instruction des officiers ne devrait pas alors recevoir d'urgentes améliorations, et si leur traitement ne devrait pas être considérablement augmenté.

D'aussi importantes questions ne se tranchent pas sans donner lieu à de vives controverses et sans exiger de mûres réflexions. Les convictions que déjà je me suis faites dans le silence de la méditation sont celles-ci, que je vous soumets :

La même loi de recrutement ne peut imposer en même temps l'obligation d'être soldat et celle d'être ouvrier ; si le service militaire est *forcé,* le travail des troupes en temps de paix doit rester *volontaire ;* la loi, au nom de l'intérêt général, peut bien faire d'un bon commis ou d'un excellent coiffeur, un médiocre soldat ; mais elle ne saurait, sans violer la raison, le contraindre au métier de terrassier. Or, si le travail des soldats reste volontaire, s'il n'est pas une loi commune imposée à toute une compagnie, à tout un régiment, il sera préférable d'y renoncer, sous le double rapport du maintien de la discipline et de l'économie ; car, ainsi que je l'ai déjà dit, on ne réussirait qu'à désorganiser l'armée sans organiser le travail. Si au contraire le travail des soldats est une obligation de la loi du recrutement, s'il est *forcé,* les enrôlements devront être *volontaires ;* mais des enrôlements volontaires suffiront-ils au recrutement de l'armée? Cette question, je l'ai prévue, et lorsqu'elle viendra à son ordre, vous verrez comment je propose de la résoudre ; quant à celle de savoir quelle sera l'alternative que devra préférer la loi de recrutement, voici ma conclusion : — Enrôlement *volontaire* et travail *obligatoire* ; car alors, mais alors seulement, le travail militaire pourra, sans porter atteinte à la discipline, soutenir la concurrence, et la soutenir avec avantage ; le soldat produira plus qu'il ne consommera ; le budget de la guerre éprouvera un allégement considérable ; l'institution des armées permanentes aura entièrement changé de base, puisque la paix n'en tirera pas moins de services que la guerre. Autrement, le travail des troupes sera toujours imparfait et dispendieux, funeste à la discipline militaire sans être profitable au trésor public. Ainsi donc, nécessité d'une loi de recrutement entièrement nouvelle et d'un système d'incorporation tout différent.

Je passe au second point, celui de l'organisation du travail :

Dès que le travail des troupes serait légalement obligatoire, dès qu'il s'opérerait ainsi que je l'ai conçu, l'organisation en serait facile et les produits assurés ; trois parts alors pourraient en être faites : la première rembourserait à l'État ses avances pour frais de nourriture, de campement, de vêtement, de chaussure et d'entretien des soldats ; la seconde formerait la paye ou la retenue de chaque semaine ; la troisième, versée au crédit du compte de chaque soldat dans une caisse d'épargne spéciale, formerait un fonds commun dont les intérêts cumulés seraient mensuellement capitalisés.

Le fonds d'épargne de chaque soldat travailleur ne serait remis à lui, ou exclusivement à ses père et mère, qu'après qu'il aurait cessé d'appartenir à l'armée.

Le fonds commun hériterait des placeurs dans certains cas prévus ; il profiterait de toutes les retenues encourues pour cause d'insubordination ou d'inconduite ; ce qui permettrait d'amender le code pénal militaire, de l'adoucir sans le rendre moins efficace. Les officiers, qui contribueraient au fonds commun en proportion de leur traitement, y participeraient en raison de leur grade. Ainsi, en même temps que s'établirait pour les officiers un mode de pension conforme à vos idées et que s'organiserait un système de pécule pour les soldats, je voudrais donner à toutes les professions l'exemple d'un établissement modèle dont le travail et l'épargne seraient la base et où seraient réunis tous les avantages de la communauté et de la mutualité.

De cette façon, l'armée deviendrait facilement la meilleure école normale du travail et de la prévoyance, l'instrument le plus parfait d'instruction et de moralisation publique, l'un des moyens les plus efficaces de la réforme sociale que j'appelle de mes vœux.

Au lieu de rendre annuellement au pays un contingent d'hommes ayant plus ou moins perdu la pratique de leur profession, habitués au désœuvrement des casernes, l'armée au contraire le recruterait périodiquement de bons travailleurs, instruits, économes et disciplinés, formés sous ses drapeaux, et rapportant dans leurs communes un pécule qui leur permettrait de s'y marier et de s'établir avantageusement. Alors l'armée deviendrait un actif moteur de civilisation ; elle répandrait l'aisance au lieu de la tarir, elle extirperait les jargons barbares, les préjugés absurdes qui dans les campagnes sont encore la honte de notre siècle.

Je passe au troisième point, celui relatif aux changements que devraient subir le casernement et l'habillement des slodats.

Votre système de casernement, qui consiste d'abord dans la construction de nouvelles casernes, disposées de telle sorte que peu de mois suffiraient aux recrues pour apprendre et savoir la théorie élémentaire, et ensuite dans l'établissement de champs de Mars, où les soldats s'accoutumeraient à bivouaquer, à braver les intempéries des saisons et s'exerceraient à tous les travaux propres à développer chez eux la force, la souplesse et l'agilité du corps, la dextérité des mains, le bon sens et la réflexion ; votre système de casernement s'accorderait si bien avec mon mode de recrutement et de travail que je voudrais que l'un servît de preuve à l'autre, en chargeant de la construction de vos casernes et de l'établissement de vos champs de Mars mes soldats travailleurs.

Leur habillement donnerait lieu à la question de savoir si l'uniforme militaire devrait être simplifié afin de servir à deux fins, ou s'il ne serait pas préférable d'y joindre en double emploi *une tenue de travail ;* mais c'est un point que résoudraient des expériences faites avec l'ordre rigoureux d'une comptabilité intelligente et l'esprit judicieux d'une enquête désintéressée.

J'arrive enfin aux améliorations que devrait recevoir l'instruction des officiers, dont le traitement, je l'ai dit, pourrait alors être considérablement augmenté. A cet égard, il suffirait de faire subir de faciles modifications et d'utiles additions aux programmes d'études du *Collége royal Militaire de La Flèche,* de l'*École spéciale Militaire de Saint-Cyr* et de l'*École d'application d'État-Major,* afin que leur enseignement se rapprochât aussi étroitement que possible de celui de l'*École Polytechnique* et de l'*Ecole d'Artillerie et du Génie.* Plus l'esprit des officiers sera cultivé, plus les connaissances qu'ils auront acquises seront variées, plus ils s'avanceront dans la direction d'études qui fait la science de l'ingénieur, et plus ils se rendront indépendants de la profession militaire en devenant moins impropres à la carrière industrielle, dans le cas où il leur conviendrait jamais de quitter l'une pour embrasser l'autre.

Maintenant que vous pouvez déjà pressentir que l'idée que j'ai conçue innove sans détruire, qu'elle améliore tout sans rien bouleverser, qu'elle consiste principalement à rendre *volontaire* l'enrôlement *forcé* des citoyens, et à rendre *obligatoire* le travail *volontaire* des troupes, je puis aborder avec franchise et liberté l'entier développement d'un système qui, s'il est démontré praticable, tirera l'officier et le soldat du désœuvrement, détournera l'un de l'estaminet et l'autre de la cantine où ils passent leurs journées, ajoutera à l'instruction du premier et en améliorera la condition, accroîtra la force musculaire du second et le fera jouir du bienfait de l'épargne, enfin ne changera radicalement qu'une seule chose, — la loi du recrutement.

Jusqu'à présent, les saints-simoniens et les journaux, les publicistes et les administrateurs qui ont proposé d'appliquer l'armée aux travaux publics, ont pris, si je puis m'exprimer ainsi, le contre-pied de la question ; la faute grave qu'ils ont commise a été de vouloir faire descendre l'institution militaire au rang de l'industrie, tandis qu'il s'agissait d'élever l'industrie à la hauteur de l'institution militaire et de profiter des avantages d'une hiérarchie et d'une discipline fortement organisées.

Aussi ne doit-on pas s'étonner que les officiers les plus expérimentés, interrogés sur la question de savoir si l'emploi judicieux des forces de l'armée, en temps de paix, pouvait en balancer la dépense et produire même un excédant de recette aient répondu négativement. J'ajouterai que je crois que les expériences ordonnées dans les départements de l'Ouest par M. le maréchal Soult n'ont jamais été, dans la réalité, qu'une innocente concession faite par lui à la popularité et à la presse périodique. Heureuse la France si ces deux tyrans n'avaient jamais obtenu d'autre concession des hommes d'État qui l'ont gouvernée, elle ne porterait pas tous les douloureux stigmates des révolutions qui l'ont meurtrie !

Rien de plus simple que ma proposition : elle consiste 1° à rétablir l'article 1er de la loi du 10 mars 1818 qui posait en principe le système des engagements volontaires et n'admettait que subsidiairement le régime des appels ; 2° à maintenir, amender ou supprimer les divers articles de la loi du 21 mars 1832 ; 3° à renverser enfin les termes de la question, c'est-à-dire à faire des ouvriers-*soldats*, au lieu de faire des *soldats*-ouvriers.

Voici à peu près en quels termes elle devrait être conçue :

TITRE I.

DISPOSITIONS GÉNÉRALES.

Article 1er. — L'armée se recrute par des engagements volontaires et, en cas d'insuffisance, par des appels faits suivant les règles prescrites.

Art. 2. — Nul ne sera admis dans les troupes françaises s'il n'est Français ; ou si, né en France de parents étrangers, il ne prouve qu'il jouit du bénéfice de l'art. 9 du Code civil.

Sont exclus du service militaire et ne pourront à aucun titre servir dans l'armée :

1º Les individus qui ont été condamnés à une peine afflictive ou infamante ;

2º Ceux condamnés à une peine correctionnelle de deux ans d'emprisonnement et au-dessus, et qui, en outre, ont été placés par le jugement de condamnation sous la surveillance de la haute police et interdits des droits civiques, civils et de famille.

Art. 3. — L'armée se compose, dans les proportions qui résultent des lois annuelles de finance et du contingent :

1º Des engagés volontaires employés dans les chantiers et ateliers régimentaires de l'État, formant l'*Armée de réserve* ;

2º De l'effectif entretenu sous les drapeaux, formant l'*Armée active*.

La répartition des contingents annuels entre l'*Armée de réserve* et l'*Armée active* aura lieu par ordonnance royale.

TITRE II.

DES ENGAGEMENTS VOLONTAIRES.

Art. 4. — Tout Français, sauf les exceptions qui précèdent, sera reçu à contracter un engagement volontaire sur la preuve :

Qu'il est âgé de seize ans au moins ;

Qu'il a la taille d'un mètre cinquante-quatre centimètres au moins ;

Qu'il n'a aucune infirmité qui le rende impropre au service ;

Qu'il jouit de ses droits civils ;

Qu'il n'est ni marié, ni veuf avec enfants ;

Qu'il est porteur d'un certificat de bonne vie et mœurs, délivré dans les formes prescrites, et s'il a moins de vingt ans, qu'il justifie du consentement de ses père, mère ou tuteur ;

Ce dernier devra être autorisé par une délibération du conseil de famille.

Les conditions relatives, soit à l'aptitude militaire, soit à l'admissibilité dans les différents corps de l'armée, seront déterminées par des ordonnances du roi, insérées au Bulletin des lois.

Art. 5. — La durée des engagements volontaires sera de dix années.

Art. 6. — Les engagements volontaires seront contractés devant les officiers de l'état civil dans les formes prescrites par les articles 34, 35, 36, 37, 38, 39, 40, 41, 42, 43, 44 du Code civil. Les conditions relatives à la durée des engagements seront insérées dans l'acte même ; les autres conditions seront lues aux contractants avant les signatures, et mention en sera faite à la fin de l'acte, le tout sous peine de nullité.

Art. 7. — A ceux qui s'engagent volontairement, l'État impose les conditions et assure les avantages qui suivent :

Tout engagé volontaire, en état d'exercer l'une des professions portées au tableau de répartition annexé à la présente loi et incorporé selon la profession pour laquelle il aura été admis, sera tenu de l'exercer ; il n'en pourra changer sans autorisation régulière.

Le prix de la journée du travail, variable selon les professions exercées et portées au tableau, sera fixé par la loi.

L'État fera les avances des frais de nourriture, d'habillement, de chaussure et d'entretien des soldats employés dans les chantiers et ateliers régimentaires ; il s'en remboursera au moyen d'une retenue déterminée sur le produit du travail des compagnies ; le surplus sera divisé en deux parts égales : l'une qui sera distribuée à titre de paye à l'expiration de chaque semaine; l'autre qui sera versée au crédit du compte de chaque soldat dans la caisse d'épargne, instituée à cet effet et conformément aux statuts et règlements qui seront approuvés par ordonnance royale.

Art. 8. — Tout engagé volontaire, soit qu'il n'ait pu justifier qu'il était en état d'exercer l'une des professions portées au tableau de répartition, soit qu'il ait été désigné pour être incorporé dans l'un des régiments de l'armée active, sera entretenu aux frais de l'État.

Art. 9. — Les engagés volontaires qui auront servi pendant dix années dans l'armée active et mérité les diplômes donnés annuellement au concours, jouiront des avantages à eux réservés par les lois ou ordonnances sur la formation de la gendarmerie départementale et de la garde municipale de Paris, et par les règlements pour l'admission dans les administrations des douanes, des forêts, des contributions directes et indirectes, ou des postes; dans le corps des gardes champêtres et dans celui des sergents de ville.

Art. 10. — En cas de guerre, tout Français pourra être admis à contracter un engagement volontaire de deux ans.

TITRE III.

DES APPELS.

Art. 11. — En cas d'insuffisance des engagements militaires, il sera pourvu par voie d'appels au recrutement complémentaire de l'armée.

(Ici serait reproduit, sauf quelques amendements, le titre II de la loi du 21 mars 1832.)

TITRE IV.

DES RÉENGAGEMENTS.

Art. 12. — Les réengagements dans l'*Armée active* pourront être reçus même pour deux ans et ne pourront excéder la durée de cinq ans.

Les réengagements ne pourront être reçus que pendant le cours de la dernière année de service due par le contractant. A l'expiration de cette année, ils donneront droit à une *haute paye*.

Les autres conditions seront déterminées par les ordonnances du roi insérées au *Bulletin des lois*. (Art. 36 de la loi du 21 mars 1832.)

Art. 13. — Les réengagements dans l'armée active seront contractés devant les intendants ou sous-intendants militaires, dans les formes prescrites sur la preuve que le contractant peut rester ou être admis dans le corps pour lequel il se présente. (Art. 37 de la loi du 21 mars 1832.)

Art. 14. — Les réengagements dans l'*Armée de réserve* pourront être renouvelés pour deux années au moins et dix années au plus.

TITRE V.

DISPOSITIONS PÉNALES.

(Ce titre consisterait dans la reproduction du titre IV de la loi de 1832. Si, comme je le suppose, l'expérience démontrait l'inutilité de conserver le titre II de cette loi, la suppression du titre IV en serait la conséquence naturelle. En introduisant dans mon projet les titres II et IV de la loi de 1832, j'ai voulu faire preuve que je n'avais apporté dans sa rédaction aucun esprit absolu.)

Une ordonnance royale portant établissement de la caisse d'épargne dont j'ai parlé et déterminant le système d'accumulation et de capitalisation des versements, les bases de la comptabilité, les cas mortuaires

où la caisse hériterait des dépôts, ceux où elle profiterait et des retenues faites sur la paye des soldats et du
produit des condamnations à un certain nombre de
jours de travail encourues pour causes d'insubordination ou d'inconduite, enfin statuant sur la liquidation
des pensions d'officiers et sur la remise du *pécule* des
soldats ; puis un règlement disciplinaire, rédigé dans
le même esprit, c'est-à-dire ne condamnant plus les
délinquants au désœuvrement, mais à un travail qui
profiterait au fonds commun, compléteraient ce nouveau système de recrutement volontaire qui consisterait :

A incorporer les hommes selon leur profession,

A déterminer dans quelle proportion utile un régiment
devrait se composer : 1° de terrassiers, — 2° de charpentiers, — 3° de maçons, — 4° de tailleurs de pierres,
— 5° de serruriers, — 6° de couvreurs, — 7° de menuisiers, etc., etc. ; car il est peu de professions ma-
nuelles qui ne puissent être utilisées dans un régiment.

L'affermissement de la paix extérieure et de l'ordre
au dedans a affaibli l'utilité et par suite la considération
des militaires, tandis que par une progression inverse,
les hommes livrés aux travaux d'une utilité immédiate
ont acquis une importance mieux sentie aux yeux
mêmes de l'armée. Est-il nécessaire d'en donner ici
une preuve convaincante ?... Voici en quels termes le
général Lamarque traçait il y a dix ans le tableau comparé du sort du soldat et de celui de l'ouvrier :

« Figurez-vous, partant du Limousin ou des extrémités de
la Guyenne, deux troupes de jeunes gens ; les uns viennent

à Paris pour entrer dans un régiment ; les autres pour s'associer aux soixante ou quatre-vingt mille maçons, charpentiers, couvreurs, qui ne suffisent pas aux besoins du moment. Une semaine ne s'est pas écoulée que ces derniers
gagnent trois francs, quatre francs par jour ; ils se polissent,
se façonnent et changent leurs habits grossiers contre un
costume presque élégant.

Le sort du pauvre conscrit est bien différent. Il reçoit
pour toute paye 45 centimes par jour : 10 sont retenus
pour la masse de linge et chaussure ; 30 centimes doivent
suffire aux plaisirs de la table ; il lui reste 5 centimes, le sou
de poche, qu'écornent encore presque toujours les effets de
petite monture. A la caserne, où les rappels multipliés le ramènent si souvent, des règles claustrales l'entourent de
mille liens. On accable son obéissance d'ordres minutieux
et sans cesse renaissants. A chaque pas il rencontre un
chef qui trouve toujours quelques reproches à adresser à
sa coiffure, à ses habits, à son arme qu'il use à force de
la polir. Et l'on est étonné qu'il regrette le toit paternel,
la liberté des champs, et que souvent, dès la première semaine, il compte les ans, les mois, les jours qui lui restent
à servir !... »

On ne peut mieux décrire cet ennui de leur inutilité
qui pèse sur les soldats désœuvrés et les réduit en
temps de paix à regretter généralement leur profession d'ouvriers.

N'y a-t-il donc pas là l'indice d'un besoin à satisfaire,
d'une tendance à seconder ?

Nos régiments n'en seraient pas moins brillants, parce
qu'ils seraient ainsi transformés en associations actives
et utiles d'hommes pris et exercés dans un certain
nombre d'états ; les soldats dont ils se composeraient
n'en seraient que plus vigoureux, plus intelligents, plus
recommandables. Les manœuvres militaires seraient

conservées, mais elles n'auraient plus dans la vie des soldats que la place secondaire, que, par exemple, elles occupent dans les travaux des élèves de l'École Polytechnique.

L'avancement serait subordonné à l'aptitude industrielle.

L'ordre et l'appareil déployés dans les exercices militaires présideraient aux travaux, entretiendraient la discipline et l'émulation. L'impulsion serait facile à donner au moyen de quelques distinctions, ordres du jour, médailles, décorations ou autres récompenses judicieusement décernées, car en France la puissance du levier moral est incalculable.

Et puis, pour le soldat et pour sa famille, quelle douce pensée que celle qu'il n'oubliera plus sous le drapeau la profession qu'il avait apprise, qu'au contraire il s'y pourra perfectionner, sous la conduite de chefs habiles, d'officiers non moins instruits que des ingénieurs, et revêtus de la double autorité qu'ils tiendraient de la science et de la loi !

Telle que je la conçois, l'organisation d'un régiment se composerait, dans de certaines proportions mûrement étudiées, d'ouvriers appartenant à toutes les professions déterminées par le tableau annexé à la loi de recrutement.

Il existe déjà dans tous les régiments un tableau où les soldats sont classés selon la profession d'où ils ont été tirés ; il n'y aurait qu'à développer ce germe fécond.

Si les rangs de l'armée de réserve étaient ainsi ouverts à tous les Français âgés de seize ans qui solliciteraient cette faveur et contracteraient un engagement, si tous ceux dépourvus de profession étaient dirigés vers un art de leur choix et immédiatement appliqués à ceux des travaux de cette profession les plus simples et les plus faciles, nul doute qu'alors l'embarras du choix ne fût le seul qu'éprouvât l'État, qui pourrait enfin abolir en toute sécurité le régime des appels, et détruire sans violence l'abus des remplacements militaires.

Alors l'institution des armées permanentes cesserait d'avoir les graves inconvénients que j'ai signalés;

Alors le gouvernement pourrait toujours en temps de guerre disposer d'une force imposante, d'une masse d'hommes aguerris, exercés au maniement des armes et endurcis à la fatigue du travail;

Alors la paix n'aurait plus à déposer chaque année des tributs exorbitants sur l'autel de la peur... de la peur de la guerre!

Alors d'immenses travaux de terrassements, de constructions, de défrichements, de reboisements, etc., s'exécuteraient de toutes parts, d'abord avec l'économie qui serait la conséquence d'une discipline sévèrement observée et d'une législation exceptionnelle conférant aux chefs militaires une autorité puissante; puis avec tous les avantages résultant de spécialités bien coordonnées, bien employées. A l'œuvre, les terrassiers, les maçons, les charpentiers, les forgerons, les laboureurs, etc., etc., formant des compagnies distinctes, n'exécuteraient que les travaux de leur profession, chacun ne ferait que ce qu'il aurait appris et que ce qu'il saurait bien. Un contrôle sévère régnerait toujours; une comptabilité régulière en serait la garantie. L'artillerie pourrait être chargée des charrois. Le génie, qui avant Vauban n'était formé que de quelques ingénieurs, tendrait donc à cesser d'être un corps spécial pour absorber en lui toute l'armée de réserve. Le génie militaire comprendrait alors tout ce qui caractérise le génie civil, tout ce qui fait la science de l'ingénieur prise dans sa plus large acception ;

Alors partout l'habitude de la soumission, de l'ordre, de la prévoyance, finirait par se répandre ; à leur retour dans leurs communes, les soldats l'y rapporteraient au lieu de celle du désœuvrement et de la débauche qu'ils reviennent maintenant y propager.

Alors, sans augmenter son budget, la France pourrait enfin réaliser les améliorations indiquées dans ma première lettre et compléter son système de voies de communication, sans lequel son commerce intérieur, source féconde et intarissable de prospérité nationale, n'aura jamais qu'une existence débile, languissante ou fébrile ; sans lequel le prix des transports sera toujours le plus onéreux des impôts, le principe ennemi de l'accroissement de la consommation, le germe de mort de toute production ; sans lequel enfin, toutes nos lois de douanes resteront un inextricable chaos, profitable à quelques industries, mais nuisible au plus grand nombre.

Le vrai caractère de l'homme à la fois progressif et pratique, c'est de savoir tirer un parti avantageux des instruments qu'il a sous la main, c'est de savoir les adapter ingénieusement à ses besoins.

Les armées permanentes ne peuvent plus être supprimées, mais elles peuvent être transformées ; pourquoi donc ne l'essayerait-on pas ?

Pourquoi vos champs de Mars ne seraient-ils pas en même temps de vastes chantiers industriels ? Pourquoi l'armée n'aurait-elle pas à la fois son matériel de guerre et son matériel de paix ? Pourquoi le tambour en battant l'heure du travail, celle des manœuvres, celle des repas, ne rappellerait-il pas sans cesse à l'armée sa double destination guerrière et pacifique, militaire et industrielle ? Pourquoi même la musique régimentaire ne servirait-elle pas à l'essai d'une utile application, c'est-à-dire à vérifier la question de savoir jusqu'à quel point le rhythme musical peut à la fois donner de l'ardeur dans le travail et en adoucir les fatigues ?

Si l'on n'osait pas tenter en France de telles expériences, pourquoi ne le ferait-on pas en Afrique, où nous avons des routes à percer, des déserts à fertiliser, des villes à bâtir, des ports à creuser ?

Lorsque la guerre a été la condition d'indépendance et de prospérité des peuples, on a bien su rendre la profession militaire attrayante et glorieuse ; pourquoi lorsque la paix est devenue le besoin impérieux des nations modernes, ne parviendrait-on pas également à donner aux armées un nouvel esprit ?

Serait-il donc impossible de passionner les masses pour les grands travaux qui fondent ou conservent la splendeur et la prospérité des États ?

Le génie qui se déploierait dans le vaste champ des entreprises utiles par d'audacieuses et gigantesques conceptions ne saurait-il donc exciter autour de lui un enthousiasme égal à celui que fait naître sur les champs de bataille le courage d'un général habile ? Le travail ne saurait-il donc avoir aussi sa gloire? Des victoires remportées sur la nature, des conquêtes faites sur la misère et l'ignorance des classes laborieuses n'auraient-elles donc rien qui parlât à l'imagination des Français et au cœur des hommes?

C'est parce que je ne le puis croire que je vous ai adressé ces lettres ; considérez simplement comme un germe à féconder l'idée qu'elles renferment et qu'elles n'ont qu'imparfaitement exposée... Si vous doutez qu'elle soit juste et applicable, faites-vous les questions que j'ai commencé moi-même par m'adresser :

Les écoles spéciales militaires peuvent-elles préparer leurs élèves à devenir, lorsqu'ils seront officiers, d'excellents ingénieurs?

Les sous-officiers peuvent-ils devenir de bons contre-maîtres?

Les soldats peuvent-ils mieux employer qu'ils ne le font le temps qu'ils passent sous les drapeaux?

Une autorité légalement constituée et une discipline sévère ne sont-elles pas aujourd'hui de rares avantages enviés par l'industrie?

Des exercices militaires qui ne sont pas incompatibles avec des études de collége le seraient-ils avec des travaux manuels?

La garde nationale est là pour prouver le contraire. Ces citoyens soldats, dont on remarque dans la cour du Carrousel et dans les revues solennelles, l'excellente tenue et la précision des manœuvres, n'ont-ils pas quitté le matin les uns leurs bureaux, ceux-ci leurs magasins, ceux-là leurs ateliers, tous leur ménage ?

Combiner l'institution des gardes nationales et celle

de l'armée de ligne, rendre la première plus utile et la seconde moins coûteuse, les perfectionner toutes les deux, en permettant, si on le voulait, de n'en plus faire qu'une seule institution; tel a été l'objet de ma pensée.

Ce qui s'opposera toujours à ce qu'on puisse compter sérieusement sur les gardes nationales mobilisées, c'est la cause pour laquelle le mariage est interdit aux soldats et pour laquelle la loi n'admet même pas que puisse s'engager le veuf avec enfants.— Cette objection n'existe pas à l'égard de mon projet d'organisation, je la crois préférable à celle des landwehrs qui est infiniment coûteuse par les pertes considérables de temps, et les déplacements fréquents qu'elle impose à une population nombreuse.

Comblez les lacunes de ce travail, adoptez-en l'idée mère, rectifiez-en les détails, et cela fait avec la puissante faculté d'organisation dont vous êtes doué, je ne doute pas qu'il ne réussisse à changer promptement la face et l'esprit des armées permanentes en Europe; qu'il ne permette à la France, si elle le voulait, d'avoir toujours sur pied une *armée active* de cent mille hommes, au plus, force suffisante pour le maintien de la tranquillité publique (1), et une *armée de réserve* de cinq cent mille hommes, au moins, qui dans l'éventualité d'une guerre, seraient infatigables et invincibles, car la fatigue des marches et des bivouacs ne serait plus qu'un délassement pour eux.

(1) Surtout le jour où la France sera en possession d'un vaste système de communications rapides, ajoutant à la puissance de la centralisation et en diminuant les inconvénients.

Dans votre chapitre remarquable sur l'*instruction des troupes*, j'ai appris avec quel soin les Romains choisissaient leurs soldats. Les professions où il est préférable de les recruter sont une des premières recommandations de Végèce. Les forgerons, les charpentiers, les tailleurs de pierre, les chasseurs étaient surtout les hommes que préféraient les Romains. Comme ils pensaient qu'on ne sait rien ni aussi promptement, ni aussi parfaitement que ce qu'on a appris de bonne heure, ils levaient leurs soldats à seize ans; votre avis est que cet âge pourrait également être celui des enrôlés volontaires; aussi l'ai-je adopté; la loi du 21 mars l'a elle-même admis pour l'armée de mer. Les autres motifs qui m'ont déterminé sont ceux-ci : c'est généralement au sortir d'apprentissage et avant d'avoir pu encore entrer dans un atelier que les jeunes gens seraient disposés à s'engager volontairement; c'est aussi à cette époque qu'ils rencontreraient le moins d'opposition de la part de leurs familles; enfin l'âge de seize ans offre en outre cet avantage, qu'à vingt-six ans, si le soldat libéré de son engagement veut le renouveler, il sera encore dans toute la vigueur de la jeunesse, et il en sera de même s'il préfère quitter les rangs afin de se marier, ce qu'il pourra faire assez facilement avec le pécule qu'il aura amassé et qui lui sera remis à sa sortie du régiment.

Les enrôlements, dites-vous dans vos *Observations sur la constitution des armées de terre de la France en 1835*, ne sont pas faits avec assez de soin et de discernement; le choix des recrues n'est pas bon. Permettez-moi de vous adresser la question de savoir s'il peut être meilleur eu égard au régime des appels, au chiffre des contingents, à l'abus des remplacements et enfin à l'aversion générale qu'inspire le service militaire? Il me paraît qu'avec le mode que je propose, mode dont la base, ainsi que je l'ai déjà dit, serait un tableau de répartition des professions, fixant le nombre d'hommes qui devraient être acceptés dans chacune d'elles, le choix des recrues deviendrait à la fois infiniment plus facile et plus sûr. Je dois ajouter qu'ici je raisonne toujours dans la profonde conviction où je suis qu'avec ce mode l'affluence des demandes d'engagements serait telle que le gouvernement, pour s'en préserver, serait contraint de rendre graduellement plus sévères les conditions d'admission.

Ce n'est pas légèrement que j'ai fixé l'âge de seize ans et déterminé la durée des engagements. Dix années m'ont paru nécessaires pour que l'instruction du soldat pût porter tous ses fruits, sans être pour l'officier un sujet de fatigue et de dégoût.

Si je n'ai pas insisté plus longuement sur ce point que, chaque régiment de l'armée de réserve étant ainsi transformé en atelier et en école professionnelle, l'enseignement théorique serait joint à l'instruction pratique, c'est qu'il m'a paru que cela serait superflu. Le temps que consacreraient les soldats à suivre les cours élémentaires et gradués qui leur seraient faits par leurs chefs ne serait donc pas perdu pour le travail.

Les ouvriers-soldats, réalisant chacun les théories de l'officier-professeur ou s'expliquant les pratiques par la théorie, comprendraient ou exécuteraient mieux les travaux ; cette double action, ce double mode, se complétant l'un par l'autre, formeraient l'un des meilleurs systèmes d'instruction qui se puissent concevoir.

La civilisation, je le crois, recevrait de ce seul fait une impulsion prodigieuse; la moralité, non-seulement de l'armée, mais de la nation tout entière, s'en ressentirait. Bien des hommes qu'aujourd'hui des ambitions présomptueuses et des appétits désordonnés, la misère et l'ignorance précipitent dans la voie du crime, trouveraient enfin une carrière ouverte; l'armée leur donnerait l'habitude du travail et de l'épargne, elle leur ouvrirait l'accès à l'instruction.

L'armée, en temps de paix, deviendrait alors une grande institution de prévoyance ; le grade et l'emploi de l'officier, ainsi rendus plus utiles et plus glorieux, satisferaient pleinement son imagination quelque active qu'elle pût être.

On verrait diminuer le nombre des suicides.

La société aurait enfin ce qui lui manque : un refuge pour tous les jeunes gens que la vanité a fourvoyés et que la misère et l'oisiveté accablent.

Peut-être même encore découvrirait-on là plus tard un germe de transformation à donner aux institutions pénitentiaires ?

Il pourrait y avoir tels délits auxquels il ne serait assigné d'autre peine que l'incorporation du délinquant dans certaines compagnies disciplinaires, à qui seraient dévolues les fonctions les plus pénibles du service. Alors les condamnés ne seraient plus, comme aujourd'hui, à la charge de l'Etat; ils subviendraient eux-mêmes à leurs dépenses par leur travail. Mais c'est là une idée que je me réserve d'approfondir.

Je termine par une dernière considération : c'est que l'Etat commençant par prélever les frais de nourriture, d'habillement et d'entretien des troupes sur les produits de leurs travaux, aucune atteinte ne serait portée ni à la liberté du travail ni à l'égalité de la concurrence. C'est là un point essentiel qui a été omis dans les expériences qui ont été ordonnées par M. le maréchal Soult, et qui est entièrement méconnu dans les maisons de détention, où le travail se vend à vil prix à des entrepreneurs sans conscience et sans pitié.

Non ; il est impossible que sur une journée de travail l'avantage de la discipline n'équivale pas au temps réclamé par quelques exercices militaires. Toute la question se réduit là.

Montecuculli a dit : « Quand les armées sont florissantes, les arts, le commerce, tout l'état fleurissent à la fois sous leur ombre ; mais dès qu'elles viennent à LANGUIR, il n'y a plus ni gloire, ni valeur, ni sûreté. »

Or n'est-il pas vrai qu'en France l'armée LANGUIT ?

Trois cent mille hommes souffrent de la pensée qu'ils n'ont rien à faire et qu'ils sont à charge à l'Etat ; ils souffrent de n'être pas assez payés, ils souffrent de coûter trop ; leur désœuvrement les accable ; leur inutilité les humilie ; leur orgueil s'irrite contre la paix, et leur patriotisme n'ose souhaiter la guerre ! Qu'on utilise donc l'armée, elle ne LANGUIRA plus.

La question de l'application de l'armée aux grands travaux d'utilité publique est si importante, qu'en considération de sa gravité, on nous permettra de citer à l'appui des idées que nous venons d'exposer, le témoignage d'un ingénieur en chef des ponts et chaussées dont l'habileté ne le cède qu'à son extrême modestie, et de nous prévaloir de toute l'autorité que donnent à notre travail son suffrage et son expérience.

Lettres de M. P. LEBLANC, ingénieur en chef des ponts et chaussées.

Paris, 28 mai 1841.

Monsieur ,

« J'ai lu dans la *Presse* quelques articles sur l'emploi de l'armée aux travaux publics, conformes aux idées que j'ai conçues et en partie appliquées depuis plusieurs années.

« J'ai eu occasion de les développer dans une notice que je viens de publier sur une grande construction que j'ai dirigée et où j'ai obtenu le concours de deux régiments de ligne ; j'ai indiqué dans la même notice la manière dont j'entendais concilier mon système avec l'organisation actuelle des régiments, quelque défectueuse qu'elle soit, dans les travaux des fortifications de Paris.

« Persuadé que tout ce qui est de nature à jeter quelque lumière sur cette grande question ne peut manquer d'éveiller votre intérêt, je vous demande la permission de vous offrir un exemplaire de ma notice.

« Cette espèce de compte rendu de mes travaux étant destiné presque exclusivement aux ingénieurs mes camarades, vous comprendrez que ce n'est pas dans l'espérance que vous en parliez dans votre journal que je vous l'envoie ; et, en supposant même que vous en eussiez le désir, je vous prierais de n'en rien faire ; ce n'est pas au rédacteur de la *Presse,* c'est à M. Émile de Girardin que j'offre le fruit de mes réflexions et, ce qui vaut certainement beaucoup mieux, de mon expérience sur une question qui l'occupe. »

P. LEBLANC.

Paris, 28 mai 1841.

MONSIEUR,

« J'ai lu avec empressement vos *Études politiques* que vous avez eu la bonté de m'envoyer ; elles m'ont appris que la plupart des idées que j'ai émises dans ma notice sur l'emploi de l'armée aux travaux publics vous appartiennent par droit de priorité.

» Enseveli comme je l'ai été pendant plus de trois ans dans le fond de la Basse-Bretagne, il n'est pas étonnant que je ne les aie point connues plus tôt ; cependant, pour me punir d'avoir présenté sous le patronage d'un nom obscur, aux ingénieurs mes collègues, qui seront probablement les seuls acheteurs de mon livre, un système que je pouvais appuyer de l'autorité du vôtre, je me condamne à leur envoyer moi-même votre excellente brochure, si par hasard ils ne la connaissent pas.

» Je ne regrette pas moins vivement cette circonstance ; car, au lieu d'esquisser les principaux traits d'un système que je crois bon moins bien que vous ne l'aviez fait vous-même, je me serais borné à faire connaître comment je l'avais appliqué à peu près, en organisant des compagnies de travailleurs à la Roche-Bernard, quels résultats j'avais obtenus et comment, enfin, je voulais également l'essayer dans les travaux des fortifications de Paris ; nous serions alors restés tous deux dans notre rôle, vous homme d'imagination, moi homme d'exécution ; vous la tête, et moi le bras. »

P. LEBLANC.

RÉFLEXIONS

sur le système actuel d'adjudication des grands travaux, et sur les moyens d'y employer l'armée (1).

« La construction du pont de la Roche-Bernard m'a fourni l'occasion d'étudier deux questions importantes pour l'exécution des travaux publics : je veux parler du système des grandes adjudications passées à un entrepreneur général, et de la coopération de l'armée.

. . . .

« Dans l'article qu'il a publié dans le numéro des *Annales* de janvier 1840, M. Collignon a fait connaître que l'emploi des troupes aux travaux des routes stratégiques de la Mayenne n'avait pas produit des résultats aussi avantageux qu'on l'espérait, puisqu'il eût fallu réduire à 0,41 c. en 1835, et à 0,214 m. en 1836, le montant de la rétribution à accorder à chaque soldat travailleur, pour qu'il n'y eût ni profit ni perte pour l'État à les employer ; il remarque en même temps que ces soldats ont produit moins de travail, dans un temps donné, que les ouvriers ordinaires.

« J'ai employé des ouvriers militaires à la Roche-Bernard ; la composition du personnel de mon atelier était différente de celle des ateliers de M. Collignon, et j'ai obtenu des résultats différents pour la quantité et la qualité du travail produit ; mais son organisation était à peu près la même, et les résultats, sous le rapport financier, quoique un peu meilleurs que les siens, n'ont pas été parfaitement satisfaisants. Bien loin d'être forcé de conclure de cette dernière circonstance, comme M. Collignon, que le peu d'avantages qu'on peut retirer de l'emploi de l'armée aux travaux publics ne méritent pas qu'on modifie son organisation, ne m'est-il pas permis de soupçonner, au contraire, que c'est son

(1) *Description d'un pont suspendu construit à la Roche-Bernard,* par P. LEBLANC, ingénieur en chef des ponts et chaussées, 1841.

organisation actuelle qui s'oppose à ce qu'on en obtienne de plus grands ?

« Avant de développer mes idées à cet égard, je dois entrer dans quelques détails sur les résultats de l'emploi des ouvriers militaires à la Roche-Bernard.

« Deux détachements, l'un du 7e de ligne, composé de 130 hommes ; l'autre du 20e, composé de 100 hommes, ont été employés aux travaux du pont pendant les campagnes de 1837 et 1838 ; ils étaient commandés par un capitaine, quatre lieutenants ou sous-lieutenants, deux sergents-majors et six sergents ; je ne compte pas les caporaux, qui travaillaient comme les soldats.

« Tous les travailleurs avaient été *choisis parmi les hommes de bonne volonté* des deux régiments; c'est dire assez qu'on ne rencontrait parmi eux presque aucun cordonnier, tailleur, bijoutier, et autres hommes à état sédentaire, étrangers au maniement de la pelle ou de la pioche (1).

(1) Tous les ingénieurs qui ont dirigé des ateliers de charité pour employer les ouvriers des manufactures d'étoffes sans ouvrage, ont pu reconnaître qu'avec la meilleure volonté du monde, ces ouvriers ne produisent que peu de travail, tandis que ceux habitués aux travaux de la campagne en produisent bien davantage.

A Lyon, pendant l'hiver de 1836 à 1837, j'ai obtenu quelques passables résultats du travail de plus de trois mille ouvriers en soie qu'on avait mis à ma disposition ; mais je ne les ai dus qu'à une organisation particulière que j'avais donnée à mes ateliers.

J'avais d'abord choisi pour un travail facile : la construction de la digue de ceinture des Brotteaux, exécutée avec des remblais pris dans de la terre végétale ou sablonneuse d'une facile extraction.

J'avais fait prévenir les ouvriers que je ne les recevrais que lorsqu'ils se seraient formés en brigades de vingt à trente hommes, en se choisissant entre eux.

Quand une brigade ainsi formée se présentait, je lui faisais élire son chef, et lui faisais tracer sur le terrain un espace où elle devait prendre la terre du remblai.

A la fin de chaque semaine, je faisais afficher sur la porte de la ferme de la Tête-d'Or, où j'avais établi mon bureau, le nombre

« Ces soldats ont été d'excellents manœuvres ; non-seulement ils ont produit plus de travail que les ouvriers.civils, mais encore ils leur ont donné de l'émulation, et surtout les ont empêchés, par leur exemple, de perdre du temps en causeries, car les sous-officiers n'auraient pas permis aux soldats de l'employer de cette manière (1).

« Quant au résultat financier, en faisant abstraction du travail produit, il n'a pas été très-favorable.

« Pour ne pas opérer sur de trop grands nombres, je ne

des mètres cubes extraits par chaque brigade et la somme totale qu'elle avait gagnée, avec le prix de la journée pour la semaine qui en était la conséquence.

J'avais eu soin de donner au mètre cube un prix plus élevé d'un cinquième que celui indiqué au projet.

Je payais la somme gagnée par chaque brigade entre les mains de son chef, qui se chargeait de la distribuer aux ouvriers.

L'émulation que cette organisation leur donnait, l'inspection mutuelle des ouvriers de chaque brigade les uns sur les autres (l'ouvrier plus paresseux ou plus malhabile que ses camarades était bientôt expulsé par eux), la confiance qu'ils avaient dans des chefs immédiats de leur choix (et il était important de leur en donner dans une ville comme Lyon, où il existe tant de défiance contre l'administration), les faisaient travailler avec une ardeur que j'ai rarement remarquée chez les ouvriers ordinaires ; cependant les hommes composant la brigade la mieux choisie, dans un pays où la journée ordinaire de manœuvre est de 2 fr., n'ont pas gagné plus de 2 fr. 50 c. ; la plupart n'ont gagné que 1 fr. 50 c. à 1 fr. 80 c., et souvent ils avaient les mains tellement pleines d'ampoules, qu'ils étaient forcés d'abandonner les travaux.

(1) Les sous-officiers ne commandaient qu'aux soldats : quoique les contre-maîtres de l'entrepreneur eussent le droit de leur donner des ordres, cependant ils employaient ordinairement l'intermédiaire des sous-officiers, car les soldats étaient très-susceptibles, et s'offensaient souvent des paroles, quelque peu dures qu'elles fusssent, des contre-maîtres : les appels mêmes se faisaient séparément pour les ouvriers militaires et civils ; ces derniers consentaient bien à être soumis aux formes militaires, mais ils ne voulaient pas que les sous-officiers eussent l'air d'être leurs supérieurs.

considérerai que le travail d'un mois, et je choisirai celui de juin 1838, qui est un de ceux qui donnent des résultats moyens.

« Pendant ce mois le total des journées des ouvriers militaires s'est élevé à. . . . .   4,136.

L'entrepreneur (1) a payé pour chacune d'elles 1 fr. 25 c., ce qui fait une somme de. . . . .   5,170 f. 00 c.
        Mais il a eu à payer en outre :

1° Traitement de cinq officiers à 65 fr.	325	00
2° Traitement de deux sergents-majors à 30 fr. . .	60	00
3° Traitement de six sergents à 45 fr. (2).	270	00
4° Frais de route pour l'arrivée et le départ des deux détachements, dont le dixième est de (3).	37	11
5° Salaire de deux cuisiniers pour un mois, à raison de 260 fr. par an.	21	66
6° Location d'ambulance à raison de 150 f. par an.	12	50
7° Installation de râteliers d'armes, tables à manger, gamelles, cruches et chaudières, à raison de 25 fr. par mois.	25	00
8° Fourniture de bois pour la cuisine.	25	00
9° Fourniture de lits pour la salle de police :. . . .	6	00
10° Coucher de 206 hommes seulement en ville, à raison de 10 c. par homme et par nuit.	618	00
11° Location de trois lits pour l'ambulance.	18	00
12° Frais de maladies, honoraires de médecins. . .	80	00
Total de la dépense.	6,668	27

« Ces 6,668 fr. 27 centimes divisés par le nombre total de journées du mois, donnent pour prix moyen de la journée 1 fr. 61 centimes.

« Or, en admettant que l'entrepreneur eût employé des manœuvres de choix à la place des militaires, il ne les eût

(1) Ces ouvriers étaient à la solde de l'entrepreneur.

(2) Les sergents étaient constamment présents sur les chantiers, tandis que les sergents-majors ne s'occupaient que de comptabilité : voilà pourquoi les premiers recevaient plus que les derniers.

(3) Cette campagne a duré dix mois.

payés que 1 fr. 40 c. par jour (1), il aurait donc gagné
0 fr. 21 c. par jour et par homme à cette substitution ; il est
vrai qu'il n'en eût peut-être pas trouvé la quantité suffisante.

« Examinons maintenant quel a été le profit net de chaque soldat travailleur :

Pour un mois de travail, ordinairement composé de
  25 jours, il recevait........................... 31 f. 25 c.
Il avait à payer pour son service au corps,
  par mois............................ 5 f. 00 c.
Chaussure............................ 2 50 .
Une blouse et un pantalon d'un prix ensemble de 7 f. 50 c. pour dix mois, et pour un. 0 75
Il abandonnait les 5 c. de poche pour l'a-
  mélioration de l'ordinaire, ainsi je n'en
  tiens pas compte.

        Total.......... 8 25   8 25

        Reste net......   23 00

Ces 23 fr., divisés par 25, donnent pour prix moyen
  de journée................................. 0 92
Si l'entrepreneur eût retenu sur ce prix l'excédant de
  dépense dont il vient d'être parlé................. 0 21

Il serait donc resté pour chaque travailleur (2)... ... 0 71

« Ce résultat est meilleur que celui obtenu par M. Collignon, mais il aurait offert peu de moyens d'opérer des
économies notables ; c'est tout au plus si l'Etat, s'étant mis
à la place de l'entrepreneur, eût pu gagner 0 fr. 31 c.
par journée et par homme ; car chaque soldat, pour tra-

(1) Ce prix est en effet celui que j'ai donné aux manœuvres de
choix travaillant en régie.

(2) Parmi les soldats travailleurs, il y avait un assez grand nombre de maçons, gagnant 2 fr. 50 c. par jour ; d'après les calculs
précédents, on trouvera que leurs journées revenaient à 2 fr.
86 c. à l'entrepreneur, et qu'il leur restait net 2 fr. 17 c., qui se
seraient réduits à 1 fr. 81 c., si l'on en avait déduit l'excès de dépense pour leur casernement et autres causes indiquées ci-dessus.

vailler avec courage, doit être certain d'un bénéfice net qui ne peut s'élever à moins de 0 fr. 40 c. (1).

« Ne serait-il pas possible d'obtenir mieux encore? Je ne puis m'empêcher de le croire ; mais je pense qu'il faudrait pour cela modifier l'organisation de l'armée.

« Je voudrais qu'on formât des compagnies d'ouvriers dans des régiments spéciaux (2).

« Ainsi, un de ces régiments, par exemple, contiendrait une ou deux compagnies de maçons, tailleurs de pierre, sculpteurs, plâtriers, marbriers ; une ou deux compagnies de forgerons, serruriers, charpentiers, menuisiers, charrons et mécaniciens; toutes les autres compagnies seraient composées d'hommes habitués aux travaux de la terre ; on n'y admettrait même pas les ouvriers de cette espèce qui n'auraient pas atteint toute leur force, ou qui seraient d'une faible constitution.

« Plusieurs de ces régiments seraient uniquement composés de travailleurs de terre (3).

« On relèguerait dans des régiments séparés tous les ouvriers anciennement occupés dans la plupart des manufactures, les orfèvres, bijoutiers, chapeliers, tailleurs, etc., etc. (4).

« Avant d'employer aux travaux ces soldats ainsi organisés, on les exercerait pendant six mois au maniement des armes.

(1) Il faut observer qu'un soldat aimera toujours mieux gagner 40 cent. par jour et avoir une nourriture meilleure, en travaillant, que de faire l'exercice sans rien gagner et en ayant une nourriture moins substantielle.

(2) On sait combien les compagnies d'ouvriers rendent de services à l'artillerie ; les sapeurs et les mineurs sont réellement des régiments d'ouvriers, et cela ne les empêche pas d'être les meilleurs soldats de l'armée.

(3) Ce sont les villages qui fournissent le plus grand nombre d'hommes à l'armée; les travailleurs de terre y sont donc en majorité.

(4) On pourrait cependant réunir les tailleurs en compagnies et leur faire exécuter les uniformes des troupes; il serait possible d'appliquer également mon système aux cordonniers et à plusieurs autres états.

« Maintenant, je suppose qu'une grande construction réclamàt l'emploi des ouvriers militaires :

« On y enverrait un ou plusieurs des régiments dont je viens de parler, et ayant un nombre de soldats travailleurs égal à peu près au nombre d'ouvriers nécessaires.

« La moitié seulement des soldats travaillerait, l'autre moitié ferait le service des casernes et s'exercerait au maniement des armes ; chaque moitié alternerait avec l'autre au commencement de chaque semaine (1).

« Il suit de cette disposition que la moitié du personnel des chantiers serait formée d'ouvriers civils ; mais, dans le cas où l'on ne pourrait pas compléter le nombre de ces derniers, la réserve militaire serait là pour fournir le supplément nécessaire.

« Je suppose maintenant que le prix de la journée de manœuvre fût de 1 fr. 50 dans le pays où s'exécuterait le travail (2).

« Les soldats travailleurs toucheraient 0 fr. 40 par chaque journée de travail, et abandonneraient les 0 fr. 5 de poche pour l'amélioration de l'ordinaire ; sur les 1 fr. 10 restant, on prendrait les dépenses supplémentaires, qui pourraient ne s'élever qu'à 0 fr. 27 à peu près, comme je le prouverai tout à l'heure ; les autres 0 fr. 83 seraient partagés en deux portions : l'une, de 0 fr. 43, serait mise à la caisse d'épargne au nom et au profit de chaque soldat travailleur et le capital et les intérêts lui seraient rendus quand il serait libéré du service ; l'autre, de 0 fr. 40, serait le bénéfice de l'Etat.

« Pour appliquer ce système à un exemple spécial, je sup-

(1) Je n'ai pas besoin de faire remarquer combien il serait facile de ralentir momentanément l'activité des chantiers, ou de l'augmenter, dans mon système, et cela d'un jour à l'autre, ce qui est impossible maintenant sans de grandes dépenses faites en pure perte.

(2) Ce prix peut être considéré comme le prix moyen des localités où s'exécutent les grands travaux ; au reste, on remarquera qu'en appliquant mon raisonnement à la journée de manœuvre, c'est le cas le plus défavorable que je prends.

poserai qu'un bataillon de travailleurs organisé comme je viens de le dire eût été employé à la Roche-Bernard.

L'indemnité mensuelle des cinq officiers eût été réduite à raison de 15 fr. pour chacun d'eux, à (1)............. 75 f. 00 c.

Idem   pour deux sergents-majors, à 5 fr. par mois.............. 10 00

Idem   pour six sergents à 6 f. par mois 36 00

Je supprime du compte que j'ai établi précédemment l'art. 5, vu que la cuisine se ferait comme maintenant ; l'art. 10, vu que les frais extraordinaires de la maladie sont supportés actuellement par l'État, et que l'emploi de l'armée aux travaux n'y ajouterait rien ; et enfin l'art. 8, par la même raison.

Il est évident que plusieurs autres articles peuvent être diminués dans un grand nombre de localités, où il existe des casernes, par exemple ; cependant je les porte ici dans leur intégralité, en observant toujours que je prends le cas le plus défavorable : reste à compter..,............................ 716 61

Total pour un mois de 25 jours de travail (2)... 837 61

Qui, divisé par 5,750 hommes, nombre total des journées, fait........................... 0 145

Au corps, les soldats travailleurs n'auraient plus de garde à payer, mais il faudrait leur retenir pour chaussure et vêtement de travail, comme il a été dit plus haut (3), 3 fr. 25 c. par mois, ou par jour. 0 130

Total à prélever par jour......... 0 275

(1) Quoique cette indemnité et les autres ne soient pas très-fortes, il est évident qu'elles produiraient cependant une amélioration sensible dans la position des officiers et sous-officiers.

Tous n'en profiteraient pas, il est vrai, et surtout constamment, puisqu'ils ne seraient pas toujours employés aux travaux publics ; mais de ce qu'un avantage ou n'est pas grand, ou n'est que temporaire, il ne cesse pas pour cela d'être un avantage.

(2) Le nombre le plus ordinaire des journées de travail, dans un mois, est de 25 ; or $25 \times 230 = 5750$.

(3) En prenant sur le salaire des soldats la valeur des vêtements

Le montant net de la journée, en la calculant au prix de 1 fr. 40, aurait donc été, pour les manœuvres, de 1 fr. 125.

Sur ce prix, j'aurais voulu qu'on accordât aux soldats travailleurs, pour en disposer à leur volonté.....	0 405
Qu'on plaçât pour eux à la caisse d'épargne.........	0 400
Et que l'État profitât de (1).......................	0 320
Total pareil............	1 125

« En récapitulant, je crois qu'on peut affirmer qu'il résulterait du système que je propose les avantages suivants :

« 1º Les régiments de travailleurs, choisis parmi les soldats les plus robustes, seraient des régiments d'élite qui pourraient rendre les meilleurs services en temps de guerre ; les bataillons d'ouvriers de la marine, et la division des grenadiers du maréchal Oudinot, pendant la campagne d'Austerlitz, prouvent l'avantage qu'on peut tirer de la réunion d'une masse d'hommes d'élite (2) ;

« 2º L'État pourrait exécuter à meilleur marché beaucoup de constructions importantes ; il pourrait aussi se passer souvent du concours funeste des entrepreneurs ; il ne verrait plus ses constructions souvent entravées par le manque d'ouvriers, et il serait à l'abri des effets de leurs coalitions ;

« 3º S'il était menacé de la guerre, il pourrait, en consacrant les bénéfices obtenus sur la masse ordinaire des travaux à l'entretien d'un plus grand nombre de régiments, augmenter, presque sans qu'on s'en aperçût, l'effectif de

de travail et de la chaussure, les dépenses ordinaires qui grèvent leur masse diminuent.

(1) En ajoutant à ce bénéfice celui fait sur celles des maçons, on trouverait qu'il y aurait eu un bénéfice net, pour l'État, de 25 à 30,000 fr. par campagne, ce qui fait presque 100,000 fr. sur l'ensemble des travaux du pont, c'est-à-dire du dixième de la dépense totale.

(2) Il est clair, dans tous les cas, que ces régiments exécuteraient bien et rapidement les travaux de fortification passagère.

l'armée, de manière à la mettre mieux en état de défendre le territoire ;

« 4° La position des officiers serait un peu améliorée ; celle des sous-officiers le serait également ; elle pourrait même l'être beaucoup pour les plus instruits d'entre ces derniers, qui pourraient être employés comme conducteurs et piqueurs ; de cet avantage il en résulterait un autre, c'est que, dans cette espérance, les sous-officiers étudieraient avec zèle le calcul, le dessin, l'art de niveler et de lever des plans, ce qui les mettrait en état de rendre d'excellents services en temps de guerre ;

« 5° La nourriture des soldats serait meilleure, et leur travail plus varié leur donnerait plus de force et de santé ;

« 6° Ils ne perdraient pas l'habitude du travail (1), et à leur sortie du service, quand ils reprendraient leur état primitif, ils ne se trouveraient plus dans un état d'infériorité, sous le rapport de l'habileté, avec ceux de leurs anciens camarades qui ne seraient pas tombés au sort ;

« 7° En rentrant dans la vie civile, ils auraient à leur disposition un petit capital qui leur donnerait les moyens de s'établir, et je n'ai pas besoin de développer ici les avantages qu'un pareil état de choses procurerait à ces soldats et à la société en général (2).

(1) On objectera peut-être que cet avantage n'existerait que pour le petit nombre de soldats possédant un métier qui les rend propres à être employés aux travaux publics, car les terrassiers ne peuvent perdre leur habileté ; mais ce genre d'objection, qu'on fait cependant souvent, me paraît dénué de raison ; parce qu'on ne peut faire du bien à tout le monde, faut-il donc se condamner à ne faire du bien à personne ? ce serait une étrange manière de comprendre l'égalité devant la loi !

D'ailleurs, d'après ce que j'ai dit plus haut, on pourrait étendre considérablement mon système ; et je ne vois pas comment il ne serait pas possible d'employer les soldats tailleurs, cordonniers, ébénistes, doreurs, tisserands, etc.

(2) Personne n'ignore que c'est souvent le défaut d'espérance d'acquérir de l'aisance, qui porte le découragement parmi tant

« 8° Enfin, il est probable qu'un assez grand nombre de soldats, plus satisfaits que maintenant de la vie militaire, ayant à leur disposition une somme journalière assez forte pour satisfaire à leurs plaisirs, voyant chaque jour s'augmenter de plus en plus leur petit capital placé à la caisse d'épargne, se détermineraient à renouveler leurs engagements, de sorte que l'armée posséderait une plus grande quantité de soldats à chevrons, qui en font toute la force.

« Et comme toute amélioration en entraîne presque toujours une autre, le grand nombre d'anciens soldats qui composerait les régiments permettrait de dépenser moins de temps aux exercices militaires.

« Je viens d'avance au-devant d'une objection que je n'aurais pas prévue, tant elle me paraît superficielle, mais que j'ai cependant entendu présenter comme sérieuse.

« On a dit: la loi n'imposant aux jeunes soldats qu'un service purement militaire, vous n'avez pas le droit de leur prescrire un travail supplémentaire et d'aggraver ainsi leur position en augmentant la somme des devoirs qu'ils ont à remplir envers l'Etat.

« Sous le rapport légal, cette objection est bien faible; quand la loi de recrutement, faite dans le plus grand intérêt public, aura parlé, il est évident que le gouvernement non-seulement pourra, mais encore devra l'exécuter, et personne n'aura à s'en plaindre.

« Sous celui de la justice, il me semble qu'elle l'est encore davantage, car s'il doit résulter pour les jeunes soldats eux-mêmes quelque bien de l'organisation que je propose, il est clair que la loi nouvelle a le droit de la consacrer sans être injuste.

« Et il faut remarquer que ce n'est pas par les devoirs

d'ouvriers, et ce sont presque toujours les premiers cent francs qu'il est le plus difficile d'épargner.

Les hommes qui possèdent déjà quelque chose sont ceux qui travaillent le plus pour augmenter leur petite fortune; ils n'auraient peut-être pas eu assez de courage pour la commencer.

qu'elle prescrit que la loi de recrutement est dure, mais par le sacrifice des plus belles années de leur vie qu'elle exige des citoyens qu'elle atteint !

« Qu'importe, en effet, à ces citoyens que le temps perdu par eux soit employé à faire rouler une brouette ou un caisson, à manier une pioche ou un fusil ?

« C'est la loi actuelle qui est dure. J'ajouterai qu'elle est barbare ; car après avoir arraché un jeune ouvrier à sa famille, à un âge où, inexpert encore dans le métier qu'il a embrassé (1), il allait acquérir l'habileté nécessaire pour s'y distinguer ; à une époque de sa vie où, sous les yeux de ses maîtres et de ses parents, les habitudes d'ordre et d'économie, indispensables à son bonheur futur, allaient se développer en lui ; elle le rejette ensuite, après six années d'oisiveté, et souvent, hélas ! orphelin, au sein de la société, sans argent, sans habileté dans son état, et souvent, ce qui est pis encore, sans goût pour le travail. Ah ! si, sous l'empire d'une telle loi, il n'existe pas un plus grand nombre d'assassins et de voleurs, il faut avouer que cela fait l'éloge de notre caractère national.

« Je l'ai déjà dit, je ne suis pas dans une position qui me permette d'examiner la question d'assez haut, je n'ai pas assez de connaissance d'administration militaire, ni surtout assez de présomption, pour croire qu'un système complet et parfait soit sorti de mon cerveau, comme Minerve de celui de Jupiter, mais, à tort ou à raison, je pense que mes idées, très-hardies sans doute, ne sont pas tellement absurdes qu'elles ne méritent pas d'être méditées par les personnes compétentes, et c'est le seul honneur que je revendique pour les avoir conçues. »

P. LEBLANC.

(1) Je ne parle pas ici de celui dont le travail était utile à sa famille ; il est mort pour elle dans le système actuel ; dans le mien, il peut encore venir à son aide.

EMPLOI DES TROUPES AUX TRAVAUX DE CANALISATION EN SUÈDE.

Extrait du rapport adressé le 18 mars 1833, par l'un des directeurs du canal de Gothie, à M. DE LAGERHEIM, ingénieur en chef, en réponse à ces questions :

« Quelles sont les mesures que le gouvernement suédois a prises
« pour porter les soldats à travailler *avec bonne volonté*, sans trop
« de dépenses, mais avec des récompenses ou distinctions quel-
« conques ?

« Quelle est la forme des mesures prises par le gouvernement
« suédois pour donner à ces travaux un caractère d'utilité natio-
« nale *compatible avec la dignité de l'armée ?* Enfin, quelles sont
« les conditions de tous genres, soit positives, soit morales, qui
« ont contribué à rendre cette grande mesure si utile et si hono-
« rable pour le royaume de Suède? »

— Traduit du suédois. —

« La plus grande partie du canal de Gothie, terminé en
1832, qui réunit la mer du Nord à la Baltique, a été exécutée
par l'armée ; ce fut en effet le seul moyen par lequel on pût
entreprendre un pareil travail dans un pays aussi étendu et
aussi peu peuplé que la Suède ; et heureusement l'organisation de l'armée suédoise est telle que les occupations de ce
genre se concilient à la fois avec la dignité et la destination
du militaire. Outre les régiments enrôlés (*woarfuade*) qui
font le service de garnison, la Suède a des troupes permanentes qui sont réparties sur toute la surface du sol et entretenues par les propriétaires ruraux. Ces troupes, qui sont
tenues de faire l'exercice pendant une certaine partie de
l'année, ont fait une convention avec l'État, en vertu de laquelle le gouvernement peut les charger de travaux d'utilité
publique, tels que : fortifications, établissements de ports
et de bassins, communications par terre et par eau, travaux
dans lesquels les soldats finissent par acquérir une grande
habileté qui leur est fort utile même dans le service mili-

taire. Cette capacité de travail une fois acquise, les soldats peuvent se procurer leur subsistance indépendamment de leur paye. Chaque soldat suédois a son champ ; il peut donc, dans le temps où il est libre de service, se faire autoriser par ses supérieurs à travailler pour lui-même ou pour d'autres ; et l'ouvrage ne lui manquera pas, car les militaires sont connus pour être les travailleurs les plus habiles du pays et toujours préférés aux autres ouvriers.

« Au reste, ces troupes sont organisées comme les régiments enrôlés, et sont commandées, dans le travail, par leurs propres officiers. Lors de l'exécution du canal de Gœtha, les officiers ont veillé non-seulement à la discipline, mais aussi à l'emploi de leur salaire (*œconomie*). L'entreprise du canal fournissait des vivres aux troupes à des prix fixés, tous les ans, par le roi, et qui étaient calculés de manière que leur nourriture n'absorbât que la moitié de leur gain. Un certain nombre d'heures par semaine étaient consacrées à l'exercice des armes. Pendant les 22 années qu'a duré la construction du canal, un grand nombre d'excellents ouvriers ont été formés dans l'armée, et on a trouvé des soldats dont la docilité et l'aptitude ont excité l'admiration des contre-maîtres anglais. »

Extrait du rapport fait au nom de la commission chargée de l'examen du projet de loi concernant l'appel de 80,000 hommes de la classe de 1840, par M. le lieutenant-général DURIEU, député.

« .... Ce qui peut donner lieu à certaines pertes, c'est, en grande partie, la réunion obligée, dans un même bâtiment, dans une même chambre, d'un grand nombre d'hommes ; c'est notre peu de goût pour le service de paix, pour les exercices monotones et incessants, et pourtant nécessaires ; c'est la première répugnance des jeunes recrues, qui tous obéissent parfaitement, mais dont un certain nombre inclinent plus ou moins à la nostalgie ; c'est, enfin, il faut le dire aussi, l'oisiveté militaire, qui, malgré le service et les exercices, laisse beaucoup de temps sans emploi, et qui tourne parfois à l'ennui, à l'intempérance, aux vices des villes et à des maladies. Les armes spéciales de l'artillerie et du génie, où l'on s'exerce autant, ou plus, pour le service ordinaire, mais où l'on s'applique beaucoup à des travaux qui entretiennent la force et la santé, ont généralement moins de malades que l'infanterie et la cavalerie.

« C'est donc du travail qu'il faudrait donner, surtout à l'infanterie, dont les soldats vivent beaucoup trop sans rien faire. Trouver et constituer un bon moyen de diminuer leurs loisirs, en y comprenant, bien entendu, et au premier rang, l'instruction primaire, serait une autre grande amélioration de notre régime militaire. Les mœurs, la santé, le bien-être et le contentement personnels y gagneraient ; l'économie des hommes et l'esprit de l'armée y gagneraient aussi : les généreuses inquiétudes manifestées sur nos pertes se calmeraient et se changeraient en satisfaction.

« Il faudrait peut-être profiter de la réforme proposée de la loi organique du recrutement de l'armée, pour y introduire une disposition qui déterminât, par quelques mots, les devoirs généraux imposés à l'armée. On se borne à imposer huit ans de service. Ce service est convenu, dit-on, pour la paix et pour la guerre. Mais pourtant, lorsqu'on a voulu employer nos troupes d'infanterie à des travaux de routes qu'on appelait même stratégiques, on a rencontré des répugnances, spécieuses sans doute, mais manifestées par quelques soldats, par des officiers, par des généraux, qui pensaient que c'était déroger à la dignité des armes que de manier en même temps la bêche roturière, qui s'est pourtant ennoblie aussi depuis que l'industrie agricole a pris sa part de la considération et des récompenses publiques. On a allégué, d'ailleurs, que les règlements en vigueur n'autorisaient pas positivement cet emploi des troupes. Cependant les troupes les plus laborieuses sont toujours les meilleures.

« Et d'ailleurs nos soldats, provenant, pour la plupart, de l'agriculture et retournant à l'agriculture, conserveraient

ainsi les habitudes du travail, dont ils apprendraient à perfectionner les façons en voyant d'autres usage. Le gain
qu'ils feraient pendant qu'ils sont au service entrerait en
partie dans les caisses d'épargne, très-heureusement établies
dans nos régiments, où elles moraliseront nos militaires,
comme elles moralisent déjà nos ouvriers citoyens. Généralement, les soldats qui servent le mieux sont les plus
sobres, les plus économes, les moins oisifs.»

Relevé des dépenses de la guerre depuis 1830.

ANNÉES		Budgets provisoires.
1830	233,613,402 f.	
1831	386,624,854	
1832	338,328,364	ANNÉES 1840 247,701,470 f.
1833	300,981,062	1841 251,541,281
1834	255,442,618	1842 325,802,975 (1)
1835	237,487,849	1843 295,909,733 (1)
1836	218,433,937	
1837	230,582,531	1,120,955,459
1838	240,733,357	Ci-contre 2,683,648,944 f.
1839	241,420,970	

Budgets définit. 2,683,648,944 f.

Total   3,804,604,403
Moyenne   271,757,457

Sur ce total, l'Algérie figure pour 446,884,452 fr.

Moyenne   31,920,318

(1) Non compris 35,740,000 f. pour travaux extraordinaires.

DE
LA PRESSE PÉRIODIQUE
AU DIX-NEUVIÈME SIÈCLE.

1836.

La liberté de la presse ne doit pas dominer les autres institutions ; elle est elle-même limitée par la constitution dont elle fait partie ; elle ne saurait avoir plus de droits que la tribune législative.

Duc de Broglie, août 1835.

I

De l'influence que la presse périodique est appelée à exercer dans l'avenir.

> Chaque époque a sa passion qui la caracté-
> rise et qui la domine : condition de vie si elle
> est comprise, condition de mort si elle est
> niée. La grande passion de ce temps-ci, c'est
> la passion de l'avenir, c'est la passion du per-
> fectionnement social... Eh bien ! l'instrument
> de cette passion actuelle du monde moral, c'est
> la presse, c'est l'outil de la civilisation...
> La presse est sortie du domaine de la légis-
> lation ; elle a cessé d'être un droit politique ;
> elle est devenue une faculté, un sens nouveau,
> une force organique du genre humain, son seul
> levier pour agir sur lui-même.
>
> DE LAMARTINE.

Une politique nouvelle veut des moyens nouveaux.

Après le despotisme de la foi, le règne de la réalité ; après l'éducation par la chaire apostolique, l'instruction par la presse périodique ; comme après l'égalité chrétienne est venue l'égalité civile, comme à la domination matérielle des peuples s'apprête à succéder un autre empire.

La force armée ne saurait plus être qu'un moyen extrême et temporaire de répression publique, mais non plus un argument de la raison gouvernementale contre l'erreur populaire, encore moins un élément solide d'organisation sociale. Lorsqu'à des victoires civiles dues à la force militaire un gouvernement donne le nom de *système de résistance* ou d'*intimidation*, des difficultés du présent, qu'il ajourne ainsi sans les vaincre, il n'aboutit qu'à faire des périls redoutables dans l'avenir, qu'à provoquer les réactions périodiques et sanguinaires par des triomphes passagers et sanglants.

Gouverner par la presse en s'adressant à la raison publique, l'honorer pour la rendre honorable et utile, s'emparer de l'avenir et consolider le système représentatif par une instruction plus rationnelle donnée sans parcimonie aux douze millions d'enfants dont l'éducation reste encore à faire, affermir l'ordre établi par une plus égale répartition de bien-être, telle est la loi impérieuse des gouvernements nouveaux.

Entre les mains de l'homme d'Etat qui la saura comprendre et diriger, la presse périodique, ce pouvoir, le seul aujourd'hui qui s'exerce sans contre-poids et sans contrôle, ne sera plus qu'un moyen de gouvernement, qu'un instrument docile, qu'un auxiliaire universel qui le rendra tout-puissant, comme autrefois l'Église, qui, d'abord redoutable aux trônes, devint leur plus solide appui.

II

Des deux éléments dont se compose la presse périodique.

La PRESSE PÉRIODIQUE n'a pas même rempli sa plus essentielle condition, celle de la PUBLICITÉ.

Ce qui est étrange, mais ce qui est vrai à dire, c'est qu'il n'y a pas de PUBLICITÉ en France, en prenant ce mot dans sa juste et rigoureuse acception.

Dans l'état des choses, les faits, quand ils ne sont pas entièrement supposés, ne parviennent à la connaissance de plusieurs millions de lecteurs que tronqués, défigurés, mutilés de la manière la plus odieuse.

Un épais nuage élevé par les journaux dérobe la vérité, intercepte en quelque sorte sa lumière entre le gouvernement et les peuples.

Rapport au roi : CHANTELAUZE, de POLIGNAC, de PEYRONNET, etc.

(*Moniteur*, 25 juillet 1830.)

Telle est la tardive et lumineuse révélation contenue dans le rapport célèbre qui servit d'introduction aux ordonnances de juillet 1830 ; révélation tardive, mais de plus encore inutile ; car, quelque éclatante qu'elle fût, elle a passé sans apprendre au législateur et à l'homme d'Etat que, sous les noms très-différents de POLÉMIQUE et de PUBLICITÉ, la PRESSE PÉRIODIQUE renfermait deux éléments constitutifs essentiellement distincts, deux principes antagonistes... ; que les confondre, c'était exposer de nouveau le pouvoir à venir se briser contre le même écueil, sans que l'histoire lui servît de fanal.

L'expérience a pleinement démontré que les subventions, fatales à tous les journaux apologétiques, sont toujours restrictives de toute publicité grande et utile ; que la polémique vénale ne sert qu'à diminuer la considération du pouvoir qui la soudoie, et qu'à donner plus de force aux passions qui se mesurent avec lui.

La désuétude, d'autre part, cette mort légale des mauvaises dispositions législatives, a depuis longtemps fait justice de l'article 8 de la loi du 9 juin 1819, vainement reproduit dans l'article 18 de la loi du 9 septembre 1835 ; dans la pratique, cette disposition n'a jamais pu survivre au grave inconvénient d'engager les gouvernements dans une polémique dont ils payent les frais et dont ils n'ont jamais le dernier mot.

Depuis l'avénement du gouvernement représentatif en France, tous les ministres qui se sont succédé ont fait plus ou moins, tous et toujours sans succès, « DU JOURNALISME. » Poursuivis par les partis, attirés dans leur arène, tous y sont descendus, s'exposant à une lutte inégale, et sans autre issue pour eux que beaucoup de périls et point de gloire ; tous appelant à leur aide la POLÉMIQUE, indigne alliée du pouvoir, qui ne s'offrit jamais à lui que pour le trahir, et repoussant là la PUBLICITÉ, le seul auxiliaire assez puissant pour assurer son triomphe.

La PUBLICITÉ, comprimée maladroitement par des mesures restrictives, a dévié de son origine et de son but ; elle s'est transformée en POLÉMIQUE : la torche a pris la place du flambeau.

La PUBLICITÉ est l'essence des gouvernements représentatifs ; la POLÉMIQUE est leur principe de mort.

Si dans un pays la PUBLICITÉ est faible, altérée, restreinte, la POLÉMIQUE fera de rapides progrès et d'irréparables ravages ; si la PUBLICITÉ est au contraire fortement constituée, légalement reconnue, si elle est libre et pure, la POLÉMIQUE sera sans force et sans voix ; l'influence de l'une est toujours exactement en raison inverse de la puissance de l'autre : tous les faits viennent à l'appui de la théorie que nous émettons.

En France, la POLÉMIQUE est active et puissante ; par contre, la PUBLICITÉ n'y saurait être plus chétive et plus nulle.

Un document statistique de l'administration des postes, recueilli en septembre 1835, établit qu'à cette époque la presse centrale se composait de 20 journaux qui comptaient ensemble, dans les départements, 50,200 abonnés.

La POLÉMIQUE et la PUBLICITÉ se partageaient ce nombre de la manière qui suit :

La PUBLICITÉ représentée par le *Moniteur*, 876 abonnés et 500 lecteurs au plus ; la POLÉMIQUE 50,000 abonnés et 200,000 lecteurs au moins.

Lorsque le journal officiel du gouvernement, celui qui partout doit porter la vérité, devancer le mensonge, rectifier l'erreur, déjouer l'intrigue ; celui qui seul reproduit avec authenticité et impassibilité les débats législatifs ; lorsque ce journal ne compte qu'un si faible nombre de lecteurs, peut-on dire que ce soit là une publicité représentative, digne de la tribune parlementaire, et qui suffise à la défense du pouvoir et à l'instruction du pays ?

D'autre part, la polémique se fractionnait ainsi :

Polémique ministérielle ; effectif : 8,150 abonnés.

Polémique opposante : 41,200 —

Évidemment donc, dans toute lutte engagée entre la presse périodique et le pouvoir ministériel, ce dernier ne peut manquer de succomber aux coups incessants de son adversaire, si, à l'avantage du nombre, celui-ci joint encore l'animosité d'une revanche à prendre, d'un échec à réparer. Tout pour la presse opposante est fortune contre les dépositaires du pouvoir ; pour les renverser il lui suffit d'un intérêt matériel froissé, d'un dissentiment passager, de la plus légère faute commise.

La polémique contradictoire à laquelle, à deux époques différentes, a donné lieu le projet de remboursement de la rente française est une éclatante confirmation donnée par les faits à l'observation qui précède ; elle prouve la toute-puissance de la presse sur l'opinion publique, dès que celle-ci n'est plus absorbée par les préoccupations du rétablissement de l'ordre matériel.

Dans un pays où les études politiques sont rarement profondes, où les convictions sont mobiles, les ambitions innombrables ; dans un pays où la vanité a perdu son nom pour usurper celui d'égalité, où le droit et l'abus sont sans cesse pris l'un pour l'autre, la puissance et les dangers de la polémique s'accroissent par l'oppression et par la lutte. Le pouvoir est perdu dès qu'il se hasarde dans cette voie, où, plus prudente que lui, l'opinion publique ne le suit jamais.

Dès que la PUBLICITÉ aura acquis tout le développement que comporte l'état de l'instruction en France, la POLÉMIQUE se renfermera d'elle-même dans ses propres limites, qui sont « le droit scientifique de discussion, » mais non point l'exploitation mercantile des passions et des intérêts de partis.

Le droit d'exprimer librement son opinion personnelle n'implique pas nécessairement celui de se constituer arbitrairement l'organe de l'opinion des autres, encore moins celui de parler arrogamment au nom et comme mandataire du pays ; mais, abus ou droit, dès qu'il aura cessé d'être une spéculation productive de la presse périodique, il ne sera plus une puissance redoutable.

Affranchie de ses entraves fiscales, politiquement constituée, légalement reconnue, honorée et non plus corrompue, la PUBLICITÉ, loin d'être nuisible aux gouvernements intègres et de bonne foi, est appelée à devenir leur guide le plus sûr.

Que la PUBLICITÉ, judicieusement et largement comprise, veille partout, et nulle part alors la POLÉMIQUE n'aura plus de foyer absorbant et redoutable. Que les lois et les faits devancent leurs commentaires hostiles ou infidèles ; que la vérité prenne les devants sur l'inexactitude et le mensonge, et l'esprit de personnalité ne pourra plus alimenter la périodicité quotidienne ; partout alors l'opinion publique se fera jour sous toutes ses nuances, partout les fonctionnaires publics auront, pour veiller sur leurs actes, un contrôleur qui instruira le pouvoir central mieux et plus sûrement que ses inspecteurs rétribués.

III

Des lois restrictives et fiscales qui régissent la presse périodique : contradiction de leur texte et de leur esprit.

> La presse porte sa charte avec elle-même, et rien ne la comprimera.
>
> LORD CHATAM.

L'expérience a manqué à toutes les lois faites sur la presse périodique ; aussi leur esprit a-t-il toujours été inverse de la volonté qui les dictait, et leur effet produit le résultat contraire de celui qu'on attendait de leur action.

Nos lois, pour atteindre leur but, devaient élever la presse périodique au rang d'institution politique ; elles l'ont maladroitement fait descendre au rang de spéculation mercantile et vénale ; et lorsqu'au moyen des cautionnements et des taxes elles ont voulu prévenir ses dangers, elles en ont seulement comprimé la force explosive.

C'est ainsi que nos lois ont d'abord démoralisé la presse périodique, et par suite rapidement corrompu les opinions politiques les plus saines, en les poussant à se transformer en objets de trafic et en revenus de l'État.

Pour satisfaire la fiscalité du timbre et utiliser le privilége d'un cautionnement onéreux, il faut le dire,

les journaux n'ont souvent d'autre moyen de se former
une clientèle suffisante que de multiplier les dissentiments politiques et les antipathies sociales, que de porter périodiquement l'exaspération dans les esprits, le
soupçon dans les consciences par la mauvaise foi systématique de la discussion, l'infidélité alternative des
comptes rendus et l'injustice réciproque des attaques
à l'égard de tout ce qui est contraire à chacun d'eux.

Le législateur, cependant, avait le choix entre un
grand nombre de moyens, avant d'en venir tout de
suite, — par l'application de la censure temporaire, et
par l'application de monopoles redoutables, conséquences directes des prohibitions absolues, des cautionnements exorbitants et des taxes excessives, — à
une extrémité aussi dangereuse que celle de la concentration d'une force équivalente dans l'ordre moral
à celle de la vapeur dans l'ordre matériel.

L'affaiblissement des forces de la presse périodique
par leur déperdition, c'est-à-dire par une liberté sans
entraves, moyen conseillé par MM. de Châteaubriand
et Benjamin Constant, bien qu'il ne fût pas le meilleur,
était cependant préférable, car il offrait des dangers
moins graves, et permettait à une main déjà exercée
de le graduer selon l'expérience acquise.

Un autre moyen tout simple de décentraliser la
presse périodique, c'est-à-dire de diminuer ses dangers, sinon de les détruire, s'offrait encore : il suffisait
de joindre la taxe du timbre au prix du port, et d'é-
lever à dix centimes le droit de poste. Les journaux de
Paris, par ce seul fait, perdaient leur omnipotence, les
journaux de départements croissaient en nombre,

toutes les opinions se faisaient jour et s'effaçaient dans la diversité de leurs nuances.

Vingt années d'expérience ont surabondamment démontré :

Que les cautionnements sont des garanties illusoires et des priviléges funestes ;

Que l'impôt du timbre, en matière de presse périodique, est un contre-sens politique ;

Que toutes les mesures restrictives, enfin, dont la presse périodique a été l'objet, n'ont abouti qu'à la jeter dans la dépendance des partis, et qu'à transformer, à son insu, l'abonné le plus modéré d'un journal en sectaire politique.

Comment pouvait-il en être autrement ? Comment n'a-t-on pas compris tout de suite, et comment ne comprend-on pas encore qu'alors que, par l'effet de la législation fiscale, un journal politique ne peut se soutenir qu'au moyen du concours de cinq mille abonnements, son intérêt le contraint à créer de profondes dissidences d'opinions et de larges démarcations de partis, afin de fomenter des passions exploitables et des haines productives ?

Voilà ce que c'est que d'avoir fait la presse périodique justiciable des tribunaux consulaires, de l'avoir assimilée à une denrée commerciale !

En résumé, un gouvernement n'est pas fondé à se plaindre des agressions de la presse périodique lorsqu'il persiste à la mettre hors de la loi commune, à l'assimiler aux condamnés soumis à une surveillance spéciale, lorsqu'il la traite exceptionnellement avec une légèreté qui est en contradiction flagrante avec le respect qu'il a coutume de montrer pour tous les droits acquis, avec toutes les garanties dont nos lois entourent toute propriété.

Un gouvernement autorise l'opposition ombrageuse de la presse périodique, lorsque des lois viennent si fréquemment et si précipitamment changer les conditions de l'existence des journaux, qu'ils sont réduits à se demander si le fait matériel de leur possession, quelque considérables que puissent en être les revenus, constitue une propriété légitime ; lorsqu'une telle instabilité légale les menace constamment et les fait tous entre eux si étroitement solidaires, qu'il suffit que dans le nombre deux coupables se trouvent pour que ceux-là mêmes qui s'opposaient aux succès de leurs criminels desseins soient traités, sinon tout à fait en complices, du moins en prévenus, et qu'on se dispense envers eux de reconnaissance et de justice.

Ceux qui accusent la presse périodique ne savent pas que telle est la législation vicieuse qui la régit, que, si quelques hommes politiques sont animés de vues généreuses et utiles auxquelles ils désirent donner la consistance d'une opinion, ce n'est pas assez qu'ils y consacrent une partie de leur fortune ; que la première et inévitable condition qui leur est imposée, c'est celle de devenir commerçants, de voir leur opinion réputée marchandise, et leur nom érigé en raison sociale, à moins de se livrer sans réserve et sans défense à la bonne foi d'un gérant absolu.

Disons-le hautement, les écarts et les excès de la presse périodique, le mal qu'après 1830 elle a fait à la liberté plus encore qu'à l'ordre, ne sont pas uniquement son ouvrage; ils sont surtout les conséquences inévitables d'une législation à la fois vexatoire et impuissante, exceptionnelle et inconséquente.

Sans doute la presse périodique est loin d'avoir l'utilité, la vertu, l'impartialité, qu'elle s'attribue, toutefois il serait injuste de méconnaître les services que sa vigilance a rendus et rend encore aux libertés publiques qu'elle défend, aux mœurs nouvelles qu'elle forme, aux intelligences qu'elle développe, aux intérêts matériels qu'elle éclaire, enfin au gouvernement représentatif qu'elle a fondé, et dont elle ne saurait médire sans s'accuser elle-même, car c'est à la persistance de ses luttes qu'il doit son existence.

IV

Des cautionnements : de leur effet.

> Le cautionnement est une garantie restrictive.
>
> M. Guizot, 1830.

> Le cautionnement a pour but véritable d'exiger une certaine garantie de lumières, d'éducation, de fortune, d'intérêt à l'ordre, de la part de ceux qui pourraient le troubler.
>
> Le cautionnement, considéré sous le point de vue du mouvement des amendes, est une chose inutile.
>
> Duc de Broglie, 1830.

L'expression matérielle de la pensée de prévoyance et de garanties sociales de MM. Guizot et de Broglie est fausse. L'expérience a depuis longtemps prononcé sur l'utilité des cautionnements ; tous les essais possibles ont été faits sans succès à diverses époques.

Si les cautionnements n'avaient d'autre but que de s'assurer que ceux qui fondent un journal ont un intérêt à la conservation de l'ordre, le mieux, dans ce cas, serait de les réduire et non de les élever ; car il se rencontrerait alors plus de gérants dont le cautionnement et le journal seraient la propriété réelle.

Quand au contraire les cautionnements sont considérables, quand un grand nombre d'abonnés est nécessaire à la publication d'un journal, que fait celui qui 'entreprend ? il confond les risques d'amendes avec

les autres chances de pertes, et met le tout à la charge
de la société commerciale qu'il forme ; il a soin de s'y
soustraire personnellement, et le plus souvent même
il se dérobe aux châtiments corporels de la loi en assu-
mant toute la responsabilité du délit, soit sur des hommes exaltés de son parti, soit sur quelques malheureux
à qui la perte temporaire de la liberté laisse à regretter
peu de bien-être domestique.

Tout, à l'époque où nous vivons, tend à se résumer
en primes d'assurances.

Les plus sûrs résultats que produisent une pénalité
sévère et des cautionnements exorbitants sont d'augmenter le traitement des gérants et le taux des primes.

Plus les cautionnements sont élevés, moins la concurrence est possible ; plus les probabilités de bénéfices
paraissent assurées et brillantes, plus il est facile dès
lors de trouver des actionnaires.

Les cautionnements demandés à la presse périodique lui restituent en puissance plus qu'ils ne lui enlèvent en liberté ; leur unique effet est de créer au profit
de quelques grands feudataires un privilége par lequel
l'exploitation exclusive de l'opinion publique leur est
livrée en monopole, et de créer ainsi dans l'État une
aristocratie d'autant plus redoutable qu'elle n'est pas
reconnue.

Voilà quel est, au point de vue pratique de la presse
périodique, le résultat de la législation qui la régit en
France, tel que l'enseignent l'observation et l'expérience.

V

Des droits de timbre et de poste : de leur effet.

> Le peuple en Angleterre se borne à écrire
> ce qu'on pense ailleurs ; le roi a un droit sur
> les papiers qui courent, de façon qu'il est payé
> pour les injures qu'on lui dit : la république
> est imminente, les choses ne peuvent durer
> comme cela.
>
> Montesquieu.

> Supprimez les droits sur le timbre et les frais
> de poste.
>
> Guizot, 8 novembre 1830.

Un esprit chagrin, ennemi de tout système politique
durable et de la concorde publique, animait assurément celui qui le premier conçut l'idée d'asservir la
presse périodique aux exigences de la fiscalité, afin de
la tenir constamment en haleine contre le pouvoir par
des vexations journalières.

Les convictions ne s'expriment plus lorsque les opinions, pour exercer leur prosélytisme, sont contraintes
de se vendre soit aux partis, soit au pouvoir. L'honneur politique n'habite plus le pays où les éloges et les
attaques sont un commerce qui se fait au profit du
trésor public, sous la protection des lois.

L'État qui prélève sa part impure d'une pareille
prostitution de l'esprit peut la poursuivre, mais jamais
la réprimer. Ses intérêts, en opposition avec ses des-

seins, le tiennent incertain et impuissant; il n'ose que des mesures inefficaces.

Pour comprendre bien l'action du timbre sur la presse, il convient de se rendre préalablement un compte exact de l'état des frais d'un journal quotidien.

Ces frais sont de deux natures : l'une *décroissante*, l'autre *progressive*.

Les *frais décroissants* se composent de l'impression, de la rédaction et de l'administration du journal. Ils varient depuis 100,000 fr. jusqu'à 200,000 fr. par an, selon le mérite de la rédaction et l'étendue du format; ils diminuent relativement en proportion inverse du nombre des abonnés.

N'ajoutant à la somme de 100,000 fr. de frais fixes que les frais progressifs de papier et de tirage évalués à 11 fr. par abonnement annuel d'un journal quotidien de trente décimètres, et en laissant de côté tous droits de port et de timbre, voici les résultats que présente la publication d'un journal pris au bureau d'abonnement et vendu sans bénéfice aucun : — Au prix actuel de 80 fr. par abonnement annuel, quinze cents souscripteurs seraient nécessaires pour couvrir les frais d'un journal quotidien, ces frais s'élevant à eux seuls à 115,500 fr.

Si le journal ne compte que cinq cents souscripteurs, il faudrait, pour en équilibrer les frais, que chacun d'eux payât son abonnement annuel 240 fr.

Maintenant, si l'on passe à l'examen du budget d'un journal dont les mêmes dépenses fixes s'élèvent annuellement à 200,000 fr., on se convaincra qu'au prix de 80 fr., trois mille abonnements sont nécessaires pour couvrir les frais, s'élevant à 233,000 fr.

A ces dépenses, si l'on joint les droits de poste et de timbre, qui sont de 32 fr. 40 c. par abonnement annuel, on se rendra facilement compte qu'en présence de si grandes chances de ruine, les risques d'amende et les primes de cautionnement disparaissent ; que ce qu'il faut avant tout, c'est avoir des abonnements, dût-on, pour les obtenir, encourir l'amende et la prison ; car, entre les deux écueils de la détention pour dettes du journal et de la détention pour délits politiques, il n'est pas un gérant qui ne donne la préférence à cette dernière extrémité.

Voilà le secret de l'existence aventureuse de tout nouveau journal politique quotidien. Maintenant, il est facile de s'expliquer comment, dès que cinq mille abonnements sont nécessaires à l'existence d'un journal, il est contraint de multiplier les dissentiments politiques, les antipathies sociales, d'irriter et de flatter alternativement les partis, afin de créer, ainsi que nous l'avons dit, des passions exploitables et des haines productives.

La suppression du timbre, en ce qui concerne les écrits périodiques, ne causerait pas au trésor public le préjudice qu'on peut craindre ; d'une part, une forte portion de ses produits retourne à la presse sous la forme de subventions ministérielles ; d'autre part, le trésor public retrouverait dans une augmentation certaine des produits de la poste plus peut-être qu'il ne serait nécessaire pour équilibrer la réduction opérée dans les revenus du timbre.

VI

Des subventions données aux journaux ministériels : de leur effet.

> Corrompre, ce n'est point vaincre les difficultés de gouverner, ce n'est pas même les éluder ; c'est les accumuler en les ajournant, c'est retarder seulement sa défaite.
>
> *Moniteur,* 30 av. 1835. *Disc. des fonds secrets.*

Donner des subventions à la presse périodique, ce n'est pas seulement altérer le principe de la publicité, c'est essayer, au préjudice des véritables intérêts du pays, de former des majorités factices ; c'est corrompre l'opinion publique, qui fait défaut aux organes ministériels ; c'est s'aliéner la presse indépendante, en déplaçant à son préjudice toutes les conditions d'égalité civile et de concurrence industrielle.

Encore, si ces subventions n'étaient qu'une récompense donnée à des zélateurs d'un système ; mais le plus souvent elles ne sont accordées, par le ministre dispensateur des fonds secrets, à certains journaux, que pour mettre un terme à leurs attaques ; d'où il résulte qu'acheter ainsi l'apologie, c'est offrir une prime à l'injure, c'est démoraliser une jeunesse qui, souvent, de son patrimoine épuisé par l'acquisition d'une instruction mauvaise, irrationnelle, inapplicable, n'a recueilli qu'une déplorable facilité d'écrire.

Lui montrer que l'attaque et la diffamation sont le

chemin des subventions, et souvent même celui des titres, des priviléges et des décorations, n'est-ce pas faire d'un déplorable abus un ignominieux trafic ?

Là n'est pas encore le plus grand mal produit par les subventions ; un plus grave, le voici : c'est de faire que tout jeune écrivain ayant la conscience haut placée, indépendant par caractère, mais partisan du pouvoir, soit, en quelque sorte, contraint, pour l'éclairer, de l'attaquer, n'osant le défendre, de peur qu'un soupçon, même injuste, de vénalité fasse jamais ombre à sa plume.

Une suite de tentatives malheureuses a montré qu'entre les journaux d'opposition et ceux subventionnés par le ministère il n'y avait point de place pour les organes d'une opinion indépendante, calme et médiatrice ; car la corruption et la vénalité ont si bien fait, que toute opinion intermédiaire qui s'adresse aux intérêts du pays et non aux passions d'un parti, passe dans l'esprit public pour vendue au ministère, et n'exerce dès lors aucun prosélytisme.

Le mal profond que fait la corruption érigée en système politique par le pouvoir, c'est de l'isoler et de compromettre la considération de qui ose se dire son partisan, quelque désintéressé qu'il soit à l'être.

Que, pour justifier le gouvernement, on ne dise pas que subventionner des journaux afin qu'ils défendent ses actes est, de sa part, droit et nécessité ; car, alors, il serait préférable de reconnaître hautement ce droit et cette nécessité par le vote d'un fonds spécial, qui du moins, investirait les chambres législatives d'un contrôle annuel et serait un hommage rendu par le gouvernement représentatif au principe de la publicité, mais non point un sacrifice impur fait par la corruption à la vénalité.

Le gouvernement a tout à gagner à répudier le moyen dangereux et dispendieux des subventions occultes. D'honorables auxiliaires, qui ne se tiennent souvent éloignés de lui que pour mettre leur modération et leur indépendance à l'abri des soupçons, lui prêteraient alors leur concours.

Ce fut toujours un grand art, même avant la liberté de la presse et la nécessité des majorités parlementaires, que celui d'assurer la paix et le bonheur d'un peuple. Jamais la corruption n'en fut un des préceptes, jamais elle n'a été que la politique des gouvernements sans grandeur et sans bonne foi ; que la supériorité des ministres médiocres, que le symptôme précurseur des systèmes à leur fin dernière.

VII

Moyens de constituer la publicité gouvernementale.

> Si j'avais une loi à faire sur la presse, elle serait d'un mot : je supprimerais le timbre, et j'enlèverais ainsi le monopole aux journaux, *et surtout je me servirais moi-même de la publicité.*
>
> De Lamartine.

> La polémique a totalement envahi les journaux les plus répandus......
>
> Mᵐᵉ de Staël.

Le premier ministère qui sera à la hauteur de sa mission quittera le sentier couvert et périlleux de la POLÉMIQUE VÉNALE pour s'ouvrir une route nouvelle, large et sûre, celle de la PUBLICITÉ LÉGALE.

Entre les deux éléments de la presse périodique, l'un vital, l'autre délétère, le temps est venu de choisir !

Que le gouvernement représentatif sache enfin rendre hommage au principe de la publicité constitutionnelle, en lui donnant une base large, légale et morale, en le consacrant hautement et franchement, comme garantie des contribuables et comme témoignage de la bonne foi de l'administration publique.

Cette œuvre de haute politique et de prévoyance sociale, réservée au premier ministère qui se proposera pour tâche de concilier le progrès des institutions politiques avec la stabilité du pouvoir, est d'exécution

facile ; elle n'exige aucun vote de loi, aucune alloca-
tion, aucune disposition extralégale ; elle ménage le
seul intérêt particulier qui eût pu être fondé à se plaindre ; elle rentre essentiellement dans l'esprit du gouvernement représentatif, dont elle vient consolider la
base.

L'article 16 de la loi du 13 brumaire an VII (1) permet au gouvernement d'exempter des droits de timbre et de port le journal consacré à la publication de
ses actes et des séances législatives. Rien de plus simple donc que de publier au prix de CINQ CENTIMES LA
FEUILLE (*dix-huit francs par année*), dans le format du
Moniteur universel, un journal qui porterait le titre de :

BULLETIN FRANÇAIS
DES ACTES DU GOUVERNEMENT ET DES SÉANCES LÉGISLATIVES.

Ce journal, impassible REGISTRE DE L'ÉTAT POLITIQUE,
exclusivement ouvert à la reproduction impartiale des
débats législatifs, du texte des lois organiques, des
actes officiels et des nouvelles d'un intérêt général, ne
contiendrait jamais que la rectification brève et sévère des faits erronés, sans apologies, sans attaques
et sans commentaires (2).

(1) *Loi du 13 brumaire an VII, titre III, — des actes et registres non soumis à la formalité du timbre.*

« 16° Sont exceptés du droit et de la formalité du timbre, savoir :

« 1° Les actes du Corps Législatif et ceux du Directoire Exécutif, etc., etc. »

(2) La publication d'un bulletin analogue a déjà eu lieu.

Le 15 septembre 1792, il fut arrêté qu'un BULLETIN DE CORRES-

Ce tardif hommage rendu par le gouvernement représentatif à la publicité, qui en est l'essence, n'aurait pas seulement pour effet de faire pénétrer de toutes parts la vérité avant qu'elle y fût altérée par l'intérêt des partis et par les nécessités de la polémique journalière.

Aux avantages politiques :

1° D'appeler directement, par une transmission rapide, économique et sûre des communications officielles et des nouvelles authentiques, le pays à juger lui-même les hommes et les actes du pouvoir, avant que son esprit ait déjà reçu une prévention étrangère ;

2° De faire disparaître beaucoup de divisions et de démarcations de partis, que la presse périodique, pour s'alimenter, est contrainte d'entretenir ;

3° De former une opinion publique plus éclairée, plus indépendante et plus impartiale ;

4° De substituer la PUBLICITÉ IMPASSIBLE et VÉRIDIQUE à la POLÉMIQUE PASSIONNÉE et FALSIFICATRICE ;

5° De détruire tous monopoles mercantiles de l'opinion publique, en restituant à chacun la liberté de ses opinions sur les faits ;

A ces avantages politiques s'en joindraient d'autres moraux et matériels de l'ordre le plus élevé :

PONDANCE serait adressé chaque jour à toutes les communes et autorités de France et aux armées.

La loge à droite du président est réservée pour sa rédaction, 13 novembre 1792.

Une commission de l'assemblée est chargée de surveiller la rédaction, 1ᵉʳ nivôse an II, année de la création du *Bulletin des lois* (14 frimaire).

Le 13 fructidor an VI, le *Bulletin de correspondance* est remplacé par un *Bulletin décadaire*.

La publication d'un Bulletin complémentaire du Bulletin des Lois, sur les bases économiques qui viennent d'être indiquées, restituerait 62 fr. par année au budget de cinquante mille lecteurs; on verrait alors aussitôt quelle vie nouvelle recevraient — la littérature, celle qui fait la réputation des écrivains et la supériorité d'une nation, — les sciences, celles qui donnent l'impulsion aux progrès, — l'érudition, celle qui dissipe l'ignorance du passé, détruit les préjugés et rétablit tardivement la vérité des faits.

Les bons livres reparaîtraient vite dans la circulation, d'où ils ont disparu; — les revues, telles qu'elles existent en Angleterre, trouveraient alors en France un public assez nombreux pour leur permettre de rétribuer selon sa valeur un travail consciencieux; les esprits les plus distingués rechercheraient à Paris, comme à Londres et à Édimbourg, le moyen de se faire connaître et de se faire apprécier; — le talent serait sûr d'un asile et d'une juste rémunération; — la polémique changerait de forme, elle en revêtirait une plus grave et plus utile; elle abandonnerait les discussions de premier mouvement pour les dissertations réfléchies, laborieuses et consciencieuses; — elle s'élèverait à toute la hauteur de la science spéculative, et deviendrait alors l'élément progressif de toute législation.

Au lieu de cela, la périodicité semi-quotidienne, hebdomadaire, semi-mensuelle, à l'ombre de laquelle végètent à Paris beaucoup de petites feuilles littéraires et épigrammatiques, ne produit qu'une publicité faible et bornée, sans aucune valeur morale, sans aucune utilité réelle.

La science veut de patientes études, et la littérature, pour s'élever, a besoin d'espace. Ce mode subalterne de périodicité, jouissant du privilége de ne point déposer de cautionnement, à la condition de s'abstenir de reproduire les nouvelles et les faits, se trouve ainsi, par une inconséquence législative, généralement réduit à l'exploitation des personnalités dans le cercle étroit de la vie privée des citoyens.

La littérature qui s'avilit, qui étiole les imaginations jeunes et déconcerte les croyances anciennes, est plus fatale à la civilisation que la guerre la plus meurtrière, que le despotisme le plus aveugle ; car son action subtile, impalpable, s'exerce sans armer de défiances, sans porter d'ombrages, sans provoquer de luttes, jusqu'à ce qu'un de ces rares génies régénérateurs de leur siècle et de leur patrie apparaisse et ramène sur ses traces les esprits divagants, relève les imaginations déchues, et ranime les convictions morales, sans lesquelles les gouvernements et les peuples ne s'inspirent qu'un égal mépris, qu'un mutuel effroi : sentiments déplorables, d'où naissent la misère et l'insurrection d'une part, l'arbitraire et la corruption de l'autre.

A la publicité des faits, il faut la périodicité diurnale ; mais aux travaux, aux investigations et aux études de la science, aux productions distinguées de la littérature, il faut une périodicité rare, un cadre large, une forme sévère.

Les deux chambres législatives ne seraient pas moins intéressées que le gouvernement à la constitution d'une grande publicité ainsi légalement et économiquement établie ; évidemment celle que reçoivent leurs débats par la voie du *Moniteur* est insuffisante et illusoire, bien qu'elle leur coûte annuellement d'assez grands sacrifices.

Assurément la fidélité littérale des débats législatifs a une grande importance historique ; mais la fidélité analytique des discours, lorsque leur étendue exige cette manière de les reproduire, est d'une utilité actuelle bien plus grande, puisque c'est elle qui, le plus souvent, concourt à former et l'opinion publique et le jugement que portent les électeurs sur leurs mandataires.

Ces deux nécessités seraient également prévues et satisfaites par le projet qui sert d'expression matérielle à notre pensée ; son adoption n'apporterait aucun changement dans la publication et dans la propriété du *Moniteur universel*, qui, par son mode de rédaction textuelle, conserverait son authenticité et sa valeur historique.

Conséquemment, pendant la durée des sessions législatives, deux rédactions fidèles des débats parlementaires seraient faites, l'une textuelle, qu'en raison de son étendue le *Moniteur*, lui seul, continuerait de publier ; l'autre sommaire, mais fidèle, expressément réservée au *Bulletin*, et calculée pour n'occuper que l'espace accordé au compte rendu des chambres par les principaux journaux ; cette dernière rédaction, ainsi réduite à la proportion de trois pages, pourrait être exactement transmise chaque soir en épreuve à tous les journaux quotidiens.

De ce service, deux avantages résulteraient :

1.   23

Le premier, — que les journaux de bonne foi auraient le moyen de collationner sûrement la version de leurs rédacteurs, qui ne sauraient matériellement jamais être aussi parfaite que la rédaction recueillie au-dessous de la tribune législative ;

Le second, — que les journaux sans bonne foi ne pouvant alléguer d'excuses de leur infidélité, leur partialité serait alors placée dans l'alternative ou de se déguiser, ou d'être manifeste à tous les yeux. Il ne serait pas impossible qu'un aussi simple soin, pris dans l'intérêt de la vérité, prévalût en raison de l'économie importante qu'il permettrait à beaucoup de journaux de faire sur leur budget : en tout cas, cet essai serait sans inconvénient.

Ainsi que cela a lieu pour le *Bulletin des lois*, on s'abonnerait au second bulletin, complémentaire du premier, sans frais aucuns, chez tous les directeurs des postes, qui seraient chargés d'en opérer le service ; on éviterait ainsi tous les détails administratifs et minutieux de l'inscription des noms, de la mise sous bande, des changemens de domicile, etc. ; tout se bornerait à recevoir de chaque directeur des postes la demande et le prix d'un certain nombre d'exemplaires ; une remise de dix pour cent sur le prix d'abonnement leur serait allouée pour ce service, ce qui leur assurerait un supplément de traitement assez considérable.

Tous les abonnements seraient annuels.

Les seules difficultés que pourrait présenter l'exécution de ce plan seraient les difficultés matérielles de tirage, en raison du nombre incalculable d'abonnés ;

auxquels parviendrait vite et sûrement le bulletin.

Mais ces difficultés sont de celles qui n'arrêtent jamais une grande entreprise. On triplerait, au besoin, les compositions, jusqu'à ce qu'un procédé plus expéditif et plus économique naquît de sa nécessité même. En Angleterre, il y a des presses qui de minuit à midi pourraient tirer 48,000 exemplaires. Il suffirait de doubler la composition pour qu'elles produisissent 96,000 exemplaires pendant le même temps.

Établi sur ces bases, le bulletin proposé compterait bientôt plus de cent mille abonnés; recherché jusque dans les plus faibles communes, en raison de la modicité de son prix et de l'authenticité de ses nouvelles, partout il ferait pénétrer la vérité avant qu'elle y parvînt altérée ; il remédierait ainsi au grave inconvénient du prix trop élevé des feuilles quotidiennes, — résultat des taxes qui les grèvent.

On n'a pas encore exactement calculé la toute-puissance du bon marché appliqué à la presse périodique (1).

L'économie ne serait pas le seul motif déterminant pour s'abonner au *Bulletin ;* à quelque fraction politique qu'on appartienne, il y aurait encore un autre motif de se décider : ce serait l'avantage de connaître *vingt – quatre heures plus tôt que par la voie des autres journaux,* les dépêches télégraphiques, les communications officielles, les mouvements administratifs, les *nominations à tous les emplois ;* de pouvoir enfin étu-

______

(1) Il ne faut pas perdre de vue que ceci a été écrit avant que la *Presse* et le *Siècle* parussent.

dier et suivre ainsi la pensée du gouvernement d'après elle-même.

Nul doute que le *Bulletin*, réunissant ces deux conditions, n'eût alors pour abonnés les fonctionnaires publics de tous degrés et tous les hommes impartiaux et véritablement indépendants. Que serait en effet pour des lecteurs accoutumés depuis longtemps à payer 80 fr. pour le montant de leur abonnement annuel, l'addition de la faible somme de 18 fr., prix de l'abonnement au *Bulletin?*... A ce modeste prix, cependant, les produits seraient encore assez considérables pour permettre au directeur qui lui serait donné de rétribuer honorablement le concours des premiers écrivains, afin que, pendant la lacune des sessions législatives, le *Bulletin* fût, par la supériorité de sa rédaction, comme par l'étendue de sa publicité, le premier journal du monde (1).

Dans ce registre national, vaste enquête permanente, serait *accessoirement* consigné tout ce qui intéresse et honore la France : — les plus dignes productions de l'esprit et du talent, — les chefs-d'œuvre des arts, —

(1) La feuille d'impression, grand raisin, format du *Moniteur*, tirée à grand nombre, à la mécanique et sur bon papier, revient à 15 fr. la rame, soit 3 centimes la feuille, ou 10 fr. 95 c. pour 365 numéros ; 7 fr. environ resteraient donc disponibles pour le payement : 1o de la remise des directeurs de poste ; — 2ª des frais matériels de composition et de ceux d'administration ; — 3º enfin, de ceux de rédaction, qui doivent être évalués au moins de 200,000 fr. à 300,000 fr., si l'on veut, ainsi qu'il serait désirable, que le Bulletin attire à lui et puisse absorber dans sa rédaction tous les écrivains d'un mérite supérieur. Excluant l'apologie officieuse et se bornant à la publication et au rétablissement de la vérité, le Bulletin pourrait assez facilement former une coalition de talents sur un terrain neuf et neutre qui lui serait préparé.

les découvertes des sciences et leurs applications utiles, — les progrès de l'agriculture, — les perfectionnements de l'industrie en France et à l'étranger ; — enfin, tous les moyens d'améliorer le bien-être matériel de toutes les classes, et de développer leurs facultés morales (1).

Le gouvernement, de son côté, serait intéressé à ne négliger aucun moyen de faire qu'à tous égards, sous le rapport de la célérité autant que sous celui de l'exactitude, le *Bulletin* eût toujours la supériorité. Le grand nombre de ses courriers et de ses agents, le monopole des télégraphes offrent tous les moyens de la lui assurer sans frais. Le mensonge ne l'emporte sur la vérité que lorsqu'elle est tardive, jamais quand elle le devance ; plus il serait accordé de place aux nouvelles, moins il en resterait aux fausses interprétations ; plus la publicité aurait d'attraits, et plus la polémique en perdrait.

La publication du *Bulletin français* aurait lieu en vertu d'une autorisation ministérielle qui pourrait être retirée. Ainsi, le gouvernement n'aurait jamais rien à redouter de son immense publicité, et le sort de la France ne dépendrait plus alors de la défection d'un journal ou de l'accord de six ou sept journaux entre eux.

Le prix d'abonnement ne pourrait dépasser 18 fr.

(1) Un reproche grave peut être justement adressé aux cours publics de Paris, que le gouvernement entretient à grands frais. c'est celui de ne pas s'étendre au delà de leur auditoire, nécessairement très-restreint, et d'être conséquemment sans utilité assez générale pour la France ; leur reproduction sténographiée dans le Bulletin obvierait pleinement à cet inconvénient et porterait ses fruits dans les départements.

par année—5 centimes par jour—afin qu'il demeurât bien établi qu'il ne s'agit point d'un monopole livré à la spéculation.

Le *Moniteur universel* subsisterait sans éprouver d'autre dommage que le partage des communications officielles.

Les fonds secrets, n'étant plus en partie détournés de leur véritable destination, ne seraient plus un vote de confiance, toujours délicat à demander pour tout ministère.

Ainsi légalement, politiquement et moralement constituée, dans l'intérêt de l'ordre public, de la prospérité du pays et de la stabilité de ses institutions, la publicité, ennoblie et non plus corrompue, est une idée constitutionnelle que doivent accueillir tous les amis éclairés et sincères des libertés publiques ; car il n'est aucun d'eux qui ne convienne que ce qui leur importe c'est moins la polémique qui prive les lecteurs de l'indépendance de leur opinion, que la publicité fidèle donnée à tous les actes du gouvernement (1).

(1) Ce projet de la publication d'un Bulletin ne coûtant que 18 fr. par an fut soumis, en 1831, à M. Casimir Périer, alors président du conseil des ministres, qui ne l'accueillit pas. M. Périer répondit à l'auteur qu'il était dans l'erreur en attribuant au principe du bon marché une puissance qu'il n'avait pas en matière de presse périodique ; que les partis ne comptaient pas, lorsqu'il s'agissait de satisfaire leurs passions ; que si bas qu'en fût le prix, personne ne voudrait s'abonner au *Bulletin*.

Parmi les successeurs de M. Casimir Périer au ministère de l'intérieur, il ne s'en est pas trouvé un seul qui eût le temps de consacrer un jour ou deux à l'examen approfondi d'une proposition qui, si elle avait été adoptée en 1831, aurait peut-être changé l'esprit du journalisme et du pays et, par suite, prévenu les crises qui ont mis plus d'une fois nos institutions en péril !

VIII

Bases rationnelles d'une législation nouvelle de la presse.

> La presse, amie ou ennemie, garde mieux les frontières et le dedans du royaume que des armées....
>
> Avouons-le : une moitié peut-être de nos électeurs ont plutôt l'instinct que la connaissance de la liberté. Ils la sentent; ils ne la raisonnent pas encore. Ils agissent par impulsion.
>
> Le pauvre et le riche ne s'améliorent qu'en s'éclairant.
>
> CORMENIN.

Dans l'état où sont les choses, que faut-il faire pour restituer à la presse périodique l'utile fonction qui lui est réservée dans l'ordre social et politique ? — Précisément le contraire de ce qui a été fait.

Il faut que la *publicité* cesse d'être contrainte à appeler la *polémique* et les partis à son aide pour payer leur part de l'impôt exorbitant et cependant peu productif du timbre.

Il faut que le gouvernement représentatif rende hommage au principe de la publicité, non point par des sacrifices impurs faits sous le nom de *subventions* à la vénalité par la corruption , mais en constituant politiquement lui-même , sur une base légale et morale , la publicité officielle.

Il faut que la responsabilité des éditeurs d'un écrit

périodique ne soit plus une garantie illusoire, une fiction déplorable ; mais qu'elle devienne une fonction
publique considérée à l'égal des plus utiles et des plus
dignement remplies.

Il faut que l'âge, l'expérience et la position sociale
de l'éditeur responsable d'un écrit périodique présentent toutes les garanties vainement demandées jusqu'à
ce jour, non à la moralité des hommes, mais à la quotité variable des cautionnements ; il faut que ces garanties soient telles enfin que leur réunion suffise pour
élever sans crainte la presse périodique au rang d'institution sociale et pour détruire sans retour les préventions défavorables qu'a pu faire naître l'abus de sa
liberté.

Il faut que la publication d'un écrit périodique cesse
d'être assimilée par la loi à une exploitation commerciale, afin que les hommes honorables et instruits, animés de vues utiles et généreuses, ne soient plus retenus, pour les exprimer et les propager, par la crainte
de sacrifier leur fortune et de compromettre leur nom,
ou de s'exposer à un autre danger plus grave encore,
celui de se livrer sans défense et sans réserve à la bonne
foi d'un gérant absolu, bien qu'agent subalterne.

Il faut que les vexations commises chaque jour dans
l'ombre par les agents du fisc ne soient plus, de la part
de la presse périodique, qu'elles disposent à l'acrimo-
nie, des causes indirectes d'opposition contre l'administration publique.

Il faut que l'on ne puisse plus justement adresser à
la presse périodique le reproche que font au pouvoir
les adversaires de la centralisation ; il faut qu'elle re-

présente avec plus de vérité les opinions et les besoins de tous les départements de la France. Il restera encore à la presse centrale une assez belle attribution, celle de l'initiative de toutes les grandes questions.

Il faut qu'il puisse y avoir autant d'écrits périodiques qu'il y aura d'hommes éclairés intéressés à l'ordre ou désireux de concourir à la propagation d'idées utiles.

Il faut enfin qu'aucune entrave ne soit mise à la liberté de la presse périodique ; qu'aucune faveur n'enchaîne son indépendance ; qu'aucun privilége exceptionnel n'en détruise l'égalité, et surtout qu'aucune subvention n'en puisse jamais rendre la modération suspecte de vénalité.

Des droits de timbre et de poste. — Supprimer le droit de timbre, élever par compensation le droit de poste, substituer à la formalité vaine des cautionnements une garantie plus efficace, telles sont les bases de la législation rationnelle qu'attend encore en France la presse périodique. La suppression pure et simple du droit de timbre serait un progrès utile, mais non une réforme suffisante : sa suppression, combinée avec l'augmentation du droit de port, est tout un système nouveau, dont la conséquence serait d'étendre la presse départementale et de restreindre au contraire la presse centrale, par l'extrême différence du prix d'abonnement qui s'ensuivrait nécessairement.

La diffamation publique trouverait alors des barrières ; elle ne couvrirait plus toute la France d'un seul coup d'aile ; l'administration des postes n'en serait plus aussi gravement complice, elle ne porterait plus si loin et sur un aussi grand nombre de points l'attaque et le mensonge.

On a souvent cité la liberté dont la presse jouissait en Angleterre, sans danger cependant pour son gouvernement et ses institutions. Plusieurs publicistes n'hésitent point à attribuer aux mœurs britanniques et à la gravité des esprits dans ce pays l'honneur d'un résultat dont la cause est d'un ordre infiniment moins élevé, puisqu'elle réside tout entière dans une matérialité.

En Angleterre, les journaux n'étant point transportés, comme en France, par l'administration des postes, moyennant un faible droit indépendant de la distance, il n'y a point dès lors de centralisation de la presse, de monopole de l'opinion publique par voie d'abonnement : il y a tout simplement des journaux qui ne sont astreints à aucun cautionnement, mais aussi dont la poste anglaise ne se charge qu'en les pesant et les taxant comme lettres.

Ces journaux n'ont pas d'abonnés, ils n'ont que des acheteurs. Le matin, on choisit parmi les journaux qu'apportent les voitures publiques le plus intéressant en raison de l'opinion qu'il exprime ou de la nouvelle du jour qu'il publie le premier.

Avec l'aversion et la crainte exagérée que la presse a toujours causées au gouvernement français, ce soin de sa part de colporter économiquement, rapidement et journellement les attaques dont il est l'objet, peut paraître au moins surprenant, mais ce contre-sens apparent ne s'explique pas seulement par notre pente na-

turelle vers la centralisation : il y a une autre cause,
c'est l'amour de la France pour la police.

Cette passion malheureuse, qui ne regarde jamais
que d'un œil, n'a vu dans la centralisation de la presse
qu'un moyen pour le gouvernement de scruter toutes
les opinions, en se chargeant du transport des journaux au domicile de leurs lecteurs.

Aussi est-ce à la police que la presse centrale doit
en France sa toute-puissance.

On peut objecter qu'aux États-Unis il n'en est pas du
transport des journaux comme en Angleterre, que le
service public des postes en opère la distribution
moyennant un très-faible droit, et que dans l'Amérique du Nord, pas plus qu'en Angleterre, la presse n'a
pas encore renversé le gouvernement établi.

On pourrait répondre à l'objection que cela tient sans
doute à deux causes : d'abord à la grande variété des
feuilles qui se publient dans les états de l'Union, ensuite au caractère plus commercial que politique de
leurs journaux ; mais il y a une troisième cause qui domine les deux autres, c'est la forme fédérative de ce
gouvernement, qui exclut toute tendance de centralisation, même dans l'expression de l'opinion publique.

Voilà ce qui explique comment l'Amérique du Nord
et l'Angleterre supportent sans crainte et sans danger
la puissance de la presse. La fusion des deux droits de
timbre et de poste en une seule taxe de port détruirait
la centralisation de la presse parisienne, qui est l'abus
d'un droit ; favoriserait la multiplication de toutes les
nuances d'opinions constitutionnelles, créerait dans
chaque département, dans chaque arrondissement

électoral, des journaux, expression de leurs intérêts moraux et matériels; s'il en était ainsi, les vrais intérêts se feraient mieux connaître; les idées, pour se développer et mûrir, n'auraient plus autant besoin de venir chercher la chaleur ardente du foyer central.

Les journaux de Paris donneraient l'impulsion et l'exemple, les journaux des départements le suivraient; ils entretiendraient entre eux l'émulation, dès qu'ils n'auraient plus à lutter péniblement contre le monopole actuel de la presse centrale, dès que leur existence serait matériellement possible.

Le sort de la France alors ne dépendrait plus tout entier de Paris, de la défection d'un journal ou de l'accord de six ou sept journaux entre eux.

Des cautionnements. — La condition d'éligibilité substituée au dépôt du cautionnement placerait la presse périodique entre les mains d'hommes expérimentés, indépendants par leur fortune du pouvoir et des partis, intéressés matériellement en qualité d'éligibles au maintien de l'ordre; les engagerait indirectement, par serment, envers la forme actuelle du gouvernement et la dynastie régnante; elle aurait enfin les avantages suivants :

1º Elle donnerait au gouvernement des garanties moins douteuses, car elle ajouterait celles de l'âge et de l'expérience à celles de la fortune. Aucun homme âgé de trente ans ne pourrait plus être désormais gérant d'un journal, tandis que la loi lui permet maintenant d'en remplir les fonctions à vingt-un ans.

2º Le cautionnement, fourni le plus souvent par des tiers au moyen d'une prime convenue, progressive en raison des risques que lui fait courir celui qui l'emprunte, n'a toujours été qu'une formalité vaine et qu'une garantie politique illusoire; le cens d'éligibilité serait au contraire une condition trop honorable à remplir pour que le gérant ne l'eût pas toujours involontairement présente à la pensée dans l'expression de ses opinions.

On ne saurait trop désirer que les gérants des écrits périodiques soient éligibles; indépendamment des garanties pécuniaires qu'ils offriraient en cas d'amendes, ce serait un moyen de déférer en quelque sorte leurs doctrines à l'opinion publique elle-même par une candidature permanente.

Ce but honorable, s'il eût, depuis vingt années, toujours été présent à l'ambition des gérants responsables, en eût relevé la condition; il les eût faits plus dépendants de l'opinion publique; la presse périodique fût tombée moins souvent aux mains de brouillons et de controversistes obscurs; elle eût compté plus d'hommes politiques préparés par la théorie à la pratique des affaires.

Un des vices de la presse périodique, c'est qu'elle exerce sans contrôle un contrôle si actif, c'est que le plus grand nombre des écrivains dont le journalisme est la profession soit trop étranger aux intérêts généraux qui sont de plusieurs natures; plus on relèvera la presse périodique, plus elle sera éclairée, digne et conciliatrice, et plus l'on créera de chances qu'elle cesse d'être l'interprète des passions des partis pour devenir l'organe des intérêts et des vœux du pays.

« La presse périodique ne saurait avoir plus de droits

que la tribune parlementaire, » a dit M. le duc de Broglie à l'occasion de la législation de septembre 1835; aussi demandons-nous pour l'une et pour l'autre, que les mêmes conditions de capacité leur soient imposées, qu'une égale considération leur soit accordée, et que, dans l'intérêt de la pacification publique et du développement progressif et rationnel de la liberté sociale, la tribune parlementaire et la presse périodique se traitent en émules, et non plus en ennemies.

Cela est possible par l'élévation morale de la fonction de gérant responsable et par la suppression matérielle du timbre, dont la conservation fait obstacle à l'impartialité des journaux.

Aussi longtemps que cinq mille abonnés seront nécessaires à l'existence d'une feuille quotidienne, à cause de l'énormité de la taxe, il n'y aura point, il ne peut y avoir dans la presse périodique de place pour les organes d'une opinion indépendante, calme et médiatrice.

La garantie d'éligibilité admise par la loi, la suppression du timbre également consentie, les journaux ne seraient bientôt plus que des préfaces politiques à la vie parlementaire.

DE LA
LIBERTÉ DE LA PRESSE
ET DU JOURNALISME.

1838.

« Les maux occasionnés par la licence de la presse ont surpassé
en Amérique tous ceux qu'on aurait pu redouter de sa répression.
Il est impossible d'ajouter foi à quoi que ce soit qui nous arrive
par une voie aussi dégoûtante. »

JEFFERSON, *Correspondance*, IV, 282.

DE LA

LIBERTÉ DE LA PRESSE

ET DU JOURNALISME.

On confond ensemble la liberté de la presse et le journalisme ; on a tort : le journalisme est à la liberté de la presse ce que l'ombre est à la lumière.

Le journalisme est une exploitation mercantile de l'opinion et des passions d'autrui, un atelier où se lamine le mensonge, une boutique où se débite l'erreur à l'enseigne et au profit de tel ou tel parti.

La liberté de la presse, telle qu'elle a été sagement définie par notre Charte constitutionnelle, est le droit que les Français ont de publier et de faire imprimer leurs opinions en se conformant aux lois.

Or, qu'y a-t-il de commun entre le droit de faire imprimer son opinion et le fait de publier des articles anonymes qui expriment une opinion n'appartenant en propre à personne et dont la responsabilité pèse sur un être collectif ?

La liberté de la presse est un droit politique. Le journalisme est une profession commerciale. La liberté de la presse est une institution ; la tyrannie du journalisme est une usurpation.

Le Français qui a des convictions religieuses, politiques et littéraires, qui éprouve le besoin de dire son avis sur les intérêts, les hommes ou les choses de son pays, et qui publie un écrit qu'il signe, exerce un droit qui lui est conféré par la constitution, il use de la liberté de la presse.

Le Français qui, n'ayant pu réussir à devenir avocat, médecin ou professeur, parvient à se faire admettre parmi les collaborateurs inconnus d'un journal pour y disserter sur toutes les questions les plus élevées comme les plus ardues de la politique et de l'administration, — ce qui est malheureusement trop facile puisqu'il n'est pas nécessaire pour cela d'avoir rien approfondi, d'avoir rien vu, — celui-là n'exerce pas un droit, mais une profession ; car il n'écrit pas pour satisfaire un besoin impérieux de son esprit, mais afin de pourvoir aux nécessités de son existence : celui-là fait du journalisme.

Ce qui vient d'être dit est encore plus vrai du Français qui signe ou qui dirige un journal ; celui-là, le plus souvent, adopte les opinions de ses rédacteurs, sans être en état de les discuter si elles diffèrent, de les rectifier si elles se contredisent ; peu lui importe qu'elles soient justes ou fausses : elles ont tort si l'abonné réclame contre elles, elles ont raison si aucun ne manque à la liste de renouvellement. Il n'a que cette base pour asseoir son jugement. C'est là ce qui expli-

que pourquoi les journaux ne sortent jamais du cercle
étroit de leurs discussions, pourquoi ils y tournent
sans cesse, variant sans fin les mêmes banalités ; pourquoi il ne s'y rencontre jamais une idée neuve, pourquoi il ne s'y produit jamais une opinion spontanée,
pourquoi les mutations qui surviennent dans le personnel des rédacteurs restent inaperçues des lecteurs.
C'est, il faut le dire, qu'un journal n'est pas fait par
ses rédacteurs, mais par ses abonnés ; c'est qu'il n'y a
pas à Paris deux journaux où la préférence serait donnée aux premiers sur les seconds, où une proposition
utile, mais aventureuse, l'emporterait sur une quittance
d'abonnement. Quand une nécessité existe, la nier
n'empêche pas de la subir ; disons donc ce qui est vrai,
aussi bien la vérité n'est jamais qu'une question de
temps, et la taire ce n'est au plus que l'ajourner. Or,
ce qui est vrai, c'est que le journalisme, s'il était fait
autrement, ne vivrait pas un an. Le journalisme est un
commerce ; la loi l'a déclaré tel. Veut-on qu'un journal prospère, il faut en confier la direction à une de
ces médiocrités qui vivent aux dépens du parti qui les
écoute. Veut-on l'anéantir, il suffit de lui donner pour
chef un homme supérieur et indépendant qui ait des
convictions et des idées. En théorie, ceci peut paraître
un paradoxe ; mais dans l'application ce n'est qu'un
lieu commun facile à expliquer. Déranger des opinions
faites ; contrarier des idées reçues, réformer des jugements arbitraires, c'est exercer sur l'esprit de l'abonné
une violence qu'il pardonne rarement, c'est le contraindre à douter de son infaillibilité, c'est troubler le repos de ses facultés intellectuelles et exiger d'elles un

effort inaccoutumé, conséquemment pénible ; c'est, au lieu de le bercer en cadence, l'éveiller en sursaut ; en moins de mots, c'est le perdre à jamais. Le journaliste ne vit qu'à la condition de n'être rien par lui-même, de ne penser que par autrui, de s'assimiler l'abonné, de n'avoir ni la valeur du fond, ni l'éclat de la forme ; mais dès qu'il a dissipé son obscurité et dès qu'elle est devenue transparente, une vraie métamorphose s'opère en lui ; on le voit changer de nature et de langage ; l'autorité qu'il a acquise lui rend l'individualité qu'il avait abdiquée, dès qu'il peut se dire que lorsqu'il écrit c'est lui-même qui pense, et non plus seulement le journal qui parle, il devient plus réservé et se fait de la liberté de la presse et de la dignité de l'écrivain une idée plus juste et plus haute ; l'injure et la personnalité, dont peut-être il avait abusé, n'excitent plus alors que son mépris ; il a cessé d'être journaliste, il s'est élevé au rang d'écrivain. Mais parce que le journaliste s'est amélioré, il ne s'ensuit pas que le journalisme se soit ennobli. Ce qui se peut dire dans un bal masqué, dans une débauche nocturne, à la faveur du masque et à la clarté des bougies, le plus souvent ne saurait se répéter face découverte et à la clarté du jour. Ce que se permet d'écrire le journaliste qui ne quitte pas son masque, l'écrivain que met à découvert l'éclat de son talent ou la célébrité de son nom oserait rarement l'avouer ; c'est que la liberté de la presse est au journalisme ce qu'est la lumière du jour à l'obscurité de la nuit. Du journaliste il y a tout à craindre, car il n'a pas la responsabilité du mal qu'il peut faire ; de l'écrivain il n'y a rien à redouter, car il ne peut porter atteinte à la considération d'autrui sans nuire à la sienne.

Les choses sont ainsi et ne peuvent être autrement, par ces deux raisons souveraines :

Premièrement, parce qu'en France, l'industrie du journalisme repose principalement sur une base essentiellement fausse, c'est-à-dire plus particulièrement sur les abonnements que sur les annonces. Il serait désirable que ce fût le contraire qui eût lieu, et cela est facile à comprendre. Les rédacteurs d'un journal ont d'autant moins de liberté de s'exprimer, que son existence est plus directement soumise au despotisme étroit de l'abonné, qui permet rarement qu'on s'écarte de ce qu'il s'est habitué à considérer comme des articles de foi. C'est là une différence capitale qui existe entre les journaux français et les journaux anglais et américains. Ceux-ci sont, avant tout, recherchés pour leurs annonces et leurs nouvelles. Les doctrines et les opinions n'y sont qu'accessoires.

Deuxièmement, parce que la législation pénale et fiscale qui régit la presse périodique est mal entendue, incomplète, incohérente, sans unité et sans lien avec l'article 7 de la Charte constitutionnelle, dont elle n'est pas ce qu'elle devrait être, le rigoureux corollaire. Le législateur a fait deux fautes graves. Il a négligé l'institution, et il a consacré l'usurpation, il a perdu de vue la liberté de la presse et ne s'est préoccupé que de la tyrannie du journalisme ; il s'est laissé égarer par une funeste méprise de mots qui ne saurait durer longtemps, car le danger qui chaque jour s'aggrave fera cesser la confusion. Toute la législation sur la matière est à refaire dans un esprit nouveau : — définitions plus exactes, moyens de répression plus efficaces, bases économiques plus rationnélles.

Le journalisme qui prépare le triomphe de la démocratie ne fait que hâter, à son insu, sa propre défaite, ou tout au moins sa transformation : car le journalisme tel qu'il existe, et la démocratie telle qu'elle s'annonce, seront incompatibles. Pour pouvoir gouverner l'une, il faudra nécessairement sacrifier ou améliorer l'autre, car la multitude toute-puissante ne saurait se conduire sans prestige ; et contre la force du nombre il n'y a que la supériorité de l'esprit. Or, là où le journalisme n'accorde jamais que la raison et la moralité puissent être du côté du pouvoir, et affirment toujours qu'elles sont exclusivement du côté de l'opposition, il n'est aucune autorité respectée, aucune forme de gouvernement durable. Et ce que nous venons de dire ne sera pas seulement vrai pour la France.

La liberté de la presse n'est pas, ne saurait être ce qu'on a le tort d'appeler ainsi.

Ne respecter rien, ni la religion, ni la loi, ni la vérité, ni la fiction ;

Tourner tout en dérision, institutions, hommes et choses ;

Remettre sans cesse en question tout ce qui a été résolu, tout ce qui devrait l'être irrévocablement ;

Dénaturer et obscurcir tous les faits ;

Nier ou exagérer ce qui est vrai, affirmer ce qui est faux, rendre vraisemblable ce qui est imaginaire ;

Dénigrer systématiquement tout ce que les autres

louent, louer systématiquement tout ce que les autres dénigrent ;

Isoler les actes des intentions qui les justifiaient, et les faits des circonstances qui les ont produits ;

Traiter de tout sans approfondir rien ;

Abaisser les grands caractères, élever les petits ;

Construire à plaisir des réputations trompeuses, en démolir d'honorables ;

Ravaler la dignité nationale en affectant pour elle une hypocrite susceptibilité ;

Surprendre et divulguer les secrets de l'État, sous le prétexte de sollicitude pour la sûreté publique ;

Rendre indélébiles toutes les taches, irréparables toutes les fautes ;

Étaler complaisamment tous les scandales ;

Faire servir à l'école du vice la publicité des tribunaux ; la travestir avec art et profit ; rendre divertissant ce qui attriste la société, et pathétique ce qui révolte l'humanité ;

Publier prématurément les actes d'accusation, sans attendre le jour des dépositions, des débats et des plaidoiries, et sans autre raison que celle de satisfaire l'avidité publique ; livrer ainsi sans ménagement les prévenus et les accusés que la justice peut absoudre, à toutes les préventions de l'opinion, qui juge arbitrairement sur ses premières impressions, dont il est aussi difficile de la faire revenir qu'il a été facile de les lui donner ;

Se constituer juge souverain de la conscience et du verdict des jurés ;

Spéculer sur tout, sur l'honneur et la honte, le dénigrement et l'apologie, l'erreur et la vérité, le bien et le mal ;

Vivre d'injures et d'injustices, de diffamations et de calomnies ;

Ne reconnaître enfin d'autre Dieu sur la terre que l'abonné, et lui tout immoler pour se le rendre ou se le conserver propice : — les croyances les plus saintes, les idées les plus justes, les intentions les plus droites, les actions les plus honorables, les renommées les plus glorieuses !

Tout cela peut constituer le bon plaisir du journalisme, mais rien de cela ne saurait dériver du droit politique de « *publier et faire imprimer son opinion* ; » là s'arrête et doit s'arrêter la liberté de la presse.

Ayez, si vous le pouvez, une opinion ; publiez-la, si vous le voulez, mais avec les avantages, les inconvénients et la responsabilité d'une opinion individuelle ;

Faites imprimer des pamphlets et des libelles, mais signez-les ;

Attaquez les institutions, altérez les faits, insultez les hommes, mais qu'on sache votre nom ;

A l'autorité que vous combattez, opposez la vôtre ;

Exercez votre droit de blâme et d'éloge, mais pour votre compte ;

Combattez l'immoralité, l'improbité, la corruption, la vénalité, l'hypocrisie, la versatilité, la faiblesse, mais la face découverte et sans visière qui vous cache ;

Portez bravement votre plume, et quand vous frapperez, frappez en soldat, non en meurtrier ; ne frappez pas dans l'ombre, mais au jour ;

Quand vous avez sciemment menti à la vérité, légèrement répandu des nouvelles fausses, qu'on sache à quoi s'en tenir sur la valeur et le poids de votre parole ;

Quand vous parlez au nom de la morale, de l'humanité, de la société, de la France, qu'on sache qui vous êtes, et quand vous jugez le monde, qu'il vous puisse juger ;

Si, comme vous le prétendez, vous exercez un sacerdoce, ne vous cachez pas. Le prêtre ne se rend invisible que dans le confessionnal où il écoute ; il se montre à tous les yeux dans la chaire où il parle.

Honorez-vous du titre d'écrivain, d'orateur, de professeur, mais non de celui de journaliste, car ce titre-là ne saurait honorer personne, car le journalisme n'est ni une profession, ni un métier, mais une prostitution de l'esprit qui l'énerve, qui pervertit le jugement le plus droit, déprave le goût le plus sain, corrompt la bonne foi la plus inaltérable, avilit la conscience la plus noble, abaisse les sentiments les plus élevés.

Nul, ne fût-ce qu'une seule fois en toute sa vie, — n'a touché au journalisme sans une souillure, un regret ou un remords.

Le journalisme rend l'injustice si facile, l'ignorance si présomptueuse, l'envie si redoutable, la vengeance si prompte, qu'il faut être bien impassible, bien éclairé, bien modeste, bien généreux, pour résister au premier mouvement de son esprit, à l'emportement d'une idée, d'un mot, d'un trait, pour faire à un scrupule le sacrifice d'une phrase ardente qui n'a pas eu, qui n'aura pas le temps de refroidir !

L'écrivain qui signe ce qu'il a écrit avec préoccupation, relit avec réflexion ce qu'il a signé ; il trouve en lui-même un juge ; le journaliste n'en a pas et n'en a point à craindre. Hommes illustres, hommes d'État que nous connaissons, et qui par accident avez emprunté au journalisme son masque empoisonné qui donne le délire, l'avez-vous fait lorsque vous aviez une grande pensée à exprimer, une vérité courageuse à faire entendre, un avertissement utile à donner ? — Non : d'une grande pensée vous faisiez un livre ; d'une vérité courageuse, une brochure ; d'un avertissement utile, un discours. Jamais vous n'avez recouru au journalisme que dans un intérêt de personne ou dans un moment de passion, que pour perdre un rival, trahir un allié, vanter un ami, ou vous louer vous-mêmes à votre gré ; que pour appuyer ou déjouer une combinaison qui favorisait ou contrariait vos desseins. Il est rare, en effet, qu'on soit désintéressé lorsqu'on n'avoue pas ce qu'on a écrit ; et quand on dissimule son nom, le plus souvent ce n'est pas par un motif dont la conscience ait à se louer.

Le mal que fait le journalisme, dites-vous, est amplement compensé par le bien qu'il fait. Alors il faut reconnaître que le journalisme est modeste, car il montre ouvertement le mal et cache soigneusement le bien.

Le bien, je le cherche avec bonne foi, et ne l'aperçois pas ; le mal, je le vois partout.

Sans doute parfois le journalisme prévient un passe-droit, rend un abus plus timide, fait prévaloir un principe utile, proclame une vérité salutaire ; mais aussi que de titres il déclare légitimes et qui ne le sont pas ! Que de passions mauvaises il fait fermenter ! Que de préjugés il flatte servilement ! Que de vérités il méconnaît ouvertement ! Que d'erreurs il propage ! Que de faux jugements il rend ! Que de désordre il jette dans les esprits ! Que d'opinions consciencieuses il a égarées en leur montrant un but où elles ne pouvaient atteindre, et leur cachant un abîme où elles devaient s'engloutir !

Citez une liberté qu'il n'ait pas mise en péril en la poussant à l'excès ;

Citez un principe d'autorité dont il ait professé le respect en donnant l'exemple de la soumission ;

Citez une forme de gouvernement qu'il n'ait pas décriée avec injustice ou vantée avec exagération ;

Citez une gloire qu'il n'ait pas laissé flétrir par l'esprit de parti ;

Citez une vérité qu'il n'ait pas alternativement proclamée et démentie selon le besoin de sa cause ;

Citez une grande œuvre qu'il ait faite et qui ne soit pas une révolution ;

Citez un homme qu'il ait produit et qui ait apporté au pouvoir l'esprit de réforme qui l'avait fait éminent dans l'opposition ;

Citez une critique sans personnalités, qui ne soit jamais inspirée que par l'amour de l'art et de la science, et le désir exclusif de les voir se perfectionner et s'ennoblir ;

Citez un journal, un seul journal, où la *Publicité* soit indépendante et impartiale, sans restriction et sans alliage impur ; où la *Polémique* ait pour fin le triomphe des principes avant celui des personnes.

Si ce journal existe, entre tant de journaux, nommez-le.

J'en sais d'autres où des hommes sans énergie poussent à l'anarchie pour se donner les dehors trompeurs du courage, les jouissances faciles de la popularité ;

J'en sais d'autres où des hommes sans moralité soupçonnent et accusent tous les dépositaires du pouvoir de ce qu'à leur place ils feraient sans scrupule, et qui jettent sur les épaules de leur ambition, pour en cacher l'indigence, le manteau d'un rigorisme emprunté ;

J'en sais d'autres où des hommes sans idées ont la candeur de se croire doués du génie des réformes, où des hommes sans conscience prétendent qu'ils ont des convictions ;

J'en sais d'autres où le pouvoir n'avait pas de censeurs plus rigides que les agents dont le journal payait les articles virulents, et la police les rapports fidèles.

Ne dites pas que je flétris à plaisir le journalisme, car je n'ai pas répété l'accusation la plus grave qu'il se prodigue si souvent à lui-même, celle de vénalité.

Le gouvernement est attaqué systématiquement par deux cents journaux, défendu conditionnellement par dix au plus ; cet avantage du nombre ne suffit pas aux premiers sur les seconds, il leur faut encore le monopole de la vertu, du désintéressement et de l'indépendance ; à les en croire, leurs adversaires seraient tous corrompus, subventionnés et serviles. Chaque jour ces deux cents journaux répètent cela des dix autres ; voilà donc quels sont les auxiliaires du gouvernement, une poignée d'hommes suspects à l'opinion publique contre une multitude d'individus se décernant entre eux à pleines mains la popularité. Cette poignée d'hommes, de quelque courage, de quelque talent qu'on les suppose doués, ne saurait suffire à une aussi rude tâche que celle de réparer le mal fait sans relâche par leurs antagonistes. Trop d'avantages sont du côté de ces derniers. Ceux-ci descendent la pente, ceux-là la remontent. ✓

Ne dites donc plus que le journalisme guérit les blessures qu'il fait. Les coups que vous portez et les plaies qu'ils laissent sont trop nombreux pour que quelques mains suffisent à les parer, suffisent à les panser. Le croire serait le fait d'un orgueil coupable, d'une présomption funeste. Cette illusion perfidement entretenue a déjà beaucoup trop duré. Il serait temps qu'elle se dissipât, si nous ne voulons tous un jour disparaître sous les ruines que nous faisons. Assez de décombres cependant sont autour de nous qui nous avertissent du danger.

Le journalisme est-il ce qu'il doit être ? Ne peut-il devenir meilleur ? Peut-il être pire ? — Pire, cela est impossible. Meilleur, je le crois. Ce qui est certain, c'est qu'il n'existera jamais dans des conditions plus mauvaises, dans des temps où le lien de l'autorité soit plus relâché, où il y ait à la fois plus de demi-savants qui ne doutent de rien et d'ignorants qui croient tout,

25.

où enfin la définition de la presse soit plus fausse et la répression de ses délits plus incomplète.

Le journalisme français repose sur un système de garanties défectueux ; d'un droit individuel ce système a fait une raison commerciale. Il a grossi l'obstacle qu'il voulait diminuer ; il a réuni ce qu'il devait disperser ; il s'est écarté de la lettre et de l'esprit de notre pacte fondamental, qu'il devait religieusement respecter. Il a fait du gouvernement un facteur du journalisme ! La défiance d'une police ombrageuse et maladroite a créé la centralisation de l'injure et de la diffamation, la toute-puissance du journalisme. Tandis que par une inconséquence puérile la loi interdisait à plus de vingt personnes de se réunir, l'administration des postes, moyennant une faible taxe, distribuait journellement dans trente mille communes cent mille feuilles attaquant plus ou moins véhémentement le gouvernement dans son principe et dans ses actes.

L'impôt du timbre n'est pas mieux conçu. Variable selon le format des journaux, il a pour effet de favoriser les petits et d'écraser les grands. C'est le contraire qu'eussent fait des hommes compétents et vraiment éclairés. Plus un journal est petit, plus il laisse de prise à l'esprit de parti ; plus il est difficile qu'il soit impartial ; plus il est grand, plus il est difficile, au contraire, qu'il soit partial, voulût-il l'être. C'est là un fait attentivement observé et dont l'exactitude a été vérifiée par l'expérience. L'impartialité veut de l'espace, et l'espace lui manque dans les journaux. Faute d'espace, il leur faut tronquer toutes les discussions législatives, tous les débats judiciaires, abréger tous les documents administratifs, retrancher les exposés de motifs des projets de lois, passer sous silence les travaux et les rapports des commissions, tout ce qui est enfin du domaine de la publicité, tout ce qui serait profitable à l'instruction politique du pays, tout ce qui aurait pour résultat de donner de la maturité aux esprits, de jeter de la clarté sur les intérêts généraux, qui sont loin d'être toujours bien compris. Sous ce rapport, il n'est pas douteux que la suppression de l'impôt du timbre n'améliorât politiquement le journalisme.

Les journaux français, sous l'empire de la législation actuelle, sont donc matériellement impossibles à bien faire. Dans des limites de format trop étroites on ne peut rien approfondir ; on est contraint d'effleurer les questions les plus graves ; il n'y a pas de place pour traiter les matières économiques ; les intérêts s'excluent au lieu de se rapprocher ; les personnalités abondent et les raisons manquent. La publicité des annonces, si profitable au commerce, est trop chère pour que celui qui se contente de gagner peu en supporte les frais : aussi est-elle seulement accessible à l'empirisme et à la librairie, qui vendent un prix exorbitant ce qui n'a, en réalité, qu'une valeur minime. Il s'ensuit que ce qui devrait être le principal est l'accessoire. De là cette tyrannie exercée par les abonnés sur les rédacteurs. Aussi le jour où l'abolition du timbre permettrait d'agrandir le format des journaux et de réduire considérablement le prix des annonces, serait-il pour les rédacteurs un jour d'émancipation. Plus indépendants de leurs abonnés, les journaux seraient alors moins injustes et moins violents. Cela n'est pas douteux.

En définitive, le journalisme français est ce que l'ont fait des lois fiscales mal conçues. Ses excès sont moins sa faute que celle de notre législation, qui est à la fois faible et vexatoire comme tout ce qui est arbitraire. Il est une erreur grave et commune, c'est celle de croire que les lois fiscales ne sont pas essentiellement politiques, et qu'il n'y a de politiques que celles désignées sans motifs par ce nom. C'est à une erreur de cette nature que la liberté de la presse est redevable de la perte de son véritable caractère de droit individuel, et le journalisme de sa puissance.

Deux choses abondent dans nos journaux : la polémique conjecturale et l'esprit de personnalité dirigé par l'esprit de parti. Deux choses y manquent : la publicité fidèle et la science politique inspirée par l'intérêt général.

La périodicité quotidienne exclut forcément tout examen approfondi et impartial, toute investigation laborieuse et consciencieuse. Tant qu'elle ne se bornera pas strictement à la publicité des faits consommés, c'est-à-dire à la reproduction fidèle des actes de l'autorité, des débats législatifs et judiciaires, des faits administratifs, des nouvelles diverses préalablement soumises à un mode d'information et de contrôle régulièrement établi, pour un abus que parfois elle attaquera avec équité et mesure, elle ne fera que semer à pleines mains l'erreur, recueillir toutes les fausses doctrines, entretenir nos rancunes personnelles et nos dissensions politiques, étioler notre raison, abâtardir notre esprit, pervertir notre jugement, nous rendre enfin plus superficiels, plus injustes, plus passionnés que nous ne naissons en France.

L'une de mes plus profondes convictions est que la périodicité quotidienne porte une grave atteinte à la civilisation, et s'oppose plus qu'on ne croit aux progrès durables de l'esprit humain lorsqu'elle confond à tort la *Publicité* avec la *Polémique,* lorsqu'elle critique ou loue tout sans examiner rien, juge sans compétence, décide sans conscience, torture sans pitié.

On ne dira jamais du journalisme autant de mal qu'il en fait, et il lui est impossible de n'en point faire. Un journal quotidien, quelque supériorité qu'on suppose à l'homme qui le dirige, quelque puissantes et exercées que soient les mains qui exécutent sous ses inspirations, a d'impérieuses nécessités de temps et de grossiers appétits qu'il lui faut satisfaire, et qui sont exclusifs de l'unité, de la méthode, de la science et de la conscience.

Aussi les journaux n'abordent-ils jamais que très-superficiellement les généralités et ne réussissent-ils que dans les personnalités. S'il lui avait fallu examiner et savoir pour exister, le journalisme quotidien serait encore à naître.

La *Publicité* est une garantie constitutionnelle qu'on ne saurait trop étendre et trop respecter, mais la *Polémique* est une transformation de la tyrannie qu'on ne saurait trop étroitement restreindre et trop sévèrement réprimer ; c'est l'absolutisme moderne tombé des mains d'un seul dans les mains de plusieurs, avec toute son intolérance et moins sa majesté.

Or, l'absolutisme ne peut se maintenir au sein d'un gouvernement représentatif sans de graves perturbations, sans accidents fréquents et sans le risque permanent d'en briser les rouages déjà trop fragiles et trop compliqués ! Aux difficultés que rencontrent le développement de nos institutions, le progrès de nos mœurs; au peu de fruits qu'ont porté dans notre pays vingt-cinq années de paix et toutes nos tentatives de réformes dynastiques et politiques, comment ne voit-on pas qu'il est une force sociale mal réglée qui met le désordre et l'instabilité partout, dans les esprits comme dans les choses? Comment ne voit-on pas qu'il est en France deux rois : — un roi constitutionnel « *qui règne,* » et un souverain absolu « *qui gouverne,* » alternativement courtisé comme un despote et maudit comme un tyran? Comment ne voit-on pas qu'entre ces deux royautés aux prises, la lutte peut être longue, mais que l'issue n'en saurait être douteuse? Comment ne voit-on pas cela? Comment ne voit-on pas que la publicité est un mode de gouvernement tout nouveau, qui veut pour être réglé des moyens d'exécution nouveaux, et de nouveaux contre-poids pour être équilibré?

Vainement des hommes énergiques tenteront de s'opposer à l'entraînement général; vainement ils s'efforceront d'y résister eux-mêmes; vainement ils se préoccuperont de réformes politiques ou administratives; tous les efforts qu'ils feront seront stériles, toutes les lois qu'ils concevront seront impuissantes, tant que les bases sur lesquelles le journalisme existe en France n'auront point été changées, tant que la liberté de la presse n'aura pas été ramenée à sa véritable acception constitutionnelle.

Hommes d'État qui nous gouvernez et qui cherchez la raison de la perturbation morale qui vous désespère, avant tout sachez donc en vertu de quelles lois existe et s'exerce cette puissance absolue, empire sans frontières, qui a pour milice toutes les passions de la multitude, qui mène les peuples et qui dépose les rois.

DE LA

PROPOSITION DE M. DE GOLBÉRY.

1842.

« Le problème de la liberté de la presse n'est pas si simple
qu'on le présente. On n'a rien fait encore en disant qu'elle sera
libre ; des paroles n'y suffisent pas plus qu'elles ne suffiraient
pour donner tout d'un coup la liberté à un peuple esclave. »

Cuvier, *Moniteur*, 1822, p. 432.

PROPOSITION DE M. DE GOLBÉRY

PRISE EN CONSIDÉRATION PAR LA CHAMBRE DES DÉPUTÉS
DANS SA SÉANCE DU 16 FÉVRIER 1842.

« Art. 1er. Il sera publié un bulletin des séances de la chambre des députés, dont la rédaction sera confiée aux secrétaires-rédacteurs, sous la surveillance et la direction du bureau de la chambre.

« Art. 2. Les exposés de motifs et les rapports des commissions sur les projets de loi ou les propositions y seront textuellement insérés.

« Art. 3. Aucune autre insertion n'y sera reçue.

« Art. 4. Ce bulletin sera adressé gratuitement à tous les électeurs du royaume.

« Art. 5. Si les rédacteurs des journaux le demandent, il pourra leur en être alloué des exemplaires aux conditions qui seront ultérieurement déterminées par le bureau.

« Art. 6. Ce bulletin sera exempt de timbre. L'envoi aux électeurs ne sera point taxé à la poste.

« Art. 7. L'organisation et l'administration de ce recueil sont confiées à l'autorité et à la surveillance du bureau. »

PROPOSITION ADDITIONNELLE.

« Un crédit de 300,000 fr. est ouvert au budget de la chambre des députés, exercice de 1842, pour la publication du bulletin des séances de la chambre. »

Cette proposition est l'expression malheureuse d'une bonne pensée, d'un besoin que ressentent tous les esprits impartiaux. Louable dans son but, elle serait impraticable dans l'exécution. Le moindre de ses inconvénients serait de coûter annuellement au trésor public plus de deux millions ; nous allons le prouver :

Ouvrons le *Moniteur universel*, et prenons la dernière session législative, celle de 1841. Les débats de la chambre des pairs ont occupé 1,160 colonnes ; ceux de la chambre des députés, 2,830, ensemble 3,990 colonnes ou 332 feuilles.

La feuille d'impression grand-raisin, format du *Moniteur*, tirée et pliée à grand nombre par les moyens les plus économiques, revient (1) à 3 centimes : 9 fr. 90 centimes les 332 feuilles.

Donc, 332 feuilles envoyées aux 210,000 électeurs, coûteraient 2,079,000 francs, au moins, et en supposant les frais de composition compris dans ceux du tirage. Mais l'objection tirée de la dépense est la plus faible, la plus forte est celle-ci : — quels sont les électeurs qui auraient le temps et la patience de lire toujours douze, très-souvent vingt-quatre, et quelquefois trente-six colonnes d'une impression compacte ?

Pour réduire autant que possible les difficultés d'exécution et le chiffre de la dépense, nous supposerons volontiers que le compte rendu des séances de la chambre des députés n'excéderait jamais douze colonnes ; nous supposerons que « les secrétaires-rédacteurs « sous la surveillance et la direction du bureau de la

______

(1) *De la Presse périodique au XIX⁰ siècle.*

chambre » auraient assez de fermeté pour résister tous les jours aux susceptibilités et aux prétentions des orateurs qui auraient parlé la veille, et qui crieraient à la mutilation de leurs discours alors même qu'on n'aurait fait qu'en retrancher les redites et les incorrections; nous supposerons plus encore, nous supposerons que les deux chambres législatives se mettraient d'accord pour se partager entre elles les colonnes de ce bulletin, car évidemment, si cet arrangement n'avait pas lieu, la chambre des pairs n'accepterait pas la condition d'inégalité devant la publicité à laquelle la réduirait la publication d'un compte rendu des séances de la chambre des députés tiré à deux cent mille exemplaires; elle voudrait aussi, et avec raison, avoir un bulletin de ses séances imprimé en nombre égal; imaginez donc deux bulletins tirés ensemble à 420,000 exemplaires, et expédiés tous les jours aux 210,000 électeurs! Il faudrait que l'administration des postes, dont les malles aujourd'hui suffisent à peine déjà à contenir les imprimés dont elle a le transport, renouvelât tout son matériel, et augmentât dans une proportion considérable son personnel d'employés et de facteurs (1). Ce ne seraient encore là que des détails, des difficultés

(1) Sur 38,000 communes , il n'y en a encore que 19,000 qui soient pourvues d'un service journalier de distribution.

Le personnel des facteurs ruraux ne s'élève qu'à 9,000. Il faudrait en ajouter au moins 11,000 pour que les distributions se fissent quotidiennement dans toutes les communes , en général fort éloignées les unes des autres. Le traitement de ces facteurs est de 300 francs.

Le service des malles, telles qu'elles existent aujourd'hui, coûte...................................... 7,500,000 francs·

Celui des embranchements................ 4,000,000

d'exécution ; nous en ferions, nous, assez bon marché, car l'argent pourrait les aplanir, et l'argent, quand il s'agit, pour un pays comme la France, d'atteindre un but utile, un but élevé, ne nous paraît qu'une considération accessoire devant laquelle on ne doit pas s'arrêter. Mais toutes ces suppositions admises, toutes ces difficultés réduites à leur plus simple expression, toutes ces dépenses restreintes ainsi à un *minimum* de deux millions de francs, quel résultat moral, quel but politique aurait-on atteint? Quelles bornes aurait-on mises aux excès de la presse? Quelle amélioration aurait-on fait subir à son esprit? — Si, à ce prix — même avec l'obligation de renouveler tout le matériel des postes et d'accroître considérablement son personnel — on pouvait faire que la liberté de la presse ne fût plus qu'un instrument de progrès, de pacification et de moralisation publique, sans doute il ne faudrait pas hésiter ; mais, encore une fois, le jour où la proposition de M. de Golbéry serait adoptée, si elle pouvait l'être, que changerait-elle aux conditions dans lesquelles s'exerce le journalisme?

D'abord, sur les deux cent dix mille électeurs auxquels serait adressé le bulletin des séances législatives, combien en est-il qui savent lire? Combien en est-il qui seraient en état de le lire? combien en est-il qui le liraient? Certes, plus de la moitié n'en détacheraient pas même la bande d'adresse. A quel domicile les servirait-on? — A leur domicile politique ou à leur domicile réel? — Dans ce dernier cas s'est-on rendu compte de toutes les difficultés, de toutes les exigences de service, résultant de la mutation des listes électorales, des changements de résidence et des réclamations pour cause d'inexactitude, par suite de mauvaise destination ou de négligence de la part des facteurs, etc.?]

Ensuite, ce bulletin n'admettant aucune autre insertion que les exposés des motifs, les rapports des commissions et les débats législatifs, et n'étant envoyé aux électeurs que pendant la durée des sessions, quelle économie, quel avantage leur offrirait sa publication, puisqu'elle ne dispenserait pas ceux qui reçoivent un journal d'y rester abonnés, quelque dévoués qu'ils fussent d'ailleurs au gouvernement et à ce qu'on est convenu d'appeler les idées d'ordre ?

Enfin, quel remède ce bulletin apporterait-il au mal que font les calomnies, les bruits mensongers, les fausses nouvelles qu'inventent les mauvais journaux, que répètent involontairement les meilleurs? — Aucun. — Quelles vérités opposerait-il à leurs attaques injustes, à leurs faux systèmes, à leurs doctrines erronées, à leurs prétentions exorbitantes de tout savoir, de tout contrôler, de tout diriger, d'être seuls infaillibles? Quelle force nouvelle donnerait-il au gouvernement, aux institutions et aux lois, incessamment battus en brèche par les partis? — Aucune. — A quoi donc servirait-il? Il serait à craindre qu'il ne servît qu'à faire prendre en haine et en dégoût le gouvernement représentatif.

Nous aurions bien encore d'autres objections à présenter contre les termes de la proposition de M. de Golbéry; mais celles qui précèdent suffisent pour montrer qu'elle n'aboutirait qu'à une dépense sans profit, qu'à un immense gaspillage de papier sans résultat moral, qu'à rendre plus difficile et plus lent un service public déjà difficile, et dont la célérité est, après la fidélité, la première obligation. Quelque imparfaite qu'elle soit, cette proposition cependant n'en aura pas moins eu son utilité : elle aura servi à appeler l'attention des chambres et des ministres sur la nécessité urgente, impérieuse, d'améliorer, non dans l'intérêt des journaux, mais dans celui du gouvernement et de la société, le régime fiscal de la presse périodique, régime absurde, qui a pour effet de rendre l'impartialité matériellement impossible, et qui a donné forcément naissance à l'abus contre lequel la proposition de M. de Golbéry restera comme une protestation.

Le mal signalé existe : qu'y a-t-il donc à tenter sinon pour le faire disparaître entièrement, du moins pour le rendre moins grand ? — C'est ce que nous allons essayer de dire, fidèle à notre habitude, qui a toujours été de n'attaquer une idée qu'en lui en donnant loyalement une autre pour adversaire ; de n'exercer jamais la critique que de la façon dont on accepte un combat, armes égales, danger pour danger, et témoins des deux parts.

Il ne suffit pas qu'une idée soit juste pour que le succès en soit certain ; il faut encore qu'elle soit opportune, qu'elle ne soit ni prématurée ni tardive. Telle idée qui aurait réussi il y a dix ans échouerait aujourd'hui ; telle autre idée qui serait pleine d'avenir rencontrerait le présent pour obstacle insurmontable. Il est des moyens dont l'expérience exige de se servir à une époque, et dont plus tard l'habileté veut qu'on s'abstienne. La vérité d'un principe est absolue, mais la sagesse et l'utilité de son application sont relatives.

Il ne faut pas seulement au levier un point d'appui, il faut encore que le point d'appui soit solide. Il y a deux saisons : une pour la semence, une pour la récolte ; manquer l'une c'est manquer l'autre. Voilà ce qui explique comment une idée conçue par un homme d'esprit, peut le ruiner, et, recueillie par un imbécile, enrichir ce dernier. Avant tout, il faut, pour réussir, que toute chose, même la meilleure, soit faite en son temps. Le succès est un roi absolu qui ne permet ni qu'on le devance ni qu'on le fasse attendre. Avec lui il faut être attentif au jour, à l'heure, à la seconde.

Les choses ne sont plus dans l'état où elles étaient en 1831. A cette époque, le prix des journaux politiques quotidiens n'avait pas été réduit de moitié, une foule de publications à bas prix n'avaient pas vaincu l'incrédulité du public, incrédulité qui, loin d'être un obstacle, était au contraire un moyen de vogue et de popularité. Le principe du bon marché enfin avait encore toute sa virtualité, toute l'énergie d'action que les choses et les idées tirent en France de la nouveauté, énergie qu'émousse l'usage, même le succès.

La publication d'un *Bulletin des actes du gouvernement et des séances législatives*, format de 30 décimètres carrés (1), ne coûtant qu'un sou par jour, — 18 francs par an — n'aurait donc plus en 1842 autant d'éléments de réussite qu'en 1831 ; toutefois nous croyons que si tout esprit de parti, toute apologie ministérielle en étaient rigoureusement exclus ; que si le cadre, tel qu'il avait été soumis à M. Casimir Périer,

(1) Ce format est celui du *Moniteur universel* et de la *Presse*.

en était consciencieusement rempli ; que si la direction, enfin, en était donnée à une main ferme et exercée, le nombre des souscripteurs de ce bulletin s'élèverait encore rapidement à plus de cent mille (1).

Le temps a marché depuis onze ans ; aujourd'hui il y a autre chose à faire. — Quoi ? — Avant de passer à l'examen de cette question, disons d'abord quels sont les moyens de publicité dont le gouvernement et les chambres législatives disposent :

Le gouvernement dispose du *Moniteur universel ;* il est, depuis le ministère du 1er mars, propriétaire du *Messager*.

Le premier de ces deux journaux se tire à deux mille exemplaires ; le second à mille : ensemble trois mille.

Sous l'empire, à plusieurs époques de la restauration et pendant le ministère de M. Casimir Périer, toutes les fois que le gouvernement avait à porter à la connaissance de la France la nouvelle d'un fait important, une déclaration solennelle, un avis utile, une instruction adressée à une classe de fonctionnaires publics, c'est par la voie du *Moniteur universel* que le pays l'apprenait. Le *Moniteur* exerçait alors une grande autorité, et ses moindres paroles avaient un grand retentissement. Il existe encore aujourd'hui une publicité officielle, mais il n'y a plus, — et nous le regrettons, — de publicité solennelle ! Le *Moniteur* ne fait plus qu'enregistrer, avant le *Bulletin des Lois,* les ordonnances royales et les nominations ministérielles, et

(1) Voir page 365.

que reproduire le lendemain les dépêches télégraphiques et les articles publiés le soir par le *Messager*.

Le *Moniteur universel* n'a donc plus en réalité maintenant d'autre spécialité que celle qu'il tire de la fidélité et de l'étendue avec lesquelles il rend compte des débats, des rapports et des travaux des deux chambres. Cette spécialité, dans l'état actuel des choses, suffit cependant encore pour lui conserver sa valeur et son utilité historiques.

L'existence du *Messager* soulève une grave question, celle de savoir s'il n'y a pas plus d'inconvénients que d'avantages dans la publication d'un journal du soir dont la responsabilité est assumée par le gouvernement.

En effet, si le journal hasarde une critique sur le discours ou le vote d'un député, ce député est fondé à s'en plaindre, même à la tribune, et à demander compte aux ministres de cet emploi de l'argent des contribuables, servant à payer des attaques dirigées contre un représentant du pays ; si, au contraire, le journal loue un député de son talent ou de son courage, rarement ses collègues s'en montrent satisfaits ; ainsi, quoi qu'il dise, un journal du soir, publié aux frais du gouvernement, est taxé d'injustice ou de complaisance. S'il s'agit de ministres auxquels il ait décerné l'éloge, l'apologie est bien plus suspecte encore ; on dit qu'elle a été payée, et qu'elle n'est pas plus vraie qu'elle n'est désintéressée. Si le journal s'abstient d'exprimer aucune opinion, de discuter aucune doctrine, on se récrie qu'il est insignifiant. Donc, quoi qu'il fasse, qu'il parle ou qu'il se taise, il ne trouve que des gens qui le blâment, et qui prétendent qu'il est inutile ou compromettant. Des deux partis à prendre, celui du silence et de la réserve est encore le plus prudent; aussi est-ce celui-là que le *Messager* a choisi. Mais, dit-on, un journal est fait pour parler et non pour se taire ; sans doute : la conclusion de ce qui précède est donc qu'il n'y a de journaux du soir possibles que ceux qui n'ont aucun caractère officiel, et à la rédaction desquels le gouvernement demeure entièrement étranger.

Autre chose encore : — les chambres, et c'est surtout pendant le temps de leur session qu'un journal du soir a de l'importance et de l'intérêt, — les chambres voient rarement finir leurs séances avant six heures du soir, quelquefois plus tard. La concurrence oblige le journal de paraître en toute hâte entre huit et neuf heures. Quels rapports utiles peuvent, dans ces deux heures, s'établir entre le journal et le ministre? — Aucun. — Le journal est donc forcément livré à lui-même, à sa seule impulsion et au gré de tous les incidents du jour. Voici maintenant l'inconvénient le plus grave. Quand un cabinet pourrait naturellement se taire, il y a des cas où l'existence d'une feuille du soir le force à s'expliquer, car autrement le silence l'exposerait à des interprétations qu'il peut être prudent et nécessaire de prévenir. Nous sommes d'avis que lorsqu'on peut avoir toute sa soirée au moins et souvent toute la nuit pour réfléchir, c'est une faute de ne se donner que deux heures, et encore quelles heures ! celles où l'on est sous le poids des fatigues de la journée, où l'on peut avoir des courriers à expédier, des personnages importants à dîner, où l'on peut s'être soi-même engagé, les heures enfin où l'on s'appartient le moins.

Un journal semi-officiel du soir ne justifierait l'utilité de son existence qu'autant qu'il ne paraîtrait que pendant le temps de la session des chambres, et que rien, absolument rien, ne serait épargné pour qu'il pût donner le compte rendu abrégé, mais substantiel, des séances législatives, avec autant de fidélité que de rapidité. Pour cela, il faudrait : — premièrement, qu'il eût autant de rédacteurs que le *Moniteur universel*, et à tout prix les meilleurs ; car obligé, il est vrai, à rendre compte des séances avec moins d'étendue, il serait tenu à le faire avec plus de célérité ;—deuxièmement, qu'il eût un double atelier de compositeurs voisin de chacune des deux chambres, afin qu'une heure après la clôture des séances il fût en mesure de délivrer des épreuves parfaitement revues et corrigées à tous les journaux à qui il conviendrait d'en faire prendre, soit pour collationner leur propre compte rendu, soit pour en tenir lieu. On comprend que si une feuille du soir donnait ainsi les séances des chambres avec une étendue variable qui n'excéderait jamais, en moyenne, six colonnes, aucun journal ne pourrait entreprendre de lutter de fidélité, et qu'il n'y aurait rien de mieux à faire que de renoncer à une dépense inutile. On ne se plaint pas des rédacteurs du *Moniteur*. La feuille du soir pourrait en avoir de non moins sûrs. Des hommes exercés, soigneusement choisis, bien rétribués, ne peuvent-ils abréger un discours en le condensant sans le mutiler? — Est-ce qu'on mutile les toiles et les statues, dont on opère ce qu'on appelle des réductions?

Tout autre rôle à remplir par une feuille semi-officielle du soir, quelque habile que soit son rédacteur en chef, n'en fera jamais qu'un journal parfois dangereux, le plus souvent insignifiant. Ce que nous venons d'écrire, il y a six ans que nous l'avons dit pour la première fois, quand le ministère du 6 septembre fonda la *Charte de* 1830 !

En réalité, le gouvernement ne dispose donc que d'une publicité illusoire, et n'a de défenseurs sérieux dans la presse que des journaux indépendants de lui, alors même que le concours qu'ils lui prêtent n'est pas toujours entièrement désintéressé.

Cet état de choses, cette inégalité entre la défense et l'attaque, cette anomalie d'un gouvernement qui paie ou qui prie un journal afin d'en être protégé, a préoccupé beaucoup de graves esprits. Plusieurs systèmes ont été émis et discutés. Passons-les rapidement en revue.

FONDATION D'UNE PRESSE DITE GOUVERNEMENTALE. Un publiciste éminent dont le caractère et le talent étaient respectés de tous ses adversaires, M. Henri Fonfrède, a plusieurs fois soutenu l'opinion que le gouvernement devait fonder un journal à la rédaction duquel seraient appelés les écrivains les plus distingués. Séduisante peut-être en théorie, cette idée, si l'on en eût tenté l'application, n'aurait pas compté une année d'existence.

Prétendre qu'il serait possible de fonder un journal consacré à défendre les principes fondamentaux de gouvernement, et de le rédiger comme on professe un cours d'histoire ou d'économie politique, en se plaçant au-dessus de toutes les influences, de toutes les préoccupations, de toutes les considérations ministérielles, est une erreur profonde; ce qui étonne, c'est que de grands esprits l'aient partagée. Comment ne voit-on pas que si une entreprise aussi chimérique pouvait se réaliser, les ministres ne seraient plus que des incapables placés sous la tutelle et la censure d'une sorte de tribunal composé d'écrivains irresponsables et, de ces deux choses l'une, ou révocables ou inamovibles !

Si l'on admet qu'ils seront révocables, tout le système croule, on n'aura plus que des écrivains à la solde d'un ministère ; ceux qui ne fléchiront pas se retireront ; si l'on admet qu'ils seront inamovibles, il faudra admettre aussi qu'ils seront infaillibles, et que, soit qu'ils louent, soit qu'ils blâment, dans l'un comme dans l'autre cas ils n'auront jamais tort.

Or supposez qu'un tel journal ait été fondé il y a seulement cinq ans, et que ses rédacteurs, au nom de tous les principes de gouvernement, aient condamné la coalition parlementaire de 1838; quelle eût été leur conduite, quel eût été leur langage quand ils auraient eu plus tard à s'exprimer sur les divers cabinets à la formation desquels nous avons assisté depuis trois ans ? — S'ils avaient vanté M. Thiers, loueraient-ils M. Guizot ? — Mais alors ce journal ne différerait en rien de ces feuilles qui n'ont d'autre moyen d'existence que la subvention qu'elles reçoivent humblement. Ses rédacteurs seraient sans autorité sur l'opinion publique. —

L'attaqueraient-ils ? — Mais alors il y aurait antagonisme entre eux et la majorité des deux chambres. Une telle idée, on le voit, n'aboutirait qu'à la constitution d'un pouvoir anarchique ou fragile.

Mais, dit-on, ce n'est pas ainsi que les choses se passeraient ; toutes les fois que le ministère changerait, le personnel du journal gouvernemental serait aussi changé ; chaque nouveau cabinet se ferait accompagner par un nouvel état-major d'écrivains. Nous répondrons : — premièrement, il ne faut pas croire que les écrivains qui ont du savoir et de la conscience pullulent ; — deuxièmement, quels sont les écrivains de quelque mérite qui consentiraient à accepter une position aussi précaire ? — troisièmement, quand le ministère qui succède à celui qu'ils auraient soutenu les aurait congédiés, où iraient-ils ? — quatrièmement, tous les journaux établis ont leurs rédacteurs, et les mutations y sont rares ; il faudrait donc mettre l'état-major licencié en disponibilité avec un traitement, une sorte de demi-solde ? — cinquièmement, si le personnel de rédaction changeait ainsi à chaque changement de cabinet, l'État, finalement, aurait donné beaucoup d'argent, se serait grevé de beaucoup de charges, pourquoi ? — Pour veiller sur les principes immuables de gouvernement ? — Non ; mais pour défendre des intérêts ministériels nécessairement divers et souvent opposés. Quelques moyens que vous employiez, vous voyez donc que tous vous ramènent à la même conclusion, à publier un journal sans indépendance, conséquemment sans autorité, et que ce système ne soutient pas même un examen superficiel.

Droit d'insertion. Un autre système a été proposé comme étant doué d'une puissance égale à la facilité de son exécution ; ce système consisterait dans l'usage journalier, constant, rigoureux, du droit que donne au gouvernement l'article 18 de la loi du 9 septembre 1835, disposition qui n'est d'ailleurs que la reproduction des articles 8 de la loi du 9 juin 1819 et 11 de la loi du 25 mars 1822, et qui a pour effet « d'obliger « tout gérant d'insérer en tête du journal les docu- « ments officiels, relations authentiques, renseigne- « ments et rectifications qui lui seront adressés par « tout dépositaire de l'autorité publique ; publication « qui devra avoir lieu le lendemain de la réception des « pièces, sous la seule condition du payement des frais « d'insertion. »

L'expérience de ce système a été faite, avec timidité il est vrai : on a vu ce qu'il a produit.

Les gérants qui se mettent dans le cas de recevoir de pareilles insertions par ministère d'huissiers, les placent bien en tête de leur feuille, ainsi que le veut la loi ; ils obéissent à sa lettre, mais ils éludent son esprit ; ils agissent comme s'ils ne faisaient que céder à la violence ; ils impriment le protocole de l'huissier et jusqu'à sa signature ; ils suppriment la division de la justification par colonnes et étalent les lignes sur toute la largeur de la page, de sorte qu'on ne peut plus lire qu'avec grande peine, et que l'effet moral de ces insertions obligatoires est entièrement manqué, et plutôt fâcheux que favorable. Interrogez les abonnés de ces journaux, et vous vous convaincrez que le résultat de telles insertions, ainsi faites sans loyauté, n'est pas de ramener le lecteur à la vérité, de l'éclairer, mais au contraire de l'indisposer, de l'irriter un peu plus encore contre le gouvernement. Il est si rare qu'on ne justifie pas les préventions dont on est l'objet, en s'efforçant trop de les vouloir détruire !

Mais l'exécution de la loi ne rencontrât-elle pas, de la part des journaux hostiles au pouvoir, l'opposition et la mauvaise foi dont nous venons de parler, qu'il ne serait pas encore vrai que la disposition qui donne au gouvernement et à ses agents le droit de répondre en tête de la feuille où ils ont été attaqués, constituât un bon système de presse gouvernementale.

Si le gouvernement, ainsi qu'il le fait aujourd'hui, se borne à l'insertion de quelques démentis, de quelques rectifications, qui malheureusement ne sont pas toujours donnés, même par lui, avec franchise et bonne foi, à quoi aboutit la faculté qu'il possède ? — A faire naître, pour peu de chose, en vérité, l'incrédulité quand il parle, à se faire accuser d'aveu tacite quand il garde le silence. Si le gouvernement, — comme on le propose dans le système que nous discutons, — étend l'exercice de cette faculté jusqu'à charger un corps d'écrivains de la mission de réfuter le lendemain dans chaque journal l'article de la veille qui leur aura paru ou faux en principe, ou erroné dans les détails, ou inconvenant dans la forme, voyons où conduit ce système :

Incontestablement ces écrivains n'auront le droit de répondre qu'autant qu'ils représenteront le gouvernement, qu'ils parleront en son nom ; c'est un point qu'il importe d'abord d'établir, parce qu'il est la pierre angulaire de tout l'édifice. Vous faites donc descendre le pouvoir dans l'arène !

Le signal est donné ; le public attend, la lutte va s'engager. Êtes-vous bien sûrs d'abord que le public ne sera pas un juge partial, et ensuite que les écrivains, sur lesquels pèse, le préjugé d'écrivains subventionnés, d'écrivains sans conscience et sans indépendance, sinon sans mérite et sans verve, êtes-vous bien sûrs qu'ils seront toujours les plus forts, les plus habiles, les plus souples ? — Le jour où le public s'écriera qu'ils sont vaincus, qu'ils ont manqué de force, d'adresse, d'agilité, croyez-vous que ce jour-là le pouvoir aura beaucoup gagné dans les esprits en autorité, en dignité et en respect ?

Le jour où une de ces incorrections de langage, une de ces erreurs de date ou de lieu, comme il en échappe si souvent dans l'ardeur d'une polémique qui n'a jamais le temps de vérifier ce qu'elle avance, aura été commise par un de ces écrivains, la presse tout entière se soulèvera contre lui, elle ne trouvera pas assez de sarcasmes pour l'en accabler. Il sera rendu célèbre par les surnoms qui lui seront infligés. Qu'aurez-vous fait ? — Vous aurez donné au peuple le spectacle d'un esclave livré aux bêtes du cirque.

Ce dur métier d'esclave, quel est l'écrivain de mérite, conséquemment pouvant vivre plus ou moins modestement du travail de sa plume, qui voudra l'accepter ? — Pour soutenir une telle lutte, quels sont donc les écrivains que recrutera le pouvoir ? — Des hommes sans indépendance, sans énergie, sans talent, que la faim ou la prodigalité lui livrera : des athlètes toujours battus.

Ce n'est pas tout encore : — si l'article de la veille était écrit en termes inconvenants, injurieux, dans quels termes sera conçue la réponse? — Le pouvoir usera-t-il de représailles? — S'abaissera-t-il jusqu'à l'injure? — S'il ne s'écarte jamais de la réserve et de la modération, sa réserve et sa modération seront-elles appréciées? ne dira-t-on pas que sa polémique est faible et décolorée?

Ne sera-ce pas un moyen d'éterniser toutes les discussions? Une fois le pouvoir et le journal aux prises, l'un et l'autre ne se feront-ils pas une sorte de point d'honneur d'avoir chacun le dernier mot? — Lequel des deux se résignera à passer pour battu?

Et s'il ne s'agit pas seulement de rectifier des faits, de repousser des injures, mais de discuter des principes, avez-vous mesuré toute l'étendue de la responsabilité qui s'étendra sur le pouvoir dans le passé, dans le présent et dans l'avenir? Celui-ci l'engagera le même jour dans une voie, celui-là dans une autre. On ne manquera pas l'occasion d'exploiter leur rivalité et leur opposition, de se servir des arguments du premier pour confondre et écraser le second. Il n'existe à Paris que deux chaires d'économie politique, l'une au Collège de France, l'autre au Conservatoire des arts et métiers : les deux professeurs sont-ils d'accord? — Comme, au bout de quelques années, tout aura été dit, le passé sera un arsenal inépuisable où tous les adversaires du gouvernement n'auront qu'à chercher pour y trouver des armes. Pour qu'un tel système fût praticable, il faudrait qu'il y eût une orthodoxie constitutionnelle! Attendez qu'elle existe!

Signature des articles. Puisque nous parlons des divers systèmes de presse, disons incidemment ici quelques mots de celui qui consisterait à exiger que tous les articles d'un journal fussent signés. Cette obligation, en admettant qu'une loi pût l'imposer, aurait-elle pour effet, ainsi qu'on l'a prétendu, de régénérer la presse et de mettre un terme aux excès et aux dangers du journalisme?

Un article de doctrine, s'il est faux, en sera-t-il plus vrai parce qu'il portera le nom de son auteur? — Les lecteurs auxquels cet article s'adressera seront-ils pour cela des juges plus éclairés, plus compétents? Ce que la raison sociale du journal y perdra peut-être, la renommée et l'influence de l'écrivain le gagneront sûrement. Au lieu d'avoir des journalistes anonymes, on aura des journalistes célèbres, comme il existe au palais des avocats dont le renom est déjà un argument en faveur de la cause dont ils ont accepté la défense. Le journal et le journaliste n'en seront pour cela ni plus ni moins dangereux. Lorsqu'un auteur aura fait un article au bas duquel il ne voudra pas mettre son nom, comment la loi l'y contraindra-t-elle? Croyez-vous que le jour où il conviendrait, soit à M. Thiers, soit à M. Guizot, de faire un article contre leur prédécesseur ou leur successeur au ministère, ces deux historiens ne trouveraient pas facilement un éditeur qui en acceptât la responsabilité, c'est-à-dire le mérite? Il se créerait aussitôt des signataires d'articles comme il existe aujourd'hui des gérants de journaux. Vous ne voulez pas de fictions; or, votre système ne ferait qu'accroître le nombre de celles que la loi a déjà consacrées!

Avez-vous aussi songé au danger des réputations usurpées qui en seraient la conséquence? Tel qui passerait pour avoir fait les articles les plus remarquables pourrait bien n'être qu'un sot et un ignorant. Que de geais se pareraient des plumes du paon!

Supposez que tout ce qui vient d'être dit ne soit qu'exagération dont il ne faille pas tenir compte, et passons à d'autres objections plus graves.

Quand vous aurez astreint chaque auteur à signer son article, ou pour parler plus exactement, chaque article à porter un nom d'auteur, d'abord il vous faudra définir ce que vous entendez par articles ; ensuite, qu'aurez-vous fait ?

Cela fera-t-il que le compte rendu des chambres, qui occupe souvent quarante-huit colonnes du *Moniteur*, soit désormais plus complet dans les journaux qui ne peuvent y consacrer que trois colonnes au plus ? — Cela fera-t-il que la publicité qu'ils donnent aux scandales judiciaires soit plus édifiante ? — Cela fera-t-il que les meurtres, les vols, les attentats aux mœurs, les suicides, y occuperont moins de place, et seront lus avec une moins honteuse avidité ? — Cela fera-t-il que le plan de campagne que vous aurez divulgué, que le mouvement ou le désarmement de troupes que vous aurez fait connaître, alors que le secret importait, n'aient plus ni d'inconvénients, ni de dangers ? — Cela empêchera-t-il le public de croire, quand on le lui dira en deux lignes sous forme de nouvelles, que la liberté de la presse est menacée ; qu'il est certain qu'une camarilla nourrit des pensées liberticides ; que le château projette le rétablissement de la garde royale et l'abandon d'Alger, etc. ? — Toute nouvelle, n'eût-elle qu'une ligne, devra-t-elle porter avec elle la garantie du nom de son auteur, soit que le journal l'émette pour la première fois, soit qu'il la reproduise? Toute omission sera-t-elle une contravention? Toute contravention sera-t-elle punie? Voyez donc où vous conduirait cette théorie : un seul numéro du journal pourrait donner lieu à une accusation de plus de cent contraventions, en admettant encore que ce ne fussent pas des délits.

Sans doute, la signature des articles par leurs auteurs serait une importante amélioration; il faut souhaiter qu'elle entre dans nos mœurs, mais il ne faut pas songer à en faire une obligation légale. Comme système de presse, cette idée ne supporte pas l'examen.

IMPUNITÉ. — RÉPRESSION. Le premier de ces deux systèmes est celui des libéraux dans l'opposition; le second est celui des libéraux dans le gouvernement; l'un consiste à affirmer avec M. Benjamin Constant que l'impunité systématique est le plus sûr moyen d'ôter aux attaques injustes et violentes du journalisme la puissance de nuire, parce qu'elles excitent alors les défiances et les sévérités de l'opinion publique, également ennemie de l'arbitraire et de l'anarchie ; l'autre consiste à prétendre avec M. Guizot que les excès de la presse ne sauraient être trop activement poursuivis, trop sévèrement punis.

De ces deux systèmes, quel est le bon, quel est le meilleur? — Avant de répondre à cette question, il faut d'abord savoir à quel but on tend. — Veut-on que la liberté de la presse, perdant son nom pour prendre celui de licence, inquiète tous les esprits éclairés, tous les intérêts légitimes, achève de se déconsidérer, perde tout crédit, toute influence? sans aucun doute, des deux systèmes, l'impunité légale serait le meilleur, si au-dessous des classes éclairées, des classes supérieure et moyenne, il n'y avait pas une autre classe sans lumières, qui a des besoins impérieux et des passions ardentes, qu'il est conséquemment facile d'égarer, qui est hors d'état de discerner dans un article ce qu'il y a d'exagération mêlée à ce qu'il y a de vérité, de juger ce qu'une argumentation peut avoir de spécieux, de découvrir le but que cache souvent une calomnie, de mesurer le mal que peut faire un mensonge, de prévoir enfin les déceptions cruelles qui attendent au jour de l'expérience les théories si séduisantes de liberté sans frein et d'égalité sans limites. Résolvez ce problème, que les journaux ne pourront avoir que des lecteurs éclairés, et nous adopterons volontiers pour doctrine celle que professe l'opposition.

Veut-on au contraire que la liberté de la presse soit redoutable aux abus du pouvoir et utile au développement de nos libertés, veut-on qu'elle serve à l'affermissement de nos institutions, à la pacification des esprits, à la dissolution des partis, au progrès de la raison publique, à la moralisation du peuple, à la prospérité du pays au dedans et à sa prépondérance au dehors ; veut-on enfin que la liberté de la presse soit féconde, puissante et respectée? il est alors nécessaire que tous ses écarts soient sévèrement réprimés, que tous ses excès soient justement punis. Contenir la presse dans de fortes digues, c'est la forcer de se creuser un un fleuve navigable qui porte la richesse sur toute la ligne qu'il parcourt.

Mais pour réformer la presse, il ne suffit pas de la poursuivre et de la punir. Le juge qui accomplit ses devoirs ne dispense pas le législateur de remplir les siens. Cette conclusion nous ramène naturellement à la question de savoir ce qu'il reste à faire au gouvernement et aux chambres législatives pour amender la polémique au moyen de la publicité, et donner satisfaction, nous ne disons pas à la proposition, mais à la protestation de M. de Golbéry.

Les allocations que la chambre des pairs et la chambre des députés consacrent chaque année à l'impression des procès-verbaux de leurs séances, des rapports et des discours de leurs membres, dépassent deux cent cinquante mille francs.

L'une et l'autre chambre ont un traité conclu avec les propriétaires du *Moniteur universel*, à qui elles payent, pour la reproduction des discours et des rapports de leurs membres, une somme qui a pour base le nombre de colonnes qu'occupent ces discours et ces rapports.

En outre, la chambre des pairs et la chambre des députés publient à part, format in-8, les procès-verbaux de leurs séances, les rapports de leurs commissions, les projets de lois, les exposés de motifs et les autres communications du gouvernement. A notre avis, c'est multiplier sans utilité les impressions, et gaspiller un argent qui pourrait être mieux employé. A eux seuls les *procès-verbaux et annexes* de la chambre des députés, pour la session 1841, forment neuf forts volumes in-8 !

A quoi servent ces volumes? — Quel est le pair de France, quel est le député qui les garde, qui les consulte? — A quoi bon imprimer les procès-verbaux des séances? A quoi servent-ils? Que contiennent-ils? — *Des analyses des discours sans le nom des orateurs qui les ont prononcés.* Lorsqu'on a besoin de se reporter à un de ces discours, est-ce là qu'on va le rechercher? Non; c'est au *Moniteur* qu'on recourt, et avec raison, puisqu'il n'y a que lui qui les recueille aussi fidèlement qu'il est possible de l'exiger.

Les deux chambres pourraient donc faire, l'une et l'autre, sans inconvénient aucun, l'économie de l'impression de leurs procès-verbaux. Ces volumes ne sont bons à rien qu'à être vendus au poids : c'est ce que font, pour s'en débarrasser, à peu près tous les pairs et les députés. Notez que ces volumes ne sont généralement imprimés qu'après la session, et conséquemment distribués qu'à la session suivante.

A l'égard de ces impressions, il y aurait quelque chose d'infiniment simple à faire : ce serait de conclure, avec les propriétaires du *Moniteur,* un traité par lequel ils s'engageraient à faire, aussitôt après le tirage de leur feuille, un remaniement in-8 (sans rien changer à la justification des colonnes) des projets de lois, des exposés de motifs et des rapports déposés la veille sur le bureau. De la sorte, les communications du gouvernement, qui sont aujourd'hui composées TROIS FOIS: premièrement, par l'imprimerie du *Moniteur;* deuxièmement, par l'imprimeur de la chambre des pairs; troisièmement, par l'imprimeur de la chambre des députés, ne seraient plus composées qu'une seule fois.

Les chambres ne gagneraient pas seulement à cet arrangement une économie d'argent, mais encore une économie de temps, car il arrive très-souvent que le *Moniteur* publie le lendemain matin des communications et des rapports qui ont été lus la veille à la tribune, et qui ne sont distribués que plusieurs jours après, soit aux pairs, soit aux députés. La valeur de ces impressions, par la différence des caractères employés, serait considérablement réduite. On pourrait alors en faire collection, ce qui est matériellement impossible aujourd'hui. Composées telles qu'elles le sont en gros caractères, ces impressions, au bout de quelques années, produisent une telle masse de *distributions* (1) que l'appartement le plus vaste en est vite encombré. Ajoutez, enfin, qu'il y aurait plus d'unité. — Mais ceci ne serait qu'une amélioration typographique, et nous avons à proposer une innovation qui, nous le croyons, ne serait pas sans importance. La voici :

Le *Moniteur*, avons-nous dit, publie littéralement tous les discours de MM. les pairs et les députés; rien ne serait plus facile que d'en faire un remaniement in-8, ainsi que cela a lieu déjà toutes les fois qu'un pair ou qu'un député demande au *Moniteur* un tirage à part de son discours.

Ce remaniement typographique, si facile à opérer, présenterait les deux avantages suivants :

Premièrement, les projets de lois, rapports et discours pourraient être méthodiquement réunis par ORDRE DE MATIÈRES ;

(1) Terme qui sert à désigner les imprimés que les chambres font distribuer à leurs membres.

Deuxièmement, les rapports et discours pourraient être réunis par NOMS D'AUTEURS.

En d'autres termes, au moyen de ce remaniement, si l'on voulait, par exemple, prendre connaissance de tout ce qui s'est dit ou lu à la tribune sur le budget ou sur les chemins de fer, on n'aurait qu'à demander les volumes intitulés : BUDGETS OU CHEMINS DE FER. Si, au lieu de cela, on voulait seulement parcourir tous les projets de lois, rapports et discours auxquels des hommes tels que M. le duc de Broglie ou M. Thiers ont attaché leurs noms, soit en qualité de pairs de France, soit en qualité de députés et de ministres, on n'aurait qu'à demander les volumes intitulés : DISCOURS RAPPORTS, ETC., DE M. LE DUC de BROGLIE, ou bien ceux intitulés : DISCOURS, RAPPORTS, ETC., DE M. THIERS (1).

(1) Les chambres, si elles le voulaient, pourraient même étendre ce classement sans qu'il en résultât pour leur budget aucune augmentation de dépenses ; ainsi, elles pourraient porter à huit le nombre de ces collections :

1° Collection de tous les projets de loi présentés par le gouvernement, et adoptés par les deux chambres ;

2° Collection de tous les projets de loi adoptés seulement par la chambre des pairs ;

3° Collection de tous les projets de loi adoptés seulement par la chambre des députés ;

4° Collection de toutes les propositions faites par MM. les pairs, en vertu de l'initiative consacrée par l'art. 15 de la Charte ;

5° Collection de toutes les propositions faites par MM. les députés, en vertu du même droit ;

6° Collection de tous les projets de loi, rapports et discours par spécialité de matière ;

7° Collection de tous les discours et rapports de M....., pair de France.

8° Collection de tous les discours et rapports de M....., député.

Les résultats de cette classification seraient de rendre les recherches moins pénibles et les orateurs plus réservés, par suite de la crainte salutaire qu'ils auraient d'être pris en flagrant délit de contradiction, d'inconséquence, de versatilité. Aussi, avant de se hasarder dans une discussion importante, tout orateur ne tarderait-il pas à prendre l'habitude de commencer par s'assurer de ce qu'il aurait déjà dit sur le même sujet. Les discussions y gagneraient certainement d'être plus consciencieuses, moins superficielles et moins prolixes. Quiconque a fait dans le *Moniteur* des recherches du genre de celles dont il vient d'être parlé, sait le temps qu'elles prennent, la patience qu'elles exigent, et surtout la fatigue que causent la nécessité de se pencher sur de grands volumes in-folio et la difficulté de lire de longues colonnes compactes ; aussi peu de personnes ont-elles aujourd'hui ce courage. Au lieu de cela, imaginez donc la conversion du *Moniteur* (après avoir paru quotidiennement comme journal in-folio) en volumes in-8°, munis de tables chronologiques et systématiques ; ce qui permettrait à tout ministre, tout pair de France, tout député, d'avoir ainsi dans sa bibliothèque la collection de ce qu'il pourrait appeler ses œuvres parlementaires. Une seule composition suffirait pour obtenir ce triple résultat, qu'aujourd'hui trois compositions différentes ne donnent pas.

Ajoutez que lorsqu'un pair ou un député s'adresse au *Moniteur* pour avoir un tirage à part in-8° du discours qu'il a prononcé, il a les frais du remaniement à payer, dont il n'aurait plus alors à subir la dépense. Il ne serait plus tenu qu'au remboursement des frais de

papier et de tirage, frais qui pourraient être tarifés à
4 centimes par feuille de seize pages. La moyenne d'un
discours est tout au plus d'une feuille : donc, un pair
ou un député, dont les amis ou les électeurs seraient
au nombre de cinq cents, n'aurait désormais à payer
que 20 francs pour le tirage, à ce nombre, de son discours. La chambre des pairs et la chambre des députés,
chacune en ce qui concernerait ses membres, pourraient d'ailleurs prendre à leur charge cette faible dépense. Ce serait de l'argent mieux employé que celui
qu'elles gaspillent aujourd'hui en impressions de procès-verbaux.

Mais quelque importantes que puissent être ces améliorations, elles sont étrangères à la proposition de M. de
Golbéry, et fussent-elles réalisées, elles ne remédie-
raient pas à l'inexactitude avec laquelle les journaux
rendent compte des débats législatifs. Or, c'est de
cette inexactitude qu'il s'agit; c'est d'elle aussi que
nous allons maintenant nous occuper. — Cherchons-
en donc les causes, afin de trouver les moyens de la
faire cesser.

Si les journaux français ne rendent compte que d'une
manière si incomplète, si imparfaite, des séances législatives; si à cet égard les journaux anglais ont sur
les nôtres une supériorité si marquée (1), n'en accusez

(1) Voici quelques détails sur l'importance que les journaux de
Londres accordent à cette partie de leur rédaction :

« Avant les guerres de la révolution, les journaux ne donnaient
qu'un résumé fort abrégé des séances parlementaires. L'éditeur
de *Junius*, Woodfall, essaya de remplir cette lacune; la tâche
qu'il entreprenait était vraiment athlétique. Il assistait aux séan-

pas la partialité de l'esprit de parti, mais l'absurdité du
régime fiscal sous lequel vous avez placé la presse as-

ces, et, au moyen de quelques notes, en employant les maigres
documents que renfermaient les journaux du matin, il se trouvait
à même de publier vers les quatre heures un compte rendu de la
séance. Tout cela était encore extrêmement inexact. Il saisissait
assez bien les mouvements oratoires ; sa mémoire lui rappelait
les traits principaux et les grandes divisions d'un discours ; mais
on ne connaissait, en le lisant, ni le mouvement général des affaires, ni les mille détails curieux dont se compose une séance
parlementaire.

« Le système actuel est l'œuvre de M. Perry, rédacteur en chef
du *Morning Chronicle.* Aujourd'hui, tous les journaux de quelque valeur emploient de dix à quatorze personnes à cet usage :
ce sont les *reporters.* Chacun d'eux passe trois quarts d'heure ou
une heure dans la galerie de la chambre des communes ou dans
celle de la chambre des pairs, après quoi son confrère vient le
remplacer. Le *reporter*, sorti de la chambre, consulte ses notes,
et écrit aussitôt les discours qu'il vient d'entendre et qu'une mémoire exercée lui permet de reproduire presque mot pour mot.
La sténographie, que l'on a essayé d'employer, est depuis longtemps tombée dans le discrédit. Il est rare que le sténographe habile joigne au talent qu'il possède d'autres facultés plus nécessaires ; trop souvent la partie matérielle de l'œuvre qu'il exécute
l'absorbe et l'envahit. Il accorde peu d'attention à la série des arguments que les orateurs emploient ; il ne s'occupe que de son
affaire ; il est sténographe avant tout. Ces traits et ces lignes qui,
par la suppression d'une voyelle, lui offrent d'une manière in-
distincte et vague le souvenir lointain des périodes reproduites,
mais non écoutées par lui, usurpent invinciblement son attentions
Rarement sait-il supprimer une répétition oiseuse, et donner le
sens des épithètes et des substantifs parasites qu'un improvisa-
teur accumule en cherchant sa pensée. Enfin, c'est moins un co-
piste intelligent qu'une machine plus ou moins parfaite. La plupart des *reporters* ont renoncé à la sténographie ; mais, quand à
l'intelligence et à la capacité nécessaires on joint la faculté de
sténographier de temps en temps les passages vraiment remarquables, on arrive à une grande supériorité.

« C'est au moyen de la division du travail que l'on a obtenu ce

sujettie au timbre. Ce n'est pas une question d'opinion, c'est une question de format. La question n'est

résultats. Après avoir écouté un discours d'une heure, le *reporter* s'enferme et en passe deux à rédiger ce qu'il a entendu. Le
grand nombre de personnes ainsi employées, et l'habitude qu'elles
ont de ce travail, permettent de tirer et de publier à sept ou huit
heures du matin les débats d'une séance qui s'est prolongée jusqu'à deux ou trois heures. « La précipitation ne nuit en rien à
« l'exactitude. Non-seulement chaque discours est correctement
« reproduit, mais tous les incidents de la séance se trouvent no-
« tés avec soin ; on y ajoute même des citations et des observa-
« tions curieuses empruntées aux antécédents parlementaires. »
Les améliorations matérielles de l'industrie ont beaucoup contribué à ces étonnantes conquêtes.

« La publication des débats est interdite sous des peines graves ;
toutefois, sans avoir jamais révoqué son statut, le parlement fait
aux journalistes des priviléges et des facilités qui se trouvent en
contravention directe et incessante avec le texte de la loi. Ils en-
trent par une porte particulière dans la galerie réservée au public ; et lorsque la foule est obligée de sortir, il leur est permis de
rester à leur place. Il est vrai que la situation de cette galerie est
si incommode et si éloignée des bancs des orateurs, que souvent
la voix faible de quelques-uns d'entre eux n'arrive pas jusqu'aux
journalistes.

« Les *reporters* formant une classe d'hommes à part qui n'est
inféodée à aucune opinion, mais dont l'influence et la considération dépendent du degré d'exactitude avec lequel ils s'acquittent de
eur travail, ont intérêt à ce que leurs comptes rendus donnent une
copie fidèle de la situation des chambres. « *Ils ont un esprit de
« corps, ils se respectent ; et comme ils peuvent passer d'un jour-
« nal à l'autre, ils ne s'attachent spécialement à aucun parti.*
« Jamais rédacteur en chef de journal ne demande à son reporter
« aucune sympathie d'opinion politique. Comme toute infidélité
« commise par un des membres de cette espèce d'association
« porte atteinte à l'estime dont le corps entier veut jouir, ils ont
« en horreur les altérations, les interpolations, les suppressions,
« dont la partialité des journaux français a fait une habitude. »
Fatigués d'ailleurs de ces logomachies politiques dont ils fatiguent
eux-mêmes le public, ils ne prennent aucun intérêt au triomphe

pas politique, mais exclusivement matérielle. En Angleterre, le droit de timbre est fixe; en France, il est
proportionnel; il varie de 5 à 6 centimes, selon que le
format du journal est au-dessous de quinze décimètres
ou au-dessus de trente; c'est-à-dire que la loi a fait
justement l'opposé de ce que voulait la raison. On
dirait vraiment que la raison et le fisc s'excluent et
sont inconciliables. Au lieu de mettre un obstacle à
l'extension du format des journaux, on aurait dû tout
faire, au contraire, pour la favoriser, car cette extension, ainsi que nous l'avons déjà tant de fois péremptoirement démontré, aurait eu pour effet certain de
rendre l'impartialité matériellement plus facile et moralement plus rigoureuse. Mais en fait d'impôts, nous
sommes encore dans l'enfance; nous n'y voyons jamais
qu'un moyen d'emplir le trésor; nous ne savons nous
en servir ni comme frein, ni comme éperon.

Messieurs les pairs et messieurs les députés, si les
journaux tronquent vos discours, s'ils n'en donnent
que des extraits, que des résumés, n'en accusez que
vous-mêmes, n'en accusez que les lois que vous avez
votées. Rendez aux journaux la liberté de s'agrandir;
faites plus, sachez faire habilement de cette liberté
une nécessité, abolissez le timbre auquel les *imprimés* sont assujettis, et alors seulement vos plain

et à la défaite des torys et des whigs. Remplir exactement et consciencieusement leur tâche, c'est tout ce qu'ils veulent et prétendent.

« Les comptes rendus des séances parlementaires coûtent à
chacun des journaux du matin plus de 3,000 livres sterl. par an
(75,000 fr.). »

tes seront légitimes, si, contre toute probabilité, elles ont encore des motifs de s'exercer ; mais elles n'en auront plus, car il n'y a pas un journal, quelque passionné qu'il soit dans sa POLÉMIQUE, qui ne tienne à l'honneur d'être fidèle dans sa PUBLICITÉ. Alors les journaux français n'auront plus rien à craindre sous ce rapport de la comparaison avec les journaux anglais.

L'objection principale qu'on fait à l'abolition de l'impôt du timbre sur les imprimés n'est pas tirée du préjudice qu'en éprouverait le trésor public, mais du danger qu'il y aurait premièrement à rendre plus facile la création de nouveaux journaux ; deuxièmement, à donner à ceux qui existent le moyen d'abaisser leur prix, c'est-à-dire de se mettre à la portée d'un plus grand nombre de lecteurs, et conséquemment d'accroître encore ainsi leur influence, au lieu de la diminuer.

Cette objection est une objection superficielle, qui n'est puisée ni dans la nature, ni dans l'étude approfondie des choses. Nous l'avons déjà réfutée ailleurs sans réplique ; nous n'y répondrons donc ici que très-sommairement.

Non : ce qui met un obstacle, presque insurmontable aujourd'hui, à la création de nouveaux journaux politiques quotidiens, ce ne sont pas les frais de timbre ; ce sont les frais de composition et de rédaction.

La composition d'un journal (1) coûte par jour . . . . 100 fr.

La rédaction 200

Total par jour . . . . . 300 fr.

(1) Format de 30 décimètres carrés.

Soit 109,500 fr. par année, sans y comprendre les frais d'administration, d'établissement, de propagation et d'intérêts du capital employé ; ce qui porte le tout, au moins, à 150,000 fr.

Le véritable obstacle, le voici : — c'est que pour mettre un nouveau journal à même d'essayer de lutter quelque peu sérieusement contre la difficulté de faire mieux, ou même autrement que les journaux établis, qui jouissent d'une sorte de monopole de fait, il faut avoir, indépendamment des 100,000 fr. de cautionnement exigés par la loi, un capital social d'au moins 500,000 fr.

Un journal se fonde :

S'il ne vient pas d'abonnés, il n'y a ni frais de timbre ni frais de poste à payer ;

S'il vient des abonnés, ces frais, qui sont pour le timbre de 18 fr. par an, et pour la poste de 14 fr., sont prélevés sur le produit de l'abonnement ;

Donc, si un journal ne reçoit rien, il ne paye rien au fisc. Mais il n'en est pas ainsi des frais de composition, de rédaction, de loyer et d'administration ; il faut toujours les payer, il faut toujours en avoir l'argent en avance dans sa caisse, le journal n'eût-il qu'UN SEUL ABONNÉ.

Que, par suite de l'abolition du timbre, les journaux soient moralement obligés de doubler leur format, et ces dépenses qui ne s'élèvent aujourd'hui qu'à 150,000 francs environ dépasseront 200,000 francs ! Ainsi, la suppression du timbre, loin de favoriser la création de nouveaux journaux, la rendrait au contraire plus difficile, car au lieu d'un capital social de

500,000 fr., il en faudrait alors certainement un d'un million. Voyez ce qui s'est passé à Londres lors de la réduction du timbre, qui était de 70 cent. par feuille, à 10 cent. seulement : on pensait qu'il allait paraître tout de suite un grand nombre de feuilles nouvelles ; une seule fut publiée, s'appelant le *Constitutionnel,* qui a coûté de grosses sommes à ses éditeurs et n'a vécu que peu de temps. Retenez donc bien ceci : ce ne sont pas les journaux qui *font l'avance* des frais de timbre et de poste, ce sont les abonnés.

Maintenant, examinons ce qu'il y aurait de fondé dans la crainte que l'abolition du timbre n'eût pour effet l'abaissement du prix des journaux, et que cet abaissement de prix n'eût pour résultat d'en faire descendre encore la lecture, si la loi qui prononcerait cette suppression était ainsi conçue :

Art. 1er.

Les droits de timbre sur les journaux et leurs suppléments , écrits périodiques, prospectus, affiches et tous avis impri—més, sont abolis.

Art. 2.

Les journaux seront tenus d'insérer en leur entier le texte et l'exposé des motifs des projets de loi présentés aux chambres, ainsi que les rapports auxquels ces projets auront donné lieu et qui auront été déposés sur la tribune législative. Cette insertion devra précéder le jour de la discussion publique.

Art. 3.

Il est interdit aux journaux et écrits périodiques :

§ 1er. D'abréger ni tronquer, soit par voie d'analyse, d'extraits ou autrement, les discours prononcés à la tribune législative. Ou ces journaux n'en devront rendre absolument aucun compte, ou le compte qu'ils en rendront devra être entièrement conforme à l'une des deux rédactions qui aura été faite par les RÉDACTEURS ASSERMENTÉS admis à cet effet, la première de ces rédactions textuelle (1), la deuxième réduite en moyenne(2) aux proportions de six colonnes d'une feuille de cinquante décimètres carrés.

§ 2. De rendre aucun compte sans l'autorisation des chambres, ou de l'une d'elles, soit de leurs séances secrètes, soit des discussions qui ont eu lieu dans l'intérieur de leurs bureaux ou de leurs commissions.

§ 3. De publier les noms des votants pour ou contre, dans tous les cas où le vote aura eu lieu au scrutin secret.

§ 4. De publier aucun acte de procédure ou d'instruction ; d'abréger ni tronquer par voie d'analyse, d'extraits ou autrement, les interrogatoires, dépositions, débats, réquisitoires du ministère public et plaidoiries entendues devant une cour ou un tribunal du royaume, et dont la cour ou le tribunal n'aura pas interdit la publicité par la voie des journaux assujettis au dépôt d'un cautionnement. Ou les journaux et écrits périodiques n'en devront rendre absolument aucun compte, ou le compte qu'ils en rendront devra porter la signature d'un rédacteur assermenté.

§ 5. D'imprimer aucune lettre non tombée dans le domaine de la publicité sans l'assentiment préalable et par écrit du signataire.

§ 6. D'indiquer les mouvements des armées françaises de terre et de mer avant qu'ils aient été rendus publics dans le journal officiel du gouvernement.

Art. 4.

Nul ne sera admis à rendre compte soit des séances législatives, soit des audiences judiciaires, s'il n'a prêté serment

(1) Qui serait celle destinée au *Moniteur universel*.

(2) Qui serait celle du journal semi-officiel du soir, dont il a été plus haut parlé.

entre les mains du président, soit de l'une des chambres
législatives, soit de la cour, soit du tribunal, ou s'il a déjà
encouru une condamnation pour infidélité ou mauvaise foi
de compte rendu, aux termes de l'art. 7 de la loi du 25
mars 1822.

Art. 5.

Toute infraction aux dispositions qui précèdent sera punie
des peines portées par l'art. 10 de la loi du 9 sept. 1835.

Art. 6.

Le port des imprimés de toute nature, transportés hors
des limites du département où ils sont publiés, et quelle
que soit la distance parcourue, est fixé à 5 centimes pour
chaque feuille de la dimension de 50 décimètres et au-dessous.

Ce port sera augmenté d'un centime par chaque 10 décimètres ou fraction de 10 décimètres excédant.

Les suppléments qui seront publiés en exécution de l'art. 2
ci-dessus, seront admis en exemption de droit.

Les mêmes imprimés ne payeront que la moitié des prix
fixés ci-dessus toutes les fois qu'ils seront destinés pour l'intérieur du département où ils auront été publiés.

Toute distribution d'un écrit ayant moins de cinq feuilles
de 50 décimètres carrés, faite en contravention aux dispositions des arrêtés du gouvernement en date des 27 prairial
an IX et 19 germinal an X, sera poursuivie et punie comme
telle.

Sont abrogées, en ce qui concerne le droit de poste, la loi
du 4 thermidor an IV, art. 2 ; celle du 15 mars 1827, art. 8,
et la loi du 15 décembre 1830, art. 3.

Art. 7.

Le gouvernement pourra expédier en franchise de port un
*Bulletin des séances législatives, des actes administratifs et
des faits journaliers.*

Quel serait l'effet d'une telle loi, dont certes nous n'avons pas la prétention de donner la lettre, mais seulement l'esprit ?

Tous les journaux quotidiens de Paris seraient mis indirectement ainsi dans la nécessité d'agrandir leur format ; ils pourraient subir cet accroissement de dépense sans augmenter leur prix.

Le but de la proposition de M. de Golbéry serait ainsi atteint, sans désorganisation portée dans le service de l'administration des postes, et sans préjudice causé au trésor public (1). Cette fois enfin, la législation qui régit le journalisme aurait fait un pas dans la voie du progrès.

Les journaux pourraient alors donner plus d'étendue, plus de développements à leurs articles ; leurs articles ne feraient qu'y gagner en gravité, ils formeraient des lecteurs moins superficiels. La presse étrangère abonde en documents instructifs et intéressants, curieux, que le défaut d'espace oblige les journaux français de passer sous silence ; ils pourraient les recueillir. Ne nous lassons pas de répéter ce que nous avons dit déjà : « L'impartialité veut de l'espace, et l'espace lui manque dans les journaux. »

Tels sont très-sommairement nos motifs, — motifs puisés dans l'intérêt du gouvernement et de la société, — pour insister comme nous le faisons sur la nécessité de l'abolition du timbre combinée avec une augmen-

---

(1) Voir au sujet de la suppression du droit de timbre, combinée avec une augmentation du droit de poste, ce qui a été dit pages 400 et 401.

tation de droit de poste, de préférence à l'adoption de toute autre disposition.

L'institution légale de rédacteurs assermentés près les chambres législatives, les cours royales et les tribunaux, est une idée dont il n'est pas douteux que l'adoption ne fût une importante amélioration de ce qui existe.

Si, dans la manière dont les journaux rendent actuellement compte des débats législatifs et judiciaires, l'esprit de parti se laisse apercevoir aussi bien dans ce qu'ils publient que dans ce qu'ils omettent, il ne faut pas s'en étonner : les rédacteurs chargés de ces comptes rendus ne sont soumis à aucun contrôle, ne sont tenus à donner aucune garantie ni de moralité, ni de capacité, conséquemment d'impartialité ; le premier venu a, sous le prétexte d'abréviation ou d'analyse, le droit de dénaturer, de tronquer votre discours, votre plaidoyer, votre résumé, votre réquisitoire, et il en use souvent jusqu'à ce point de vous faire dire le contraire justement de ce que vous avez dit. Tout journal, étant l'expression d'un parti, de ses préférences, de ses haines, choisit naturellement dans son parti cette sorte de rédacteurs qui sous le nom de *reporters* forment en Angleterre une classe à part, ayant son esprit de corps et son point d'honneur, lequel consiste à ne jamais manquer à la fidélité la plus scrupuleuse, à ne la sacrifier jamais à aucune passion politique, à aucune influence de coterie, à aucune sympathie personnelle. Faites qu'en France il en soit ainsi ; faites que les rédacteurs chargés de rendre compte des séances législatives et des débats judiciaires, soient choisis, non plus en raison de leur opinion politique, mais en raison de leur supériorité constatée ; faites qu'ils n'appartiennent plus en propre à la rédaction d'un journal, qu'ils ne dépendent plus d'elle uniquement ; faites qu'ils relèvent d'une sorte de corporation analogue à celle des avocats, ayant son tableau, sa chambre de discipline ; faites qu'ils aient une sorte de caractère officiel, de la nature de celui dont sont revêtus les experts-jurés ; faites enfin qu'ils aient une responsabilité qui leur soit personnelle, et la *publicité*, cette grande moitié de la liberté de la presse, que la *polémique* tient asservie, vous devra son émancipation !

L'établissement d'une pareille institution serait un véritable progrès, un véritable bienfait ! Tout le monde y gagnerait plus de considération : d'abord, les écrivains dont il est question, ensuite le journalisme, le pouvoir judiciaire, le régime représentatif et le pays. C'est sur nos journaux que l'étranger nous juge ! Voilà ce qu'il ne faut pas que nous perdions de vue. Si faible qu'elle soit, toute amélioration apportée dans leur esprit ou dans leur cadre a donc une importance très-grande, nous pourrions presque dire nationale. Ainsi, par exemple, en Allemagne, où la publicité des débats judiciaires n'a pas lieu, où la lie repose au fond du vase et n'est jamais agitée à la surface, c'est sur nos gazettes des tribunaux, c'est sur cette exploitation quotidienne de tous les scandales, de tous les crimes, qu'on juge nos mœurs et notre société ! Aussi en a-t-on l'idée la plus étrange et la moins favorable. Il y a bien des batailles perdues qui ont été moins funestes à l'honneur de la France que la publication quotidienne de nos journaux de tribunaux est qu'ils sont faits, tels qu'il n'en existe qu'à Paris. Qu'il y ait dans leurs comptes rendus moins d'art, moins d'esprit et plus de fidélité, et le mal sera moins grand. C'est un des résultats qu'aurait une bonne institution de rédacteurs assermentés près les chambres législatives, les cours et les tribunaux. Que tous les esprits sérieux, que tous les hommes qui se préoccupent de ce que l'Europe pense de notre pays, s'appliquent donc avec nous à donner à cette idée la maturité nécessaire à son adoption.

TABLE DES MATIÈRES.

CORBEIL, imprimerie de CRÉTÉ.

9 782019 263300